中世ヨーロッパの都市の生活

ジョゼフ・ギース／フランシス・ギース
青島淑子 訳

講談社学術文庫

シャンパーニュ大市が開かれていた四都市の一つ、プロヴァンのサン・ジャン門。中世都市の門のうちで、最も保存状態がよいものの一つである。二つの塔が、道路の下、入り口の上、そして城壁の一番上、と三つの階でつながっている。（フランス政府観光局）

目次

アンリ1世（寛大なアンリ）――1127年誕生。1152年～1181年シャンパーニュ伯。ルイ7世とアリエノール・ダキテーヌの娘マリーと結婚。のちにアリエノールはイングランドのヘンリー2世と再婚し、リチャード1世（獅子心王）、ジョン（欠地王）をもうける。これでマリーはフィリップ・オーギュスト、ジョン（欠地王）、リチャード1世（獅子心王）という三人の王と異父きょうだいということになった。

アンリ2世――1166年誕生。1181年～1192年シャンパーニュ伯。1192年～1197年エルサレム王。1197年アクレで死亡。母マリーは彼が成年になる1187年まで摂政を務めた。

ティボー3世――1179年誕生。1197年～1201年シャンパーニュ伯。ブランシュ・ド・ナヴァールと結婚。1201年、第4回十字軍出発の直前に死亡。母マリーは1192年から彼が成年になる1198年まで摂政を務めた。

ティボー4世（詩人のティボー）――1201年誕生。1201年～1253年シャンパーニュ伯。1234年～1253年ナヴァール王。ハプスブルク家の娘ゲルトリュードと結婚するが、離婚、子はなし。その後、ボージョレーのアニュスと結婚、娘を1人もうけ、のちブルボン家のマルグリートと結婚、4人の息子と3人の娘をもうける。

ティボー5世――1253年～1271年、シャンパーニュ伯兼ナヴァール王。聖王ルイ9世の娘イザベルと結婚。

アンリ3世（太ったアンリ）――1271年～1274年シャンパーニュ伯兼ナヴァール王。聖王ルイ9世の姪ブランシュ・ド・アルトワと結婚。ブランシュは夫の死後、ランカスター家のエドモンドと再婚。

ジャンヌ・ド・ナヴァール――聖王ルイ9世の孫、フランス王フィリップ4世（美王・在位1285年～1314年）と結婚。

ルイ10世（強情王）――フランス王兼ナヴァール王（在位1314年～1316年）。

シャンパーニュ伯家の系図

ウード――シャルトル、トゥールーズ、ブロワ伯。ヴェルマンドワ伯直系の子孫だったエティエンヌのいとこ。フランス王ロベール２世と伯領を巡って争い、勝つ。1019年トロワを奪い、シャンパーニュ伯に。1037年、殺害さる。

- **エティエンヌ**――シャンパーニュ、ブリー伯。1047年死亡。
  - **エティエンヌ**――叔父ティボー１世に追放され、ノルマンディーへ逃げる。
- **ティボー１世（詐欺師のティボー）**――ブロワ、シャルトル伯。兄エティエンヌの死後、シャンパーニュおよびブリーを獲得。1090年死亡。
  - **ユーグ**――トロワ伯。1126年死亡。聖地へ３度遠征。その間に甥のティボー２世に徐々にシャンパーニュ領を乗っ取られる。
    - **ウード・ル・シャンペノワ**――私生児であることを理由に家の継承者から外される。
  - **エティエンヌ**（アンリ）――シャルトル、ブロワ、ブリー伯。イングランド王ウィリアム１世（征服王）の娘、アデルと結婚。
    - **ティボー２世（偉大なティボー）**――1090年ごろ誕生。1152年死亡。1102年にシャルトル、ブロワ、ブリー伯となる。1125年シャンパーニュ伯。ケルンテン大公国のマチルダと結婚。
      - **アンリ１世（寛大なアンリ）**――シャンパーニュ、ブリー伯。
      - **アデール・ド・シャンパーニュ**――ルイ７世と結婚。
        - **フィリップ・オーギュスト（フィリップ２世）**
          - **ルイ８世**
            - **ルイ９世（聖王）**
      - **ティボー**――シャルトル、ブロワ伯。マリー・ド・フランスの妹アリックスと結婚。
      - **エティエンヌ・ド・サンセール**
      - **白い手のギヨーム**――サンス、ランス大司教。枢機卿。

ジェーン・スターマン・ギースとフランシス・ギブソン・カーニーへ

どれだけ歳を取ったかなんて、考えないことにしよう。

私たちはこんなにも豊かな時間を生きているのだから。

――四世紀にフランスのボルドー近郊で生まれた詩人アウソニウスが、妻へ捧げた詩の一節

謝辞

専門の研究者ではない私たちがこの本を書くにあたって、四人の歴史研究者の方々からいただいた貴重なご意見とご助言が大きな支えとなった。ミシガン大学歴史学教授シルヴィア・L・スラップ博士、カリフォルニア工科大学歴史学教授ジョン・F・ベントン博士、アデルフィ・カレッジ歴史学助教授J・リー・シュニードマン博士、ワシントン大学歴史学教授ピーター・リーゼンバーグ博士に深く感謝申し上げる。とくに中世シャンパーニュ地方研究の権威であるジョン・F・ベントン博士にはひとかたならぬお世話になったことを申し添えたい。博士には数々の貴重なアドバイスをいただき、ほかでは手に入らないような史料を見せていただき、原稿に一度ならず二度も目を通していただいた。

リサーチのためにたびたび利用させていただいた、エール大学スターリング図書館とシカゴ・ニューベリー図書館にも御礼申し上げる。

ゴシック建築の大聖堂を現代によみがえらせた四人の方々にも大変お世話になった。ワシントン大聖堂のステンドグラスを担当されたステンドグラス・アーティスト、そしてウィンドウ・クリエーターのローマン・ル・コートとイレーヌ・ル・コートの両氏、ワシントン大聖堂の建築記録担当R・T・フェラー氏、建築記録担当補佐ジョン・ファンファーニ氏に感謝したい。

最後に、フランスのみなさんの温かいご協力に御礼申し上げる。各機関の文書係の方々、国の史跡のお世話をされている第一次世界大戦の戦争未亡人の方々など実に多くのみなさんのお力添えがあって、フランスでのリサーチを無事に終えることができた。深謝申し上げる次第である。

中世ヨーロッパの都市の生活

プロローグ

西ヨーロッパにおいて、現在へとつながる都市が成立したのは、中世のことである。一二五〇年には、古代から栄えた地中海沿岸地域だけでなく、北西ヨーロッパにおいても都市は活気に満ち、繁栄していた。本書では、この時期に新たに花開いた都市の一つであるトロワを選び、一三世紀の折り返し点、一二五〇年におけるトロワの人々の生活を追ってみようと思う。トロワは豊かなシャンパーニュ伯領の中心都市であり、司教が置かれた司教座都市であり、何より、名高いシャンパーニュ大市のうち二つが開催された都市だった。

カエサルがガリアやブリタニアに兵を進めた紀元前一世紀にさかのぼってみると、当時の北西ヨーロッパには「都市」と呼べるところはほとんどなかった。火事によって破壊されたことがカエサルの『ガリア戦記』に記されているルテティア（パリ）は、それだけの重要性を持っていたことがうかがえるが、ほとんどの地域で、政体は未熟、商業は未発達、宗教も原始的という状態であり、村以上の大きな共同体が生まれる土台はできていなかった。広大な地域が、原野のままだった。

そんななか、ローマ軍は道を作り、地元の農産物を流通させる市《いち》を開き、商人が自分たちの駐屯地《ちゅうとんち》に宿泊することを許した。彼らが軍事拠点とした場所の一つに、重要な軍道だったアグリッパ街道とセーヌ川の合流点に位置する村落がある。二世紀のローマ皇帝マルクス・アウレリウス・アントニヌスはそこに塔を建て、三世紀のローマ皇帝アウレリアヌスをはじめ皇帝たちがその塔を拠点として利用した。駐屯していた兵士たちが地元の女性と結婚し、子供を育て、除隊になってからも城壁の外で農業を営んだり、内側で職人として仕事をしたりするようになって、この地は永住地としての顔を持つようになった。それがトリカッセス、のちのトロワである。軍事拠点から行政の中心へと変容するなか、町には石積みの壁ができ、新しい住人たちが住むようになった。徴税人、官僚、軍の御用商人、職人、単純労働者、それからドイツや現在のオランダ北部にあたるフリースラントの原野から連れてきた捕虜たちもいた。トロワは、豊かな南ヨーロッパの諸都市とはとても肩を並べるまでにはいかなかったし、トロワより北に位置したパリにも遅れをとっていた。パリには、すでに三世紀に公共浴場三ヵ所、劇場一ヵ所、競技場一ヵ所ができていたのである。トロワにはよくて公共浴場が一ヵ所あった程度であり、それがヨーロッパ北部の都市の平均的な姿ではなかったかと思われる。

このころ、キリスト教会は深い森が続くヨーロッパ北部へと進出する勢いを見せていたが、先陣を切った信者たちは原住民や地元の宗教指導者たちからしばしば迫害に遭っている。トロワでも、父祖からの信仰を守る指導者たちから迫害を受け、多くのキリスト教徒が殉教した。しかし、四世紀にコンスタンティヌス帝がキリスト教を公認してからは、布教は順調に進みはじめ、四〜五世紀には司教区が激増し、ヨーロッパ各地に広がった。司教たちは、ローマ帝国が以前に駐屯地として利用し、その後、帝国の行政の中心地となっていった場所に拠点を築くことが多かった。司教を中心とする教会権力は農民や職人たちから奉仕を受け、支配機能を広げていった。こうして形成されていった町はシテ（都市）――ラテン語の「キヴィタス」から派生――と呼ばれた。「壁の内側の、人が密集している場所」という意味である。

ローマ帝国の勢力衰退（訳注―ローマ帝国は三九五年に東西に分裂し、本書の主な舞台となる西ローマ帝国は、ゲルマン民族大移動のなか、四七六年に滅亡した）に伴って地方を支配する役人の権威は失墜し、権力の空白が生じはじめる。そこに入り込んだのがキリスト教の司教たちだった。五世紀半ば、トロワの近くまでアジア系遊牧民のフン族が押し寄せたときには、住民がこぞって司教に保護を求めるほどその威信は高まっていた。

トロワは東ゲルマン系民族ヴァンダル人の略奪に遭ったばかりで、アッティラ率いるフン族はヴァンダル人よりも凶暴だという噂《うわさ》だった。当時の司教ルーは、助祭一人と聖職者七人を先遣隊としてフン族のもとへ送り、ことを穏便におさめる道を探ろうとした。ところが不幸な出来事からこの企ては失敗に終わる。聖職者たちが着ていた白い祭服に驚いたアッティラの馬が、後ろ脚で立ち上がったのである。それを見たアッティラは彼らを魔術師だと判断してその場で殺害させ、先遣隊のうち若い一人だけがからくも逃げ戻って事態を伝えた。

このののちアッティラは兵を進めて西ローマ帝国・西ゴート・フランクの連合軍と戦い、壊滅的とまではいかないものの敗北を喫して東へ兵を引いたが、その帰路の途中に位置していたのがトロワだった。恐れをなした住民たちは再び司教ルーに助けを求めた。ルーは、今度はみずからアッティラと直接交渉し、驚くべき成功をおさめた。アッティラはトロワには手を出さず、ルーをライン川まで連れていき、山のような装飾品を与えて帰したのである。この結果に、当初ルーは敵への協力者であるとして追放された。しかし、のちに評価はくつがえり、ルーは元の司教区へ復帰を許され、最終的には列聖されて「聖《サン》ルー」と呼ばれることになった。

五世紀の終わりには、旧ローマ帝国の西半分は混沌《こんとん》とした状態に陥っていた。歴史のあるなし、規模の大小を問わず、ほぼすべての町が壊滅的な衰退の道をたどっていた。人々は昔の帝国の建造物などから石や煉瓦《れんが》を拝借して自分の家を修復したり、招かれざる移民たちが押し寄せるのを防ごうと壁を補強したりした。農業が長く危機的な状態にあったため、沈滞化していた商業活動も、北や東からの大規模な民族移動や侵略によってほとんど休止状態になってしまった。トロワのような町は、半ば軍事基地、半ば田舎という状態のまま、発展がとまっていた。トロワの城壁の内側に建っていたのは、司教の宮殿、バシリカ（訳注―長方形の平面を持つ初期キリスト教時代の聖堂）、大修道院、二、三の小修道院といったキリスト教関係の原始的な建物と、数十軒のあばら家だけだった。約一六ヘクタールのトロワ市域のほとんどはブドウ畑か野菜畑、または牧草地だった。

一方、こうした集落の発展に、外部から侵入した異民族が一定の役割を果たしたことも事実である。ローマ帝国の属州を手に入れると、彼らはそこを拠点とし、それがその地方の中心都市となっていくケースがしばしば見られた。トロワの北にあるランスはフランク族の中心都市となった。トロワはシャンパーニュ地方におけるフランク族の第二の中心都市となった。フランク族の王クローヴィスはアッティラに劣らぬ残忍な指導者だったが、ランスの聖《サン》レミ（レミギウス）司教は、トロワの司教ルーがアッティラにおさめた以上の勝利をクローヴィスから勝ち取ることになった。聖レミがイエス・キリストの殉教の様子を切々と語ってきかせると、クローヴィスは叫んだという。「私がそのとき、勇敢なフランク族を率いてその場に居さえすれば！」。クローヴィスは洗礼を受け、勇猛なフランク族もすぐさまあとに続いた。

六～七世紀になると、教会組織に新しい動きが起こる。ベネディクト会の修道院が各地に姿を見せはじめたのである。ときには町に、ときには何もない未開拓の地に、とベネディクト会の修道院は急速に数を増やしていき、職人や農民、商人たちの心を一気にとらえた。バイエルンの森には「修道院の町」という意味の町、ミュンヘンができた。フランドル地方ではアー川の川幅が広くなって船が航行できるようになるあたりに修道院が建ち、それが中心となって町ができた。のちに手工業が盛んな都市となったサン・トメールである。

地中海沿岸では、のちに暗黒時代と呼ばれるこの時期になっても、ローマ時代からの都市の多くが以前と同じように交易をおこなっていた。マルセイユ、トゥーロン、アルル、アヴィニョンをはじめとするプロヴァンス地方の港では地中海東部地方と活発な通商が続いていた。パピルスや香辛料を輸入し、商品を売るさいにはベネディクト会の修道院が市《いち》の開催に力を貸した。東へ帰る船には奴隷が乗っていることが多かった。

こうした状況は七世紀に終わりを迎える。近東から北アフリカにかけての地域をイスラム勢力が短期間で征服したことに伴って、地中海貿易が崩壊したのである。かつてベルギーの歴史家アンリ・ピレンヌは、イスラム勢力の地中海進出がヨーロッパから商業活動全般を失わせることになり、ヨーロッパの暗黒時代をもたらしたと述べて、学界に大きな影響を及ぼした。現代の学界は、暗黒時代がもたらされた要因はほかにもあるとして、このピレンヌ・テーゼをそのまま受け入れてはいない。しかし、イスラム軍が地中海西部や中央部に現れたことでキリスト教の影響下にあった旧ローマ帝国領の貿易都市が防御にかかりきりとなり、しばしば略奪にも遭ったことは事実である。

かつては活気ある港町だったジェノヴァは単なる一漁村になってしまった。一方、北アフリカの地中海沿岸ではカイロ、マハディア、チュニスなどイスラムの大義を奉じる新興都市が繁栄した。古代ギリシャ・ローマ時代からの港町は征服者の政権のもと、新しい生き方に踏み出した。アレクサンドリアの港では、古代の七不思議の一つに数えられていた灯台

（訳注―紀元前二八〇年ごろ、アレクサンドリア沖のファロス島に建てられた巨大な灯台）に守られ、新しい造船所が船を建造し、船はイスラム勢力の交易と海賊行為に利用された。この造船業によって、アレクサンドリアは地中海最大の市場となった。

もっと活気づいたのはキリスト教の影響下にあった――正確にはヨーロッパの港とは呼べないにせよ――コンスタンティノープルである。コンスタンティノープルは東ローマ帝国の首都であり、東西南北すべての方向からの主要な交易路が交わる交通の要所だった。だが、ここを除くと、イスラム勢力が当時の海上貿易をほぼ押さえていた。八世紀にはスペイン、バレアレス諸島からプロヴァンスの一部にまでイスラム勢力が及び、ここから足を伸ばしてローヌ川流域の古くからの町を端《はし》から襲った。遠くトロワまで来て略奪行為をおこなった一団もいた。

中世初期の都市に住む人々にとって、略奪の対象となるのは致し方ないことだった。敵はなにも異教徒の侵入者とはかぎらない。キリスト教徒の領主や、ときには司教が相手ということもあった。トロワはオセールの司教から被害に遭っている。だが、略奪者のなかでも最大級の被害をもたらしたのは、九世紀後半に現れたヴァイキングだった。

はるか北方からやってきた荒くれ者のヴァイキングがトロワに着くころには、すでに地図上にあるほかの町はことごとく叩《たた》きのめされたあとだった。パリ、ロンドン、ユトレヒト、ルーアン、ボルドー、セビリヤ、ヨーク、ノッティンガム、オルレアン、トゥール、ポワテイエ……。被害に遭った都市を並べると、九世紀の西ヨーロッパ地図が完成してしまう。シャンパーニュ地方でヴァイキングを率いていたのは、けた外れの力持ちとして有名だった地元の荒くれ者ヘイスティングだ。通常、ヴァイキングは北からやってきて南ヨーロッパに定住するものだったが、ヘイスティングは北のスカンジナビアへと旅してそこの人間として暮らし、南へ戻ってくると地元の人間を率いてノルマンディー、ピカルディー、シャンパーニュ、ロアール川流域を徹底的に略奪した。

トロワは少なくとも二回、おそらくは三回、略奪の被害に遭っている。ほかの地域同様、何度も侵略が繰り返された結果、抵抗運動が生まれた。アンゼギゼ司教は地元の騎士や農民を集め、近隣の司教や君主たちと兵力を結集させ、めざましい戦いぶりを見せた。結局、この戦いでヴァイキングは敗走した。かなりの広さの土地を開拓していたヘイスティングは寝返ってシャルトルを敵の一員であるヴェルマンドワ伯[1]に譲り、和平を結んだ。ここにヴェルマンドワ伯は権勢を振るう下地を得たことになる。

一方、ヴァイキングは都市の発展に貢献した面もあった。略奪品が多すぎて持ち帰れないとき、彼らは余った品物を売り払った。そのため、ヴァイキングの襲撃を退けるだけの力を持っていた町は、略奪品の流入という形で近くの町の不幸から恩恵を受けることもあった。ヴァイキングが都市の基礎を築いたケースもある。略奪がうまくいくと、彼らはそこに軍事基地を築き、交易拠点とした。そうして生まれた都市の一つがダブリンである。彼らが本拠地としたヨークには活気が生まれた。もっとも、もともとの住民にとっては余計なお世話だったかもしれない。

ヴァイキングにプラス面があったとはいえ、九世紀は都市生活にとって最悪の時代だった。イスラム勢力の動きもまだ活発で、八四六年にはローマ郊外のサン・ピエトロ教会で略奪行為を働いている。九世紀の終わりにかけてはハンガリー人——四～五世紀にヨーロッパを西進したフン族(Huns)に外見や振る舞いが似ていることからこう呼ばれた——がドイツ、北イタリア、フランス東部で大暴れする災難にも見舞われた。

侵略を受けるとその場しのぎで隠れたり、取引したり、戦ったりを繰り返し、多くの命と財産を失ってきたヨーロッパだったが、ついに侵略から身を守る方法を思いついた。城壁の建設である。町は城壁を作り、安全を保障することで繁栄した。地方の領主たちはお粗末な城の守りを固めるために城壁を作り、それによって自分の地位も高めた。修道院も城壁を作った。城や修道院を守るために作られた城壁が樽《たる》職人、鍛冶屋、猟師、行商人などを惹《ひ》きつけ、壁に囲まれた地域が新しい町の中心になるというケースもあった。

攻撃される前に城壁を作った町もいくつかある。サン・トメールの市民たちは幅広で深い濠《ほり》を掘り、水を張り、濠を作ったときに出た土で壁を作り、その先に尖《とが》った杭《くい》を設置した。内部には第二の、もっと強固な防備を敷いた。八九一年、サン・トメールを襲ったヴァイキングは撃退され、二度と侵略を試みていない。この成功に元気づけられた市民たちは修道院を中心とする村だったサン・トメールを、三本の大通りを擁する本物の都市へと造り替えた。土地が低いところにあり、地形的に脆弱《ぜいじゃく》だったヨーロッパのほかの町でも同じようなことが起こった。アラス、ヘント、ブリュージュ、リール、トゥールネー、クルトレーは、みなこうして育っていった。領主や司教に守られたわけでもなく、軍事基地があったわけでもないのに、毛織物産業に適しているというだけで発展を遂げたイープルのようなところも出現した。

一〇世紀には、サン・トメールのように土塁と柵《さく》を組み合わせた城壁があちこちで作られた。手で動かす飛び道具だけで襲ってくるヴァイキングには、人員をうまく配置すれば、こうした城壁で十分防御できた。トロワのような旧ローマ時代からの都市は石積みの壁を荒廃するままに放っておき、激動の九世紀に後悔するはめになった。トロワの城壁は一〇世紀なかごろに修繕を終え、ヴァイキングに対してではなく、以前はトロワを守ってくれたアンゼギゼ司教から町を守るのに役立つことになる。ヴェルマンドワ伯と戦うため、アンゼギゼ司教は神聖ローマ帝国のオットー一世からサクソン兵の一団を借り、トロワを包囲した。結局、勇猛で知られたランスの大司教が介入するまで、この包囲は続いた。オットー一世はアンゼギゼ司教のために仲裁に入り、司教は元の司教区へ復帰を許され、そこで平和に暮らして一〇年後に死亡する。この事件以来、トロワの司教が世俗の伯爵とトップを争うことは二度となかった。ローマ帝国の統治者から権力を受け継いで六〇〇年、司教は世俗の権力にトップの座を譲ることとなったのである。

新たに防御を固めた都市は、たいてい「ブルグス」「ブール」（のちには「バーロウ」）とゲルマン語で呼ばれた（ゲルマン語はのちにいくつかの新しい言語へと発展していくことになる）。ブルグスに住んでいた人々は「ブルジョア」「ブージャー」「ブージャス」と呼ばれた。一〇世紀なかごろには、防備を固めた都市はエルベ川の河口に位置するハンブルク司教区、ヴィスワ川の河口の町ダンツィヒといったところまで見られ、西ヨーロッパと北ヨーロッパに点在するようになった。ただし、こうした都市は人口においても豊かさにおいてもイスラムの中心都市とは比較にならなかった。バグダッド、ニシャプール、アレクサンドリア、グラナダ、コルドバでは金持ちの商人たちが詩人や建築家を庇護《ひご》していた。一方、ヨーロッパの都市は教会や城、司教の宮殿の付近に牛小屋や豚小屋、粗末な家、仕事場が密集している状態だった。それでも確実に進歩はしていた。一〇世紀のトロワでは、城壁の外に建つローマ時代のぼろぼろの家の間に修道院や新しい家が点在するようになっていたのである。

都市形成において、ヨーロッパのなかで一歩先んじていたのがイタリアである。イタリアでは、古代ローマ時代にはまだ存在しなかった、または取るに足らないほどの規模だった町が、にわかに勃興しつつあった。アディジェ川がアドリア海へ注ぎ込む河口近くの泥地にはヴェネチアが現れ、ナポリの南、ソレントの断崖《だんがい》と地中海に挟まれた土地にはアマルフィが

12 世紀のプロヴァンに作られた城壁。壁は 18 メートルほどの高さで、途中に丸い塔と、四角い塔が交互に配置されている。(フランス旅行協会)

現れた。ヴェネチアもアマルフィも訪れにくい場所にあるのは偶然ではない。当時、イタリア半島の内陸部はゲルマン系のロンバルド族に押さえられていた。「陸者《おかもの》」だったロンバルド族の襲撃を避けるには、海からは近づきやすく、陸からは近づきにくい、隠れるところのある海岸線が理想的で、その条件に当てはまるヴェネチアやアマルフィに商人たちが集まったのである。一〇世紀後半には、ヴェネチアとアマルフィの帆船はコンスタンティノープルと頻繁に行き来し、海港ゴールデンホーンの風景にすっかり溶け込んでしまっていたほどである。イスラム教徒と直接に取引するのは危険であり、何より恥ずべきことだ、と考えられていたが、ヴェネチア、アマルフィをはじめイタリアの商人のなかにはそれを承知で交易に踏み切る者がかなりいた。

一〇世紀から一一世紀にかけては、ゆっくりとではあるが二つの大きな動きが起こり、それが都市の発達を後押しした。一つは開墾である。先頭に立って開墾を進めたのは、新しい二つの修道会、クリュニー修道会とシトー修道会だった。開墾が進んだ背景には、農機具がさまざまな点で改良され、それが全体として革命的な進歩につながったということもある。北ヨーロッパの豊かで深い沖積層を掘り進められるようになったのは、重い車輪つき犂《すき》（重量有輪犂）が広く使われるようになったことが要因だった。初めはゆっくりした足取りの牛に引かせていたが、そのうちクッションがついた頑丈な首輪が登場し、そこに引き具で犂をつけ、速く歩く馬に引かせるようになった。この変化は植える農作物の種類や、ローテーシヨンにも変化をもたらした。オーツ麦と豆が植えられるようになり、多くの場所で古代ローマ時代の二圃《にほ》制農業から、より生産性の高い三圃制農業へと変わっていった。

この農業の革命的進歩に新しい都市は大きな役割を果たした。昔ながらの荘園の仕事場は、都市のなかのもっと質がよく効率的な鍛冶場や水車小屋や仕事場にとって代わられた。北西ヨーロッパの農民は農作物を鉄の刃のついた刈り鎌や大鎌で刈り取り、鉄製の馬鍬《まぐわ》や重量有輪犂で土地を耕した。昔のローマ人が見たら、さぞうらやましかったことだろう。食糧の供給が増えたのは明らかな人口増加の原因でもあり、結果でもあった。

都市の発達に大きな影響を与えた二つ目の要因は、中世の鉱業が始まったことである。古代ローマ人、古代ギリシャ人も鉱山を掘ってはいたが、ドイツ北部のライン川とエルベ川の間、ザクセンの山中で銀が発見されたことで、採掘のための新たな技術が生み出されることになった。ザクセンの鉱夫たちはそのノウハウを持って異国へ出ていき、カルパティア山脈やバルカン山脈で鉄鉱石を採掘し、イングランドのコーンウォールの人々には地元で産出される錫《すず》の掘り方を教えた。ザクセンの銀はミラノにとくに大量に流入した。その恩恵を受けたミラノは、古い城壁の外へと発展し、一〇世紀には一〇〇ヵ所もの塔を擁する都市となった。もともと肥沃《ひよく》な土地を郊外に持ち、道路と川のネットワークの中心に位置していたミラノは、一〇世紀から一一世紀にかけてヨーロッパの中心的な工場《こうば》となった。ミラノの鍛冶屋や武具師の作った剣や兜《かぶと》、鎖かたびらはイタリアやプロヴァンス地方、ドイツをはじめヨーロッパ各地の騎士たちの手元にも届き、ミラノの鋳造所《ちゅうぞう》では一年に二万個以上のペニー銀貨が造られた。

農業が進歩し、貨幣経済が活発になってきたことで、イタリア以外でも商業が繁栄した。フランドル地方では、ヘントが昔の城壁――壁に囲まれた部分の面積はたった一〇ヘクタールしかなかった――のなかに収まりきらず、都市の区域が外へと膨張した。商人や織工たちが住んだ新しい地域は「ポルトゥス」と呼ばれ、元のヘントの面積の三倍以上となった。

多くの場合、都市が成長することは、近くの田舎とも特別な共生関係を結ぶことを意味していた。たとえばブドウ酒醸造に向いている地方では、都市は地元製品を売買する市場となると同時に、輸入品を調達できる場ともなった。一方で、一二世紀の都市は古くからの荘園の機能も引き継いでいた。トロワでは、一一五七年から一一九一年の間に一一の水車が作られている。こうした水車は、穀物を挽《ひ》くためだけではなく、製油したり、ハンマーを動かしたり、農機具用の鉄を加工する鍛冶場で使うために提供されるようになったのである。

都市の城壁の内側では、果樹園やブドウ園、庭園のスペースが少なくなってきていた。都市からのどかな光景が失われはじめたのである。裕福な商人は大きな家を建てる。生活用品を作る手工業の仕事場の近くには、贅沢品《ぜいたくひん》を扱う店や金細工師、銀細工師の店が登場した。交通手段として馬やロバが使われ、狭い通りは混雑し、不潔になった。家や店が近接して建ち並びだすと、火事の危険も増した。水の供給は限られていたため、多くの都市では、召使いや主婦が桶《おけ》や壺《つぼ》を持って井戸の前に列を作らなくてはならなかった。一二世紀の終わりごろには、都市化の波はこうした問題点もすべて伴って、ケルンやハンブルク、ロンドン、パリ、プロヴァン、トロワはもちろん、フランドル地方にまで到達していた。

このうち、プロヴァンとトロワが、本書で扱うシャンパーニュ大市《おおいち》の開催地となっていく。ローマ時代には、市《いち》が立つのは決まった季節の決まった日だった。それからずっと、商業が衰えて交易量がごくわずかになったときも「市《いち》が立つのは決まった日」という考え方は生きていた。実際、扱う品物の量が減れば減るほど、確実に客と出会うためには、場所と時間が確定していることが重要になっていったのである。

一方で、商人には商人と出会う機会も必要だった。商業が衰退し、交易範囲が限られていた暗黒時代にはそんなことはたいした問題ではなかった。だが、西ヨーロッパの毛織物がイタリア経由で地中海地方に販売されるようになり、同時に地中海地方の贅沢品が西ヨーロッパで売られるようになると、卸売市場がどうしても必要になってきた。ヴェネチアやジェノヴァの商人は香辛料を積んだロバや馬の行列を率いてアルプスを越え、フランドルの商人と毛織物の交易をした。一一世紀の後半になると、フランドルの商人たちが途中まで出向いてヴェネチアやジェノヴァの商人とやりとりするようになった。ちょうど真ん中に位置するのはブルゴーニュになるのだが、彼らはブルゴーニュではなく、フランドル寄りのシャンパーニュで会っていた。おそらく政治上の理由からだろう。

トロワは、アンゼギゼ司教との争いに勝ったヴェルマンドワ伯のものとなっていた。だが、一一世紀にはヴェルマンドワ伯の直系の子孫がいなくなった。そこで従兄弟にあたるウード伯がトロワを奪い、これ以後は自分がシャンパーニュ伯であり、誰も逆らうことは許さない、と宣言した。激動の一生を送ったウード伯は、その人生にふさわしい凄絶《せいぜつ》な最期《さいご》を迎える。剣か、斧《おの》で殺されたとされるウード伯の遺体は、生まれたときからついていたあざで、妻がやっと確認できたほど悲惨な状態だったようだ。ウード伯の二人の息子は領地を二つに分けて引き継ぎ、フランス王との戦争を始めた。兄エティエンヌが亡くなったあと、残された弟であるティボー一世（「詐欺師のティボー」）はまさにあだ名のとおり兄の息子をだまし、その領地から追い出した。

ティボー一世には功績もある。交易市を組織化し、活性化して、トロワや周辺の町が異国の商人たちを惹きつける市《いち》の町となるきっかけを作ったのである。息子であるトロワ伯ユーグとエティエンヌ、そして孫のティボー二世はその方針を堅持し、市《いち》を支援した。一二世紀になると市《いち》は活況を呈し、シャンパーニュ大市は日用品市が通年開催され、両替ができる場所として西ヨーロッパ一帯を商圏とすることになった。シャンパーニュ大市は大盛況で、ティボー二世には「偉大なティボー」という愛称がついた。市が成功したことに加え、異郷人を受け入れる温かい心と慈愛の精神の持ち主としても有名だったからである。ある年代記作者はティボー二世を「捨て子の父、未亡人の支え、盲人の目、足なえの足」と称えている。

これほどに敬愛されることになったティボー二世の博愛精神の出所は明白である。彼は大市を繁栄させたかったのだ。現存する一通の手紙を見ると、ティボー二世が大市をどれだけ大切にしていたかがよくわかる。あるとき、フランス王ルイ七世の臣下を父に持つ若い男爵《バロン》がシャンパーニュへ向かう途中の両替商の一行をヴェズレーで待ち伏せし、襲撃した。ティボー二世はルイ七世の顧問だったシュジェールに強い調子で抗議する手紙を送った。「この侮辱には必ず罰をもって報いてくださいますよう。なぜなら、このような蛮行を野放しにしたのでは、わが市《いち》が崩壊してしまいますから」

この事件は最終的に驚くべき条約の締結へと結実することになる。その条約は「フランス王はシャンパーニュ大市への行き帰りに王領を通過するすべての商人を庇護することを誓う」内容だった。

王と伯の関係はつねにうまくいったわけではなかった。ティボー二世はルイ七世との間で行き違いがあり、王の軍隊がシャンパーニュへ侵入したこともある。このとき市外は被害を受けたが、昔からの城壁をきちんと修繕してきたトロワは門を閉め、聖ベルナールが和平の仲介に訪れるのを待った。

トロワの城壁の状態はよかったが、何といっても囲っている面積が狭すぎた。一二世紀のなかごろには、壁で守らなくてはならない部分が新しく出現していた。東と南の方向にできた二つの大修道院の周囲にも住居が建ち並んでいたが、とくに膨張が著しかったのは、西および南西方向へ向かってだった。西地区と南西地区にはサン・レミ、サン・ジャンの二つの新しい教会があり、トロワで開催される二つの市《いち》の名前はこれらの教会にちなんでつけられた。この広い地域――旧市街の二倍の面積になる――は一年の半分は人があまりいないが、七月から八月（サン・ジャンの市《いち》）と一一月から一二月（サン・レミの市《いち》）は人、荷車、動物、商品でごった返すのだった。

季節によって人口が変動する点を除けば、一二世紀のトロワは当時の西ヨーロッパで成長を遂げつつあったほかの数十の都市と比べて変わったところはなかった。どの都市にも強固な城壁があり、どの都市にも大修道院、修道院、多くの教会があった。教会はほとんど木造で、石造りの上に木造の屋根をつけたものも少数あった。トロワも含め、多くの都市にとって中心となる建物は世俗領主の宮殿だった。川沿いの沼地や、開墾されていない草地など空き地も残っていた。ほとんどの都市は面積にして四〇ヘクタールから一三〇ヘクタール程度、人口が二、三千人から一、二万人の間だった。トロワのように運河を掘ったり、川に水路をつけたりする都市もあった。石の橋脚《きょうきゃく》の上に木造の橋を建設するところが多かったが、ロンドンでは石造りのアーチ型の橋が建設されている。ロンドン・ブリッジはデザインや技術の点ではローマ時代の橋に劣っていたが、さまざまな大きさのどっしりとした橋脚に一九のアーチが載り、多くの店や家が建ち並ぶ姿は、こののち長くロンドンの象徴となり、観光名所となった。橋の車道部分に建つ家々は交通の妨げだったが、水を手に入れやすく、汚水を捨てやすいという飛び抜けた利便性ゆえに、非常に人気が高かった。

発展を遂げたとはいえ、西ヨーロッパの都市はイタリアの都市に比べればまだ遅れをとっていた。一二世紀、ヴェネチア、ジェノヴァ、ピサをはじめイタリアの海岸都市が繰り出すオールつきガレー船の船隊は、インド諸国からの高価な香辛料を載せて地中海東部から帰ってきた。彼らは黒海沿岸に植民地を建設し、エジプトや北アフリカのイスラム勢力を相手に戦争と取引を繰り返し、十字軍に手厚い支援をおこなってはお返しに重要な特権を手に入れ、裏庭に入ってきた「サラセン人」を攻撃し、彼らから島や港をもぎ取った。こうして蓄えた資財もあって、イタリアの各都市には塔が次々と建った。ピサでは蓄財を使って新しい大聖堂の鐘を納める鐘楼《しょうろう》が建築された。ただ、この壮大な建物が斜めに傾いてしまったことはみなさんご存じのとおりである。ヴェネチアはサン・マルコ大聖堂に巨大なドームをつけたほか、多くの教会や公共の建物を建設した。なかでも、芸術的な価値はまったくないものの、政治経済上は非常に大きな意味を持ったのがヴェネチア造兵廠《ぞうへいしょう》である。海岸沿いの約三ヘクタールの土地に貯木場、ドック、造船所、加工所、倉庫が備えられ、一度に二四隻の軍用ガレー船を建造または修理できる能力を持っていた。

ヴェネチアが王もうらやむ海軍力を擁する一方、内陸部で勇壮な陸軍を備えた都市として名を馳せたのがミラノである。「ロンバルディア都市同盟」の中心都市だったミラノは大胆にも神聖ローマ帝国のフリードリヒ一世と対峙《たいじ》し、フリードリヒの軍勢を一一七六年にレニャーノで破り、ミラノの独立を確実にした。

かつてビザンツ帝国（東ローマ帝国）の支配下にあったヴェネチアも、このころには教皇や皇帝と肩を並べるくらいの権勢を誇っていた。ジェノヴァ、ピサ、フィレンチェ、ピアチェンツァ、シエナをはじめ、ほかの多くのイタリアの都市もみな同じような状態だった。裕福な商人層が権力を持ち、家族同士の何代にもわたる争いから階級間の争いまでさまざまなもめごとに見舞われながら、イタリアの都市には、北西ヨーロッパのほかの都市ものちに追《つい》従《じゅう》することになる新しい動きが生まれていた。

それは「コミューン」（イタリアではコムーネ）、その都市の商人すべてが宣誓をして参加する自治組織の誕生である。イタリアでは貴族が都市に住み、多くの貴族が商業にも手を出していたので、貴族のなかにはコミューン発足を支援する人もいた。しかし、そうしたイタリアにおいても、コミューンは基本的に市民の組織だった。北西ヨーロッパでは貴族や聖職者はコミューンから排除された。毛織物商人、干し草商人、兜職人、ブドウ酒商人など町のあらゆる商人、職人が一体となって聖俗の権力者から自分たちの権利を守ろうとした。ティボー二世やルイ七世のように賢明な君主は、コミューンは都市の発展に役立つから結局は自分たちの収入増につながる、としてコミューンに好意的だった。その日の食べ物にも困っている農奴から根こそぎ搾り取るよりも、裕福な商人から定率税をとったほうが割がいいというわけだ。

だが、とくに聖職者においては、コミューンの評判はさんざんだった。彼らはコミューン運動のなかに社会秩序を脅かすにおいを嗅《か》ぎ取っており、その嗅覚《きゅうかく》は確かに正しかった。ある枢機卿(2)はコミューンについて、異端をけしかけるものであり、聖職者への宣戦布告であり、神を恐れぬ仕業《しわざ》だと批判している。また、北フランスの都市ランでのコミューン結成を見聞きした神学者ギベール・ド・ノジャンは舌鋒《ぜっぽう》鋭く次のように綴っている。「コミューン！　聞き慣れない、唾棄《だき》すべき名称である！　コミューンによって人々は毎年一回税を払うだけであらゆる農奴の身分から解放される。彼らは法律を破っても定められた罰金を払うだけですみ、農奴に課されていたほかのあらゆる負担を支払わないのだ」

人々は都市に住むだけで収穫物の上納、城の修理、羊の糞《ふん》の提供、といった封建制度下の義務から自動的に逃れられた。ギベール・ド・ノジャンの指摘どおり、年ごとの税を払うことと引き換えに、都市の住民はその他いっさいの支払いから解放されていたのである。

かつては農奴だった者たちが生意気になっていくのを間近で見ていた司教たちは、コミューン運動の思想はもとより、運動そのものを毛嫌いする場合が多かった。ランスでは、旧ローマ時代の市街地に住んでいる市民たちが組織したコミューンをフランス王が認め、旧市街地の外側に住んでいた人々——そこは司教の領地だった——もコミューンに加わった。司教は強硬に反対した。引き続き地代を徴収したかったからである。結局、領地内の市民から年に一回の支払いを受けることと引き換えに、司教は折れざるを得なかった。聖職者も世俗の領主も、自分の支配下にある農奴との争いにはためらいなく地下牢《ちかろう》や拷問台を使った。たいていの場合、彼らには教皇の支援も期待できた。教皇インノケンティウス二世はフランス王に強い口調で、「彼らがコミューンと呼んでいる、ランスの住人の違法な組織」を鎮圧するように命令している。また、インノケンティウス三世は地元の大修道院と紛争を起こしたとしてサン・トメールの市民たちを破門した。

トロワでは市民と教会の間に大きなもめごとは起こらなかった。その背景にはおそらく、トロワの硬貨鋳造の歴史が示すように、一二世紀にはすでにシャンパーニュ伯が司教の権力を完全にしのいでいたことがあるのだろう。カロリング朝（訳注―八世紀から一〇世紀にかけてフランク王国を支配した）時代には、トロワの司教は硬貨を鋳造していた。ところが、一二世紀初めごろになるとティボー伯のモノグラム――TEBO――がトロワの硬貨の片面に現れ、司教の刻銘は反対の面に聖ペテロ（BEATUS PETRUS）となっている。一二世紀後半の硬貨になると、ティボー伯の後継者、アンリ一世（「寛大なアンリ」）の名前だけが登場している。

教皇や司教たちの反対にもかかわらず、コミューンは西ヨーロッパを席捲《せつけん》した。村でさえコミューンを組織し、封建体制下の賦課義務からの自由を買い取った。たいてい、勝ち取った自由は「特許状」に書き留められ、慎重に保護された。ルイ七世をはじめとする進歩的な君主は「新しい都市」――ヴィル・ヌーヴ、ヴィラ・ノーヴァ、ヌースタットなどという名前で呼ばれた――の基礎を築き、自由の特許状を与えて住民を呼び込んだ。ロアール川流域にある都市ロリスの特許状は、フランスの一〇〇ヵ所にのぼるほかの都市のモデルとなっている。一方、ノルマンディーのブレトゥーユの特許状は、イングランドの多くの都市のモデルとなった。フランドルでは早くも一一世紀に、サン・トメールの特許状をほかの都市が模倣した。「コミューン」と並んで「特許状」も、権力と戦う合言葉となったのだった。

意外なことに、トロワをはじめ、シャンパーニュ大市開催都市は特許状を取得するのが遅かった。これは歴代のシャンパーニュ伯が進歩的思想の持ち主だったのに起こったことではなく、むしろ進歩的思想の持ち主だったから起こったことだと言えよう。市《いち》を保護し、守《も》り立てていきたいという伯たちの熱意が、コミューンの必要性を低くしていた。トロワ市民は、ほかの都市の市民が特許状によって勝ち得たものよりも大きな自由をすでに得ていたのだ。結局一二三〇年にトロワにも特許状が与えられ、シャンパーニュのほかの都市でまだ独自の特許状を持っていなかったところにも、のちに与えられた。

トロワに特許状を与えたのはティボー四世である。彼は詩人としての才能に秀《ひい》でていたところから「詩人のティボー」という変わったあだ名を授かっている。ナヴァール王国を相続する以前から（この相続以後、ティボー四世は「ナヴァールならびにシャンパーニュ王、ティボー」と署名している）、彼の領地は広大だった。その領地は七人の異なった領主――フランス王、ドイツ皇帝、サンス大司教、ランス大司教、パリ司教、ラングル司教、ブルゴーニュ公――から手に入れたものだった。シャンパーニュ伯の複雑な領地は行政上の理由から二七に分けられて、それぞれに諸侯数人と軍務を担う総勢二〇〇〇人を超える騎士が属していた（そのほかに、誰かに軍務を提供する立場にある騎士がシャンパーニュ領内に二〇〇人から三〇〇人いた）。

ティボー四世は重罪についての裁判権を持っており、聖職者が関係しない重要な犯罪の場合の罰金から利益を得ていた。また、さまざまな賦課税――製粉機とパン焼き窯《がま》を独占する場合の税や、貴族の未亡人が再婚の許可を願い出るさいの料金など――をさまざまな場所でとっていた。だが、それらよりはるかに重要だったのが、都市、とくにトロワとプロヴァンからの収入だった。一二五三年にティボー四世が亡くなったのち、その資産と所有していた特権の目録が市民たちによって作成されている。そのなかからトロワの部分について少し抜き出してみよう。ティボー四世がどれだけの収入を得ていたか、その一端がうかがえるだろう。

伯はサン・ジャンの市を所有している……推定価値一〇〇〇ポンド（リーヴル）、市所有者の封一三ポンドを除く。

伯はまた、冬市と呼ばれるサン・レミの市《いち》を所有している……推定価値七〇〇ポンド……

伯はまたポン通りのドイツ商人たちの家を所有している……年四〇〇ポンド、必要経費を除く……

伯はまた、タプル通りとモイヤ通りの肉屋（複数）の露店（複数）を所有している……その半額はサン・レミの市《いち》の日に、半額は聖母マリアの清めの日に支払われる。伯はまた、肉屋の露店に関して訴えが起こされた場合の裁判権を所有する。

伯はまた、コルドバ革取引所を所有する……

伯とバール・ル・ドゥックのニコラは荘官の住居の裏にある家の所有権を共同で持っている。同家は一八部屋、大小の……賃貸料は一二五シリング、その半分が前述のニコラへ……

伯と前述のニコラはパンと魚販売の露店一七軒を共同所有している……現在、一八ポンド一八シリングで賃貸中。

伯はシャロンの取引所を所有している……サン・ジャンの市《いち》で二五シリング、サン・レミの市《いち》で二五シリング……

ティボー四世はつねに借金を背負っており、一時はトロワを抵当に入れなくてはならなかった。しかし、領主とはもともと「あればあるだけ使ってしまう」もの。欠点はあったにせよ、ティボー四世はシャンパーニュ大市を支えるという代々の伝統を守った。その治世の間、伯の収入は過去最高額に達している。

夏市（サン・ジャンの市《いち》）と冬市（サン・レミの市《いち》）が開催されている間、トロワはヨーロッパのなかでも最も規模が大きく、最も豊かな都市の一つとなった。シーズンオフには人口が減少したが、それでもそれなりのレベルは保っていた。トロワの定住人口(3)は約一万人で、それを超える人口を擁していた都市は北ヨーロッパには片手で数えるほどしかなかった。パリの人口が約五万人、ヘントが四万人、ロンドン、リール、ルーアンがそれぞれ二万五〇〇〇人ほどである。北ヨーロッパの多くの都市のなかでトロワとほぼ同規模だったのは、サン・トメール、ストラスブール、ケルン、ヨークだった。人口の多かった南ヨーロッパのなかで最大の都市はヴェネチアで、一〇万人の人口をかかえていた。ジェノヴァとミラノが五万から一〇万人、ボローニャとパレルモが五万人、フィレンチェ、ナポリ、マルセイユ、トゥールーズが二万五〇〇〇人。バルセロナ、セビリャ、モンペリエをはじめ、ほかの多くのイタリアの都市はトロワとほぼ同規模だった。

人口の話をもう少し続けよう。このさい頭に入れておかなくてはならないのは、一三世紀半ばの西ヨーロッパの人口は全体でも約六〇〇〇万人しかいなかったということだ。人口の分布状況は、のちの時代とは非常に異なっていた。フランス――王領と公国は含めるが、のちにフランス領となる東部地域は除く――には全体の三分の一以上、おそらく二二〇〇万人ほどが住んでいた。ドイツ――現在のフランス、ポーランドの国土の多くを含む――には一二〇〇万人ほど、イタリアには約一〇〇〇万人、スペインとポルトガルには約七〇〇万人。

北海沿岸の低地帯には約四〇〇万人、イングランドとウェールズに約四〇〇万人、アイルランドには一〇〇万人弱、スコットランドとスイスにはそれぞれ五〇万人程度と考えられる。人口はローマ時代、暗黒時代と比べると飛躍的に増えている（もっとも、産業革命後の人口増加とは比べるべくもないが）。事実上、ほとんどの増加は北西ヨーロッパで起こっており、将来の発展を予感させる。

本書が取り上げる一二五〇年には、広大で、いまだまとまりのない「フランス」の王は聖王ルイ九世（在位一二二六—一二七〇）だった。王が法を制定し、税を集める王領は国土全体の四分の一ほどで、残りは二〇人の領主と高位聖職者、数百人の下級領主と男爵《バロン》たちに分配されていた。それぞれの関係はどうしようもないほど複雑だった。学識豊かな教養人だったフリードリヒ二世は、神聖ローマ皇帝およびシシリア王としての最後の一年を迎えていた。ヘンリー三世はイングランドの王位にあり、平穏な時代を送っていたが、フランスにあったプランタジネット朝の領地を失ったことで先代たちに比べて財力と権勢は今ひとつだった。ローマで教皇冠をかぶっていたのはインノケンティウス四世だった。教皇冠の重みは、異教徒が大暴れした時代に比べれば、少しは回復していた。スペインではムーア人がキリスト教徒たちから激しく攻め寄られており、ヨーロッパの反対側では、最近ロシアを制圧したばかりのモンゴルがハンガリーとボヘミアを襲っていた。

ヨーロッパの多くの地域にとって、一二五〇年は比較的平穏な年だった。郊外で略奪行為を繰り返していた男爵たちにとってはそうとも言えなかったかもしれないが、都市の住民たちにとってはやはり穏やかな一年だった。そして彼らの着実な毎日の営みこそが、シャンパーニュ地方が遠隔地商業に栄えたこの時代を作り上げていた。

原注

(1)　九世紀のトロワは、世襲の伯ではなく、さまざまな人が伯の地位を継承している。そのなかには、サン・ルー大修道院長アデレンも含まれる。ヴェルマンドワ家の伯で最初にトロワを治めたのはエルベールで、九四三年に亡くなった。その息子ロベールは権力奪回を目指すアンゼギゼ司教の攻撃を退け、子がないままに死去する。そのあとを嗣《つ》いだのはきょうだいエルベールで、その息子エティエンヌ（一〇一五年死亡）をもって、ヴェルマンドワ家による支配は途絶えた。

(2)　ジャック・ド・ヴィトリー。

(3)　人口に関する数字はすべて推測である。中世の都市の人口を推測するさいには、徴税リストに載っている世帯数、共同体の陸海軍に属している男性の数、条約への署名者の数、重要な職業（たとえば公証人）に従事している人の数、といった基礎数に、基礎数と総人口の関係を規定する係数をかけて求めていく。

第一章　トロワ　一二五〇年

バール、プロヴァン、そしてトロワでは、
いつのまにか金持ちになれる。
　　――クレティアン・ド・トロワ『イングランドのギヨーム』

七月の第一週になると、シャンパーニュ地方の平原に走る道々には、砂ぼこりが立ちのぼる。あらゆる方向から――パリをはじめとする西の地域、シャロンをはじめとする北の地域、ヴェルダンをはじめとする北東地域、ディジョンをはじめとする南東地域、オセールまたはサンスといった南の地域から――荷を積んだ動物たちの長い隊列が一つの目的地を目指して歩いてくるからである。彼らの目指すのは、トロワの夏市だ。

シャンパーニュ地方へ入るまでに、すでに何百キロも旅してきた人たちも多い。フランドル地方の毛織物の隊商たちはバポームから古代ローマ時代にできた道をたどって南下してくる。ドイツのハンザから来る商人たちは海にも出られる船でセーヌ川をルーアンまで下り、そこで船底が浅い船に乗り換えるか、荷物を運ぶ動物を雇ってやってくる。イタリアの商人たちはピサやジェノヴァから船でマルセイユへ渡るか、フィレンチェからミラノまで「フランチェスカの道」をたどる。後者の場合、アルプス山脈のプチサンベルナール峠（訳注―モンブラン南方の峠。標高二一八八メートル）を越えることになる。毛糸の帽子に手袋、滑り止めのついた長靴といういでたちの案内人に導かれて断崖《だんがい》を越え、雪渓《せっけい》を越え、クレバスを迂回《うかい》するのである。西側の斜面を下ると、イゼールからヴィエンヌ、リヨンへと入る。ここにはスペインやフランス南部のラングドック地方からの商人たちもやってきており、ここからはソーヌ川沿いに北へ行くか、オタン経由で北西の道を行くか、船をチャーターしてソーヌ川を上っていくことになる。

平地なら、荷を運ぶ動物たちは一三〇～一八〇キロにもなる荷物を背負って一日に二五～四〇キロを進む。早馬ならもっと速い。フランドルの毛織物商人たちは、シャンパーニュ大市が開かれる各都市とベルギー北西部の都市ヘント間およそ三二〇キロを四日で結ぶ便を運行していた。一方、フィレンチェからシャンパーニュ地方まで荷物を運んでくるには、途中で何事もなくても三週間はかかった。雨の多い気候のせいで、荷車が泥沼にはまり、馬やロバが立ち往生してしまうからだ。

商人たちにとって何よりやっかいなのは、通行料だった。アヴィニョン橋を渡るときも、渡し船に乗るときも、浅瀬を歩いて渡るようなところでさえ、通行料が必要なのだ。陸上の道も通行料をとる場合が多く、それはローマ人が建設した道でも同じことだった。

市へ向かう隊商は護衛に守られて進むのが普通だ。先頭に旗手が立ち、石弓を持った兵隊や槍兵《やりへい》が側面を守る場合もある。こうした物々しい警戒は、運んでいる品物の価値を宣伝する効果もあった。道は、少なくとも日中はそれなりに安全だった。そのうえ、シャンパーニュ伯が近隣の領主たちと結んでいる条約のおかげで、市《いち》へ向かう商人たちの安全はとくに保証されていた。ちょうど一二五〇年、ある商人がロレーヌ公の領内を通過中に、服地の束とリスの皮を強奪されるという事件が起こった。このとき、ロレーヌ公は条約の取り決めどおり、その商人に補償をおこなっている。

トロワに到着するまでには、うっそうとした森が広がる地方を通りぬけてこなくてはならない。だがこの二〇〇年の間に森はめざましく切りひらかれ、耕地となっていた。城、村、修道院の数が増え、そのまわりには畑や牧草地が広がって羊や牛が草をはんでいる。トロワの城壁のすぐ外には、トロワ住民の所有する畑や庭園が広がっていた。

大市に参加するためにトロワに来る人は、商業地域にある門のいずれかから市内に入ることになる。西側から入るならパリ門かオセール門経由で、北側からなら、マデレン門かプレーズ門経由で、南側ならクローセル門経由で、入ってくる。砂色をした城壁は高さ約六メートル、厚さは二・五メートルで、加工していない荒石を芯《しん》にして表面はさまざまな大きさの石灰岩のブロックで固めてある。(1)その壁の向こうに家々の屋根や煙突、教会の尖塔《せんとう》が見えている。干上がった濠《ほり》にかかる吊り上げ橋を渡り、二人の衛兵が開けてくれる鉄製の二枚扉を

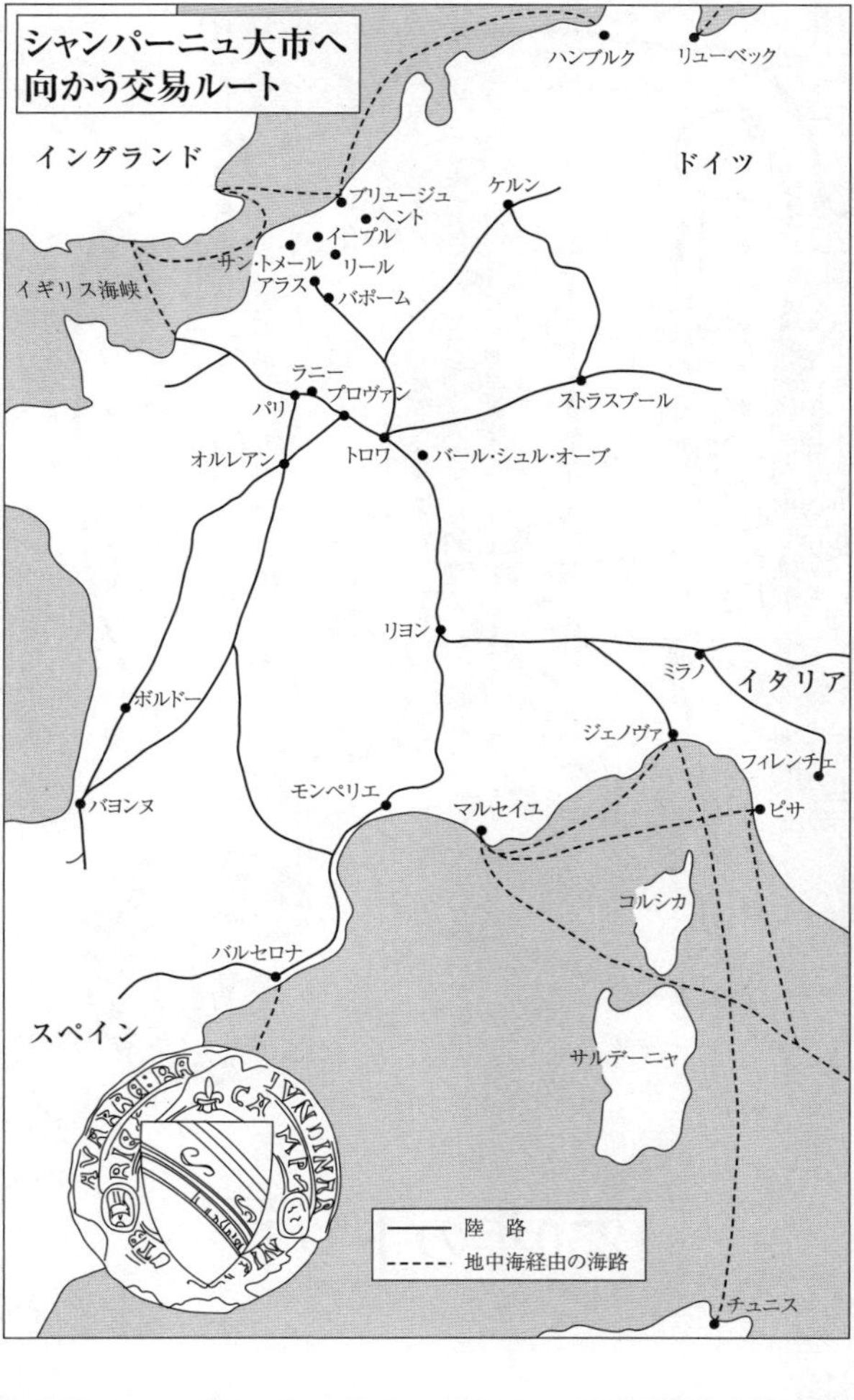
シャンパーニュ大市へ
向かう交易ルート
ハンブルク
リューベック
イングランド
ドイツ
ブリュージュ
ケルン
ヘント
イープル
サン・トメール
リール
イギリス海峡
アラス
バポーム
ラニー
プロヴァン
パリ
ストラスブール
トロワ
バール・シュル・オーブ
オルレアン
リヨン
ミラノ
イタリア
ボルドー
ジェノヴァ
フィレンチェ
モンペリエ
マルセイユ
ピサ
バヨンヌ
コルシカ
バルセロナ
スペイン
サルデーニャ
陸　路
地中海経由の海路
チュニス

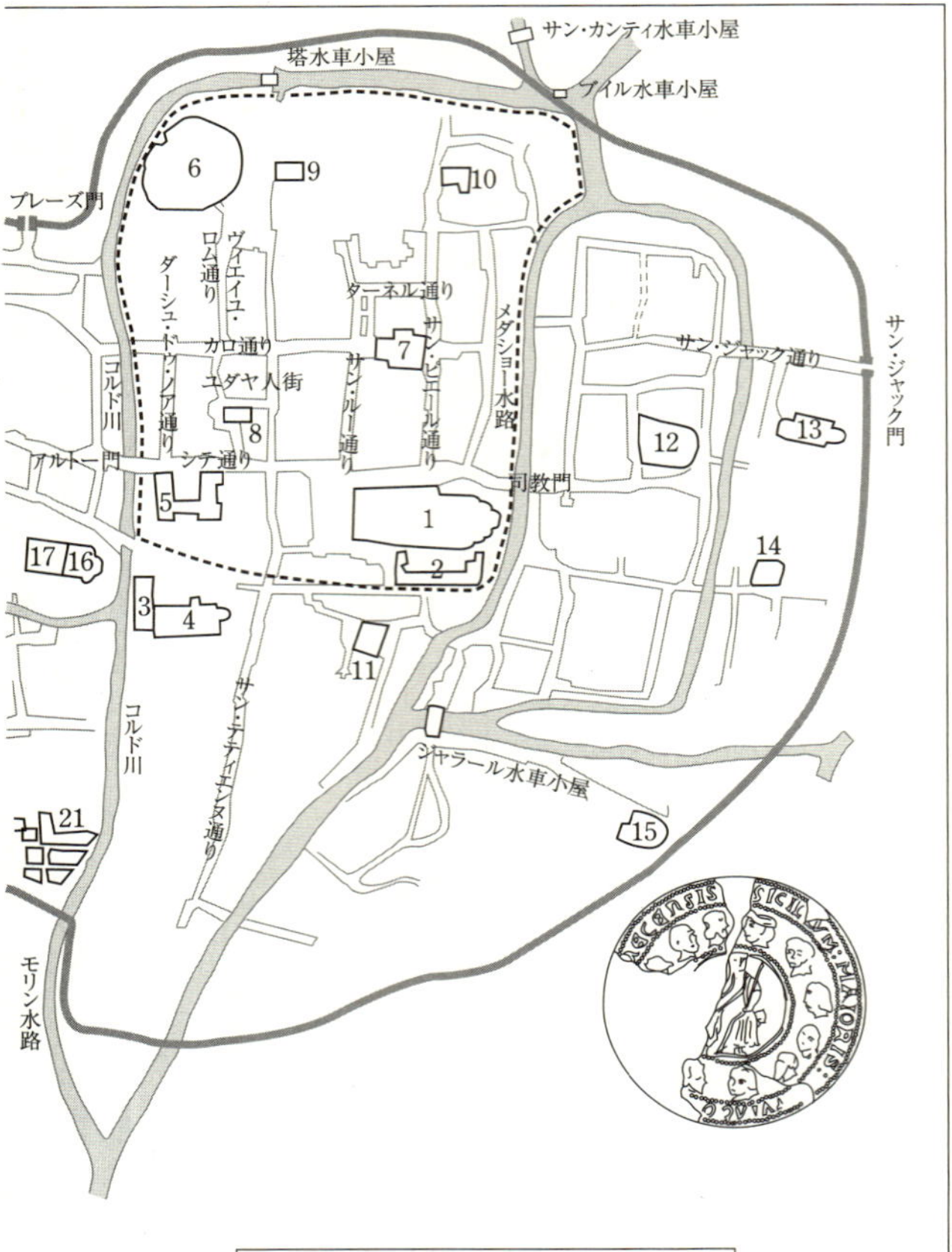
サン・カンティ水車小屋
塔水車小屋
ブイル水車小屋
プレーズ門
ヴィエイユ・ロム通り
ダーシュ・ドゥ・ノア通り
ターネル通り
サン・ピエール通り
メダショー水路
サン・ジャック通り
サン・ジャック門
カロ通り
ユダヤ人街
サン・ルー通り
コルド川
アルトー門
シテ通り
司教門
サン・テティエンヌ通り
ジャラール水車小屋
モリン水路
1
2
3
4
5
6
7
8
9
10
11
12
13
14
15
16
17
21

1250年のトロワ

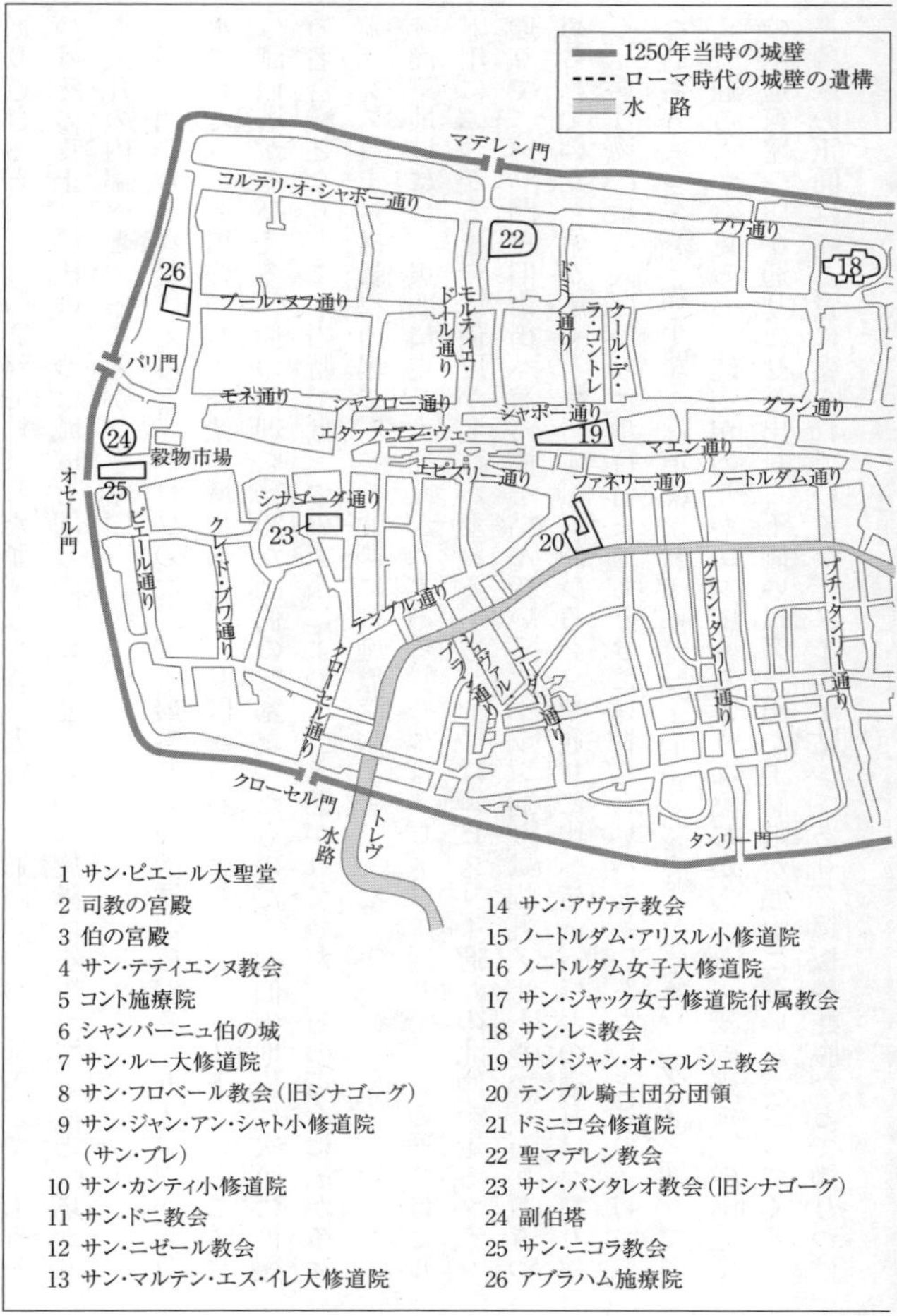

1 サン・ピエール大聖堂
2 司教の宮殿
3 伯の宮殿
4 サン・テティエンヌ教会
5 コント施療院
6 シャンパーニュ伯の城
7 サン・ルー大修道院
8 サン・フロベール教会（旧シナゴーグ）
9 サン・ジャン・アン・シャト小修道院（サン・ブレ）
10 サン・カンティ小修道院
11 サン・ドニ教会
12 サン・ニゼール教会
13 サン・マルテン・エス・イレ大修道院
14 サン・アヴァテ教会
15 ノートルダム・アリスル小修道院
16 ノートルダム女子大修道院
17 サン・ジャック女子修道院付属教会
18 サン・レミ教会
19 サン・ジャン・オ・マルシェ教会
20 テンプル騎士団分団領
21 ドミニコ会修道院
22 聖マデレン教会
23 サン・パンタレオ教会（旧シナゴーグ）
24 副伯塔
25 サン・ニコラ教会
26 アブラハム施療院

通り過ぎると、三つの通路で結ばれた頑強な小砦へと続く。通路の一つは地下道で、もう一つはその真上、最後の一つは城壁と同じ高さにある。石の螺旋《らせん》階段を上っていくと、塔から丸天井の内部へと入ることができる。

パリ門からトロワに入ると、トロワのなかでも最も新しい地域が広がる。セーヌ川から分水されたコルド川の西側の商業地域である。パリ門から右手に約一〇〇メートルのところには副伯塔(2)がそびえる。伯の代理を務めた副伯の要塞《ようさい》だったものだ。副伯の地位は次第に世襲の名誉職となり、この当時では三つの家系によって引き継がれていた。その近くに広がるオープンスペースは穀物市場で、その北側には施療院がある。

商業地域には、東西に走る大通りが二本ある。一つはエピスリー通りで、この通りはコルド川にぶつかるまでに何度か名称が変わる。もう一つはエピスリー通りの北側を走るグラン通りで、パリ門と旧市街へ渡る橋を結んでいる。グラン通りは幅九メートルで、石が敷きつめられていた(3)。幅が広く、まっすぐに伸びるグラン通りに比べると、ほかの通りはかなり狭く、乗り物に乗る人ばかりか歩行者までもときには押し合いへしあいしないと通りぬけられないありさまだ。「猫小路」は道幅がわずか二メートルあまりしかない。グラン通りでさえ、通る人から見ると、建物がのしかかってくるような感じがあった。三階建て、四階建ての木造家屋や店が通りにせり出し、不揃《ふぞろ》いに突き出た上層階が頭上に覆いかぶさってくる。

各家の正面は赤と青に塗られているか、タイルが貼《は》ってあり、鏡板や蛇腹《じゃばら》などで飾りつけられていた。居酒屋の扉にはカラフルな看板がかかり、それぞれの店には職業を示すシンボルがつけられている。店は通りに向かって開いており、店先は低くなって長靴やベルト、財布、ナイフ、スプーン、壺《つぼ》、鍋《なべ》、ロザリオといった商品の陳列台の役割を果たしている。店のなかをのぞくと、店主と徒弟たちが仕事に励む様子が見えた。

通りを行き交う人々はほとんどが徒歩である。職人は鮮やかな色のチュニック（長い上着）に長靴下姿、主婦はガウンやマントに身をつつみ、頭には白い頭布をかぶっている。商人たちは縁に毛皮のついたコートを着ている。黒や茶色の衣服を着た司祭や修道士の姿も見える。馬のひづめの間をガチョウが鳴きながら走りぬけていく。犬や猫、ハトは食べ物を求めて家の玄関口や飼《か》い葉《ば》の脇《わき》に潜んでいる。

大市に備えて通りは清掃されたところだったが、それでも町の臭いはまだ残っていた。動物の糞《ふん》と生ごみの臭いが、食料品店や一般の家から出るいいにおいと混じり合っているのだ。臭いがきついのは魚屋、リネン職人、肉屋がある地域で、なかでも皮なめし職人の店があるところが一番ひどかった。肉屋と皮なめし屋は一一世紀に増え、その結果、都市に典型的な問題が生じていた。ヴィエンヌ川の川底がごみであふれたのである。シャンパーニュ伯アンリ一世（「寛大なアンリ」）はセーヌ川上流から川底をさらわせ、ヴィエンヌに流れ込む流量を増やしてごみを流す作戦をとった。それでも、肉屋と皮なめし職人の住んでいる地域は市街地のなかで最悪だった。トロワなどの都市では、家主や店主は家の前の通りを清潔に

トロワのなかで最も中世の面影が残る場所、猫小路。道幅わずか２メートルほどの小路で、両側の家の上部はもたれ合っている。

することと、そして通りに汚水を捨てることを禁じる法律を作っている。しかし、そうした法律も効果は今ひとつだった。雨が降ると、舗装されていない通りは泥だらけになり、状況はいよいよ悪化した。

サン・ジャン・オ・マルシェ教会を取り囲む地域が、大市の中心部となる。このあたりは細い路地が密集していて、両替商の本部やら、計量所やら、衛兵の詰所やらが集まっている。春には静まり返っていたこのあたりが、今は喧噪《けんそう》に満ちている。馬の行き交う音、金槌《かなづち》が打ち下ろされる音、大きな荷物をどさっと置く音。指示の声や悪態をつく言葉が数ヵ国語で飛び交い、遠い異国からやってきた麻袋や梱《こり》が荷下ろしされていく。香辛料もあれば絹もある、海の底からとってきた真珠もある、数えきれない台数の荷車に載せられてきた毛織物もある。

大市にやってきた商人は好きな所に泊まることができたが、同郷の者同士で集まる傾向があった。モンペリエからやってきた者はパリ門の近くにあるモンペリエ通りに、バレンシアやバルセロナ、ラリダからやってきた者たちはクレ・ド・ブワ通りに、ヴェネチアから来た者はプチ・クレド通りに――ここには伯の執事が所有している小屋があった――、そしてロンバルディア人はトリニテ通りに、という具合である。

テントや露店は小売りのためにだけ使われた。毛織物や布地、香辛料の大口取引は大市が開催される地域に点在する恒久的な建物（取引所）でおこなわれた。市《いち》が開催される区域は、それ以外の区域としっかり区別がつけてあった。商人から参加料をとるためである。毛織物生産に強い都市のなかでも、アラス、ルッカ、イープル、ドゥエー、モントバンはエピスリー通りに専用の取引所を持っていた。ルーアンの取引所はシャポー通りに、プロヴァンの取引所はプチ・タンリー通りとテンプル騎士団の分団領の間にあった。

エピスリー通りを東へ行くと、コルド川の近くまで来たところで歴史と権力を持つノートルダム女子大修道院（この女子修道院が管理する露店から、一一八八年の大火は起こった）があり、そこから通りの名前は「ノートルダム通り」と変わる。そこから南へ行くと、築二〇年になるドミニコ修道会の修道院がある（フランシスコ会の修道院は、町の外、プレーズ門の近くにある）。少し北へ行くと、グラン通りの端と出会うことになり、そこからバン橋を通ってコルド川を渡ると、ローマ時代の旧市街へと入る。右側の土手、橋の上のほうに見えるのが公共浴場で、旅行者はそこで道中の埃《ほこり》を洗いながすことができた。

旧市街はいまだに荒れ果てたローマ時代の壁に囲まれている。ここに住んでいるのは裕福な家庭、多くの聖職者、シャンパーニュ伯に仕える役人、昔からのゲットーに住むユダヤ人、労働者の一部、そして貧しい人々だ。ローマ時代の壁に囲まれた四角い地域の南西の角を出たところに、川を背にして建っている石造りの大きな建物がシャンパーニュ伯の宮殿である。丸天井の地下室の上に巨大な大広間があり、居所は後ろ側にある。宮殿の前には短い梯子《はしご》のような形をした木製のさらし台があり、けちな泥棒や不正を働いた商人などがしばしば縛りつけられている。伯の教会であるサン・テティエンヌは宮殿と直角に、ちょうど宮殿と教会とでL字形になるように建っている。宮殿の大広間の端にあるテラスからミサが聞こえるようになっているのである。そのすぐ北にはアンリ一世によって創設された施療院があり、旧市街の北西端には城がそびえる。城は陰鬱《いんうつ》な長方形の塔で、まわりに中庭が広がり、周囲には人を寄せつけない壁が築かれている。この塔は、昔はシャンパーニュ伯の本丸だったが、一三世紀には騎士の叙任式や祝宴、武芸大会などをおこなう会場として使われていた。

旧市街の中心近くにあるのが、アウグスティノ会のサン・ルー大修道院である。アッティラと交渉した司祭の名をとった修道院だ。もともとは市壁の外側にあったのだが、八九一年のヴァイキング襲撃ののち、アデレン大修道院長が聖《サン》ルーの遺体ごと施設を壁の内側へと移設したのである。サン・ルーから南へ向かい、旧市街のメインストリートであるシテ通りを渡ったところにあるのが大聖堂で、ここがローマ時代の壁の南東端になる。大聖堂では、人々が巨大な石積みの上に足場をかけるのに忙しい。石積みの内側に据えつけられた木製のクレーンから、外側へ紐《ひも》が垂れている。大聖堂の建築現場と司教の宮殿との間の空き地には、石工たちの小屋や作業場がひしめいている。

城の旧本丸近くにゲットーがある。裕福なユダヤ人家族は城壁のすぐ南から走るヴィエイユ・ロム通りに住んでいる。そのほかのユダヤ人は、もっと南に行ったところにある、四方を路地に囲まれたユダヤ人街に住んでいた。
これがトロワである。歴史ある町である一方、新しい都市であり、封建制度と教会組織の中心であり、中世の商業革命の主たる中心地となったトロワの、これが一二五〇年の姿である。

原注

(1) 現在、トロワには城壁はなく、その場所は大通りとなっている。ここでの説明は、近隣の都市プロヴァンの城壁を念頭に置いたもの。プロヴァンの城壁はトロワと同じころに建てられ、現存している。美しいサン・ジャン門も残っている。

(2) 副伯塔は一三世紀には形式的なものとなっていたが、一四世紀になると再び重要性を取り戻した。市民たちの砦であり、市政府の本部である「鐘楼」となったのである。

(3) これは推測である。一二三一年の記録に、トロワのすぐ西の地域の道に石が敷きつめられたとある。イタリアを除くと、都市で通りに石を敷きつめるのは稀《まれ》だった。ただし、パリでは、フィリップ二世(尊厳王)が一三世紀のはじめにいくつかの通りに石を敷きつめたとされている。

第二章　ある裕福な市民の家にて

彼らは王のような衣服を身につけ、すばらしい乗用馬や荷役馬を持ち、それは豊かな生活をしている。騎士たちが東へ行くときも、彼らはベッドのなかにいる。騎士たちが皆殺しにされるとき、彼らは水遊びに興じている。

——『ルナールに化けて』（一四世紀のトロワの香料商人［元聖職者］による作品）

一三世紀には、金持ちの家も貧乏人の家も外から見るかぎりたいした違いはなかった。石造りの家はごくわずかしかなく、ほとんどは梁《はり》を用いた木造家屋で、年月とともにたわんだり、傾いたりしてくる。貧しい地域では、数家族が一つの家に同居していた。たとえば織工なら、一部屋に一家族が入り、暖炉の前で肩を寄せ合っていただろう。これは田舎の農奴の生活と大差なかった。

一方、裕福な市民の家庭では、四階建ての建物すべてを一家族で独占していた。一階が仕事場、二階と三階が家族の居住スペース、屋根裏では使用人が寝起きし、建物の後ろには畜舎と倉庫があるというのが一般的だった。地下室から屋根裏にいたるまで、重視されたのは

「快適さ」という点だった。もっとも、それはあくまでも一三世紀における「快適さ」であり、主人夫婦にとってさえ、不満の多い住まいだった。

では、裕福な市民の家に入ってみよう。家に入るとまず控えの間がある。控えの間には扉が二つあり、一つは作業場または執務部屋へ通じ、もう一つの扉を開けると、急な階段へと通じている。二階の大部分は大広間または日光浴室となっており、リビングルームとダイニングルームを兼ねた役割を果たしている。巨大な煙突の傘の下では、暖炉の火がちらちらと輝いている。部屋に窓はあるが小さく、油を塗った羊皮紙で閉じられているため(1)、昼間でも暖炉の火が室内の照明代わりだった。オイルランプが壁から鎖で吊されているが、その火は外が完全に暗くなってから灯されるのが常だった。家庭の主婦たちはロウソクも節約していた。料理用の脂をためてはロウソク職人に渡し、安価なロウソクを作ってもらうのである(煙がよく出て、刺激臭がするのが難点だった)。蜜蠟《みつろう》を使ったロウソクは教会か、儀式のときしか使用されなかった。

部屋は天井が低く、がらんとしてうすら寒い。壁には染めたり刺繡《ししゅう》をほどこしたリネン(亜麻布)の布がかけられている。タペストリーが登場するのは、まだ五〇年も先のことだ。一三世紀のヨーロッパでは、カーペットを使うことはきわめて稀《まれ》で、床には藁《わら》などを敷いた。家具としては、長椅子、架台の上に板を載せる方式の長テーブル(食事が済むと片づける)、皿と銀食器を飾る大きな木製食器棚、日常の食卓で使う陶器やブリキの食器を置く

クリュニーに残るロマネスク様式の家。フランスでは、12 世紀から 13 世紀に建った家がクリュニー、プロヴァン、ドル・ド・ブルターニュ、ペリグー、ル・ピュイなど各地に残っている。（フランス旅行協会）

クリュニーのアヴリル通り６番地に建つ13世紀の家。裕福な両替商が住んでいた。石積みの方向が一定でないこと、窓がロマネスク様式であること、急勾配の屋根――これらはすべて中世の家の特色である。レンガの壁は後世に造られたもの。

低い食器棚がある。

食器棚とチェストは支柱に厚板を釘《くぎ》で打ちつける形式で作られていた。接合部には鉄を使い、リネンや皮革を表裏に貼りつけるなどしていたが、厚板は割れたり裂けたり、反《そ》ったりした。板に溝や突起を作ってはめ込んでいくやり方で木の膨張・収縮に対応できる家具を作ることができるようになるのは、まだ二世紀ほど先のことになる。

13世紀の木の小箱。鉄張りで、表面に光沢のある円形浮き彫りがほどこされている。裕福な市民の貴重品入れだったのかもしれない。（米メトロポリタン美術館。1917年に実業家J・ピアモント・モルガンより寄贈されたもの）

素っ気ない家具に比べると、衣装は優美だった。都市の男女はファーでふち取りされた鮮やかな赤や緑、青、黄色のリネンや毛織物を着ていた。男女の衣装は似ているものの、このころになると違いも生まれていた。一〇〇年ほど前には男女ともに長くゆったりとしたチュニックやローブ（裾まで垂れる長いゆるやかな外衣）を着ていて、ほとんど違いはなかった。ところがこのころには男性は女性より短くて、ぴったりした上着を身につけるようになり、「ズボン」をはくようになっていた。ズボンは中世になって発明されたものだが、すでに「男らしさ」の象徴となっていた。当時のズボンはタイツ型になっており、ぴったりとした半ズボンと長靴下が一体化したものだった。そのズボンの上に長袖のチュニック(ファーでふち取りされていることもある)を着て、織り目の細かいウールの袖なしの外衣(ベルトつき)を着る。外衣にはフードがついていることもある。外出用には、肩のところで留め金か鎖で留めるようになっているマントを着用した。ボタンは装飾としてつけられていることはあったが、ボタンホールはまだ発明されていなかった(ボタンホールが登場するのは一三世紀の終わりである)。服にポケットはなく、金銭などの持ち物は小さな袋に入れてベルトから下げるか、袖のなかに入れるかしかなかった。履き物はロングブーツで、上部には柔らかい革が使われていた。

女性は手首からひじのあたりまでレースがついた長袖のチュニックを着て、上にベルトでウエストを絞った外衣を着ていた。外衣の袖からは下に着ているチュニックの袖が見えるようになっていた。靴は柔らかな革製で、底は薄かった。男女ともに下着を着ていた。女性はリネンのロング・シュミーズで、男性はリネンのアンダーシャツに布のベルトがついたズボン下を着用していた。

髪は男女ともに真ん中分けにしていた。女性は二つに分けた長いお下げ髪で、白いリネンのかぶりものをかぶっていた。男性はときに前髪を額のところでまっすぐに切り揃え、柔らかな帽子をかぶっていることが多かった。男性はたいてい無精ひげを生《は》やしていた。当時あった道具では、そり残しなくきれいにひげをそるのは不可能だったのである。

食事時間になると、大広間の長テーブルに大判の布がかけられる。給仕をやりやすくするため、座席はテーブルの片側にだけ用意されている。座席側は布を床まで垂らし、二つ折りにしてナプキンとしてみなで使った。祝い事などの正餐《せいさん》の場合は、料理の途中で布を代えることもあった。席にはナイフ、スプーン、そして前の日のパンを分厚く切ったものがセットされる。このパンは、肉を載せる取り皿として使用した。ナイフには肉切り用、パンのスライス用、牡蠣《かき》やナッツの殻あけ用、といくつか種類があったが、この時代にはまだフォークはなかった。座席と座席の間には、スープかシチューをたっぷりよそったエキュエル（両手のついたボウル）が置かれた。エキュエルとブドウ酒用のコップ、スプーンは隣の人と共用した。大型の陶器は飲み残した液体を入れるために使用し、分厚いパンの塊の真ん中に穴をあけたものはソルト・シェーカーとして利用した。

食事の準備が整うと、召使いが笛を吹いて知らせる。ナプキン、手洗い用水盤、水差しが用意され、みなが手を洗う。ただし、石鹸《せっけん》は使わない。手洗い用水盤は隣の人と共用だった。

テーブルに聖職者がいない場合は、家族のなかで一番若い人が祈りを捧《ささ》げ、最後にみなで「アーメン」と唱和する。

食事は去勢鶏のブルーエからスタートするのが一般的だ。これはスープとシチューの中間のような料理で、エキュエルの底に鶏肉を入れ、その上にブイヨンを注ぎ、香辛料をふりかけたものである。次に出てくるのはおそらくポレ――リーキ（ネギの一種）、タマネギ、豚や子牛の小腸、塩漬けした豚肉を牛乳で煮込み、スープストックとパン粉を加えた一種のピュレ――だろう。そして野ウサギのシチューがあとに続く。これは、野ウサギの肉をグリルしたのち、小さく切ってタマネギ、酢、ブドウ酒、香辛料を加えて煮込み、パン粉でボリュームを出したものだ。どの料理も土器のピッチャーに入ったブドウ酒とともに人々の胃に流し込まれる。とくに手のこんだ食事のときには、このあとにまだ肉のロースト、シチュー、魚料理が続くことになる。食事の締めくくりはフルメンティ（カスタードの一種）、イチジクとナッツ、ウエハース、香辛料入りブドウ酒などだった。

断食日には、晩課（訳注―カトリックにおける夕方の礼拝）を終えたあとに、その日最初で最後の食事をとった。たいていは、パンと水、野菜程度の貧弱なものだった。もっとも、信仰心の篤《あつ》い人が必ずしも戒律を厳格に守るとはかぎらず、聖職者はしばしば戒律の抜け穴を見つけ出した。一二世紀、シトー修道院の聖ベルナールはクリュニー修道院での食事の様子を苦々しげにこう描写している。

次から次へと料理が運ばれてくる。肉料理だけは出ないが、代わりに魚が倍量ついている……。すべての料理がそれは見事に作られているので、四皿目、五皿目が終わっても、食欲が衰えることはない……。卵一つとってみても、びっくりするほどいろいろな方法で調理され、姿かたちを変えて食卓に登場するのだ。慎重に殻を割り、入念に泡立て、固ゆでし、細かく刻まれる卵。揚げ物となって登場したかと思えば、次は焼かれて出てくる。ほかの食材と混ぜてあるかと思えば、卵だけの料理として出てくる……。ブドウ酒が水で薄めもせずに供されるというのに、水を飲むことをどうやって勧められようか。私たち修道士はみな、消化器系が弱い。だから使徒パウロの教え（胃のために少量のブドウ酒を用いなさい）に従うことが許されている。ただし、パウロが強調した「少量の」という部分を私たちは無視してしまっている。

スープとソース以外はすべて手でつまんで食べるのだが、それでもテーブルマナーは大事だった(2)。ゆっくり食べること、一度に口のなかに詰め込まないこと、食べながらしゃべらないこと、口に食べ物が入っているときに飲まないこと、が良家の人々のたしなみだった。ナイフは決して口に入れてはいけなかった。スープを食べるときには音を立てずに、また、スプーンを皿のなかに置くのは行儀の悪いことだった。げっぷをする、テーブルに寄りかかる、皿におおいかぶさる、鼻をほじったり、歯をせせったり、爪をいじるのも御法度《ごはっと》だった。塩の入った壺《つぼ》に食べ物を直接突っ込むのも行儀の悪いこととされた。パンは、大きいまま歯でかみ切るのではなく、手でちぎってから食べるものだった。熱い料理を冷《さ》ますためにふうふう息を吹きかけるのもマナー違反だった（ただし、これをする人は多かった）。ブド

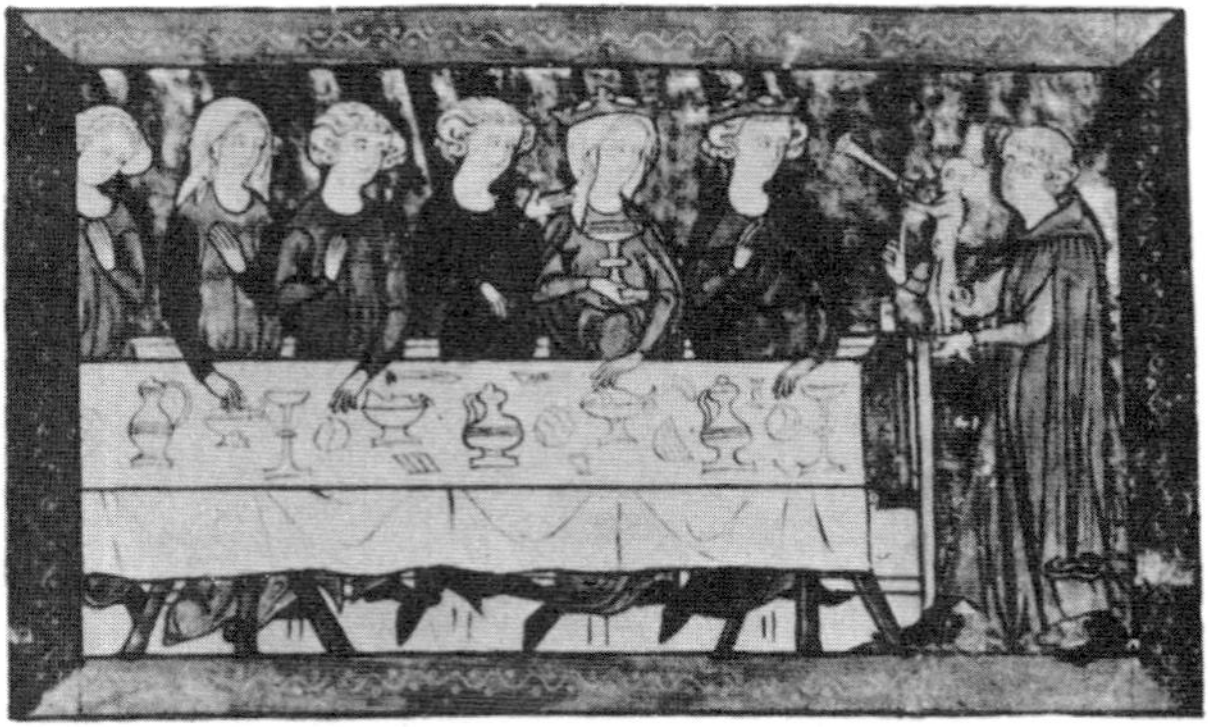

13世紀の宴。装飾写本『メリアシン物語』の一場面。王女の心を射止めるべく名乗りを上げた男が、贈り物——銀のトランペットを吹く銅の小立像——を見せている。客たちは長椅子に座って、長テーブルに向かい、隣同士でブドウ酒のコップとエキュエルを共用した。ナイフとパンがテーブルクロスの上に載っている。(フランス国立図書館)

ウ酒のコップは隣の人と共用なので、コップに口をつける前に唇についた油を必ず拭き取るのが礼儀だった。

主人一家が食事を終えると、次に召使いや徒弟が食卓につく。彼らは欲しいだけ食べることができたが、ぐずぐずすることは許されなかった。彼らの食事が終わると食卓の後片づけとなる。手洗い用水盤、ナイフ、スプーンは水洗いをし、壺、やかんは中に残っているものをすっかりきれいにする。ひとりの召使いは両手に桶《おけ》を持ち、通りを下ったところにある井戸へと向かう。別の召使いは食べ残しを集め、玄関へ持っていく。そこにはたいてい物《もの》乞《ご》いが一人か二人、おこぼれにあずかろうと待っていた。日によっては、大人数が押し寄せてくることもあった。一二世紀には、物乞いは金持ちの家のなかに入って食卓までおもむき、直接食べ物を求めることが許されていた。しかし一三世紀半ばには、物乞いが入っていいのは、玄関口までと定められていた。

二階で、大広間の次に大きいのは台所である。台所の中心は暖炉で、大広間の暖炉と背中合わせになっており、煙突は共用だった。暖炉は人一人立って入れるほどの高さがあり、中にくべる薪は一メートルほどの長さがあった。火はつねに絶やさないよう気をつけておかねばならず、消えた場合は、召使いが暖炉用鉄具を使って一から起こさなくてはならない。暖炉用鉄具とは、こてのような形をした八センチくらいの金属製の道具で、これで火打ち石を叩《たた》いて火花を生じさせるのである。

暖炉の上には櫛《くし》の歯状になった鉄製の棚があり、その上に鉄のやかんが載せられていてつねに湯を沸かしている。それ以外のやかん、大鍋などは三脚台（食卓で熱い皿を載せるもの）に載せてある。網じゃくし、スプーン、ひしゃくやシャベル、火かき用鉄棒、やっとこ、鉄串《てつぐし》、焼き串、長い持ち手のついた熊手《くまで》などは煙突の手前にぶら下げてある。その近くには台所のごみを捨てるごみ箱があり、中のごみは定期的に捨てられた。また、水を蓄える大桶もあった。木製の漬け物桶の隣には、革製の水槽があり、中では生きた魚が泳いでいた。壁際のテーブルの上にはさまざまなサイズの鍋が並べてある。ふるい、水切り、すり鉢、すりこぎ、おろし金などの小さな台所用品は、そのテーブルの上に設置された棚の上にある。手ぬぐいは、ねずみが来ないところにかけてあった。

テーブルの隣にあるのは、香辛料用の棚だ。非常に高価なものもあるので、棚には鍵がかけてある。とくに高価なのがサフランで、同じ重さの金と比べものにならないくらいの値段である。裕福な家の主婦なら、ごくわずかな量をこっそり蓄えているかもしれない。ショウガ、ナツメグ、シナモンなど遠くアジアから輸入される香辛料も、サフランと同じくらい高価だった。そこまでは高くないのがクローブ、メース（ナツメグの仮種皮を乾かしたもの）、クミンなど。コショウ、マスタードは裕福な家なら、食卓に常備される程度の値段である。こうした高価な香辛料以外に、主婦は自宅の庭で栽培したハーブを多用していた。収穫したハーブを束にして台所の梁《はり》から吊し、乾燥させて使うのである。種類はバジル、セージ、セイバリーの葉、マージョラム、ローズマリー、タイムなどだった。

大広間と台所の上の階は、主人一家の寝室である。主人夫婦は天蓋《てんがい》つきの大きなベッド（長さ約二五〇センチ、幅約二一〇センチ）に寝る。藁を詰めたマットレスにリネンのシーツをかけ、上掛けはウールか、毛皮で裏打ちしたもの、それに羽根枕を使った。子供たちのベッドはもっと小さく、サージ（綾織りの毛織物）や綿と毛の交織《こうしょく》のカバーがかけてあった。ベッドのほかには、台の上に載せられた洗面盤、テーブル一台、椅子二、三脚、チェストがあるだけだ。おそらく週に一度、入浴のために木製のバスタブが組み立てられ、召使いたちは台所の火で湯を沸かしてバケツに入れ、三階まで運んだのだろう。

プロヴァンのオテル・ド・ヴォールイサン。ここにも 13 世紀の家が当時そのままの姿で残っている。(フランス写真資料館)

ベッドの上方には壁に沿って棒が取りつけられており、人々はベッドに入る前に着ていた服を脱いでそこにかけた。夫婦はつつしみをもって下着姿でベッドに入り、ロウソクを吹き消したあとで下着を脱いで枕の下に入れた。当時の人々は裸で寝ていたのである。

トイレはたいてい屋外の、家畜が飼われている場所にあった。寝室の外に「便所」——落とし樋《とい》を通じて地下の穴のなかに排泄物《はいせつぶつ》を落とし、それをときどき掃除する仕組み——を備えている家は稀だった。そうした仕組みは、「もの」を落とした先が屋外の水のあるところだと一番いいわけで、シャンパーニュ伯の宮殿では実際に水路の上にこのシステムを作っていた。次にいいのは、近くの溝や川につながる排水管を備えていることだった。

ノミ、南京虫をはじめとする虫はやっかいな問題だった。虫退治の方法はさまざま試みられている。たとえば、布や毛皮、衣服をできるだけぎゅっときつくたたんで、チェストのなかに詰め込み、ノミを窒息させるという方法も実行されていた。固くなったパンの表面に鳥もちや松ヤニを塗り、真ん中にロウソクを立てて火を灯す方法もあった。藁のマットレスを白い羊皮で覆ってしまうと、敵の姿がよく見え、つぶすことができた。夏にはハエや蚊よけのために網を張ることもおこなわれた。虫を捕まえるわなも考案されている。一番単純なのはぼろ切れをハチミツにつけるというものだった。

都市に住む裕福な人々にとっても、毎日を快適に過ごすのは難しいことだった。だが、かなりの数の人々にとって「快適さ」が関心事となってきたこと自体、文明が発達してきた証拠だといえよう。

原注

（1）金持ちの家でも窓ガラスが使われることは稀だった。離れた場所にいくつも家を持っていたイングランドの身分の高い貴族の場合、ガラス板がはめ込まれた窓を窓枠ごと持って、一つの家から別の家へと移動していた。木製のよろい戸も広く使われていた。

（2）テーブルマナーについては、以下の三つの本からとった。ギヨーム・ド・ロリスの『薔薇《ばら》物語』、ロベール・ド・ブロワの『婦女の教育』（どちらも一三世紀の作品）、そしてペトルス・アルフォンソスのアルフォンソス教本。ペトルス・アルフォンソスは転向したスペイン人のユダヤ教徒で、同書は一二世紀の終わりにフランス語に翻訳され、一三世紀に広く読まれた。

第三章　主婦の生活

彼は妻がどのように尽くしてくれるかを想像して胸をときめかせる……暖炉の穏やかな炎の前で靴を脱がせてくれて、足を洗ってくれて、新しい靴下と靴をはかせてくれて、おいしい料理と飲み物を出してかいがいしく食事の世話を焼いてくれて、真っ白なシーツが敷かれたベッドに入り……柔らかな毛皮に包まれ、そのほかの喜びと楽しみを心ゆくまで味わい……それについては語らないことにしよう……そして翌朝、新しいシャツと衣服を揃えてくれるのだ。

――『パリの世帯持ち』

夜明けとともに、トロワの町には大聖堂の鐘の音が鳴りひびく。市民に日中の時刻を告げる鐘の第一声である。伯の教会やノートルダム女子大修道院より早く、第一の鐘を鳴らすのは司教の大聖堂だ。激しい論争の末、エルヴェ司教が朝一番の鐘を鳴らす権利を手にしたのである。トロワには非常に鐘が多く、次のような一節があるほどだ。

ご出身は？　トロワです。
トロワといえば？　鐘の音です。

鐘は一時間ごとではなく、三時間ごとに鳴らされた。教会の聖務の時間を知らせるためである。(1) 人々にとっては正確な時刻はどうでもよく、知りたいのは日没までどのくらい時間が残っているかということだった。鐘は、そのためのタイムキーパーの役割を果たしていたのである。修道院や教会、公共の建物には日時計や水時計(2)が設置してある場合もあった。重りで動く時計は、まだ発明されていなかった。

夜明けの鐘――午前六時の鐘――が鳴ると、一日が始まる。夜警は務めを終え、泥棒たちはこそこそと隠れ家に戻り、市井《しせい》の正直者たちが働きはじめる。なかでも朝が早いのは鍛冶屋と肉屋である。あちこちでよろい戸を開ける音がし、店が動きはじめる。牛や羊、豚などが鳴き声を上げながら畜舎から出てきて、城壁の外にある牧草地へ向かう。動物たちとすれ違うのは、手桶《ておけ》やたらいを持って井戸へ向かう寝ぼけまなこの女中たちだ。

裕福な家では、人々がベッドから這《は》い出し、枕の下に手を突っ込んで下着を探り、壁際の棒にかけておいた衣服を身につけ、冷たい水で顔と手を洗う。そのあと髪を梳《と》いて編むと、堅実な主婦の朝の身繕いは完成する。当時は、外見をきれいにすることにばかり心を奪われている女性を非難する説教がよくおこなわれた。「かつら」は、今は地獄か煉獄《れんごく》にいる人の髪を使って作られたものである、とか、「イエス・キリストと、神に称えられたその母は高貴な人であったにもかかわらず」、裕福な家庭の女性たちの間でもてはやされている絹や金、銀の帯を「身につけようとは一度も思わなかった」といった説教がおこなわれていた。細長い布を胸に巻きつけている女性もいたが、それも好ましくないものとされ、説教では「あの世で炎の帯となる」といわれていた。

ほっそりとした体型、ブロンドの髪、透き通った肌――ある詩人は「氷上の雪のような白さ」と表現している――の女性が理想とされた。この理想を追い求め、肌の色を明るくするという謳《うた》い文句の軟膏《なんこう》を使う女性もいたが、結局しみのある部分の皮膚がめくれる結果になることもあった。

朝一番の主婦の仕事に食料品の買い出しがある。これは毎日行く必要があった。トロワでは、ほとんどの食料品店がサン・ジャン教会周辺の狭い路地――ドミノ通り、クロワゼ（小さな十字架）通り、クール・デ・ラ・コントレ（集会広場）――に集中している。通りの名称はそこで営まれている職業を示していることが多かった。たとえば、コーダリ（ロープ職人）通り、グラン・タンリー通りにプチ・タンリー通り（皮なめし職人の大通りと小路）、オルフェーヴリ（金細工師）通り、エピスリー（食料品商）通りという具合である。テンプル通りは、テンプル騎士団の分団領のそばを通っていた。

木造の家並みに色とりどりのアクセントを添えているのが、店の看板である。セイヨウキヅタの枝を掲げているのは居酒屋、金色の錠剤三つは薬種屋、白い棒に赤のストライプは外科医兼理髪師、一角獣は金細工師、馬の頭部は馬具屋という具合だ。

通りを歩く買い物客たちは足元に注意をしなくてはならない。不快な出来事に遭遇することがしばしばあるからだ。肉屋街では、店で動物を殺すため、通りに血が流れ、日光で乾いていく。積み上げられた臓物やくず肉にはハエがたかっている。鶏屋の外では、つながれたガチョウがうるさく鳴き声を上げている。鶏やアヒルは脚を縛られ、地面の上でもがいている。その横には野ウサギやアナウサギもころがっている。

家禽の首をひねる主婦たちの財布には三種類の硬貨が入っている。そのうちの二つは銅貨、オボルと二分の一オボルでどちらも釣り銭用の小銭として使われていた。硬貨として価値があるのは残る一種類、ドゥニエ（ペニー）と呼ばれる銀貨だけだった。肥えた去勢鶏なら六ドゥニエ、普通の鶏で四ドゥニエ、アナウサギが五ドゥニエ、大きめの野ウサギが一二ドゥニエというのが相場だった(3)。

肉屋と鶏屋の並びの近くには、ほかの食料品店も軒を連ねている。菓子屋ではウエハースを一ポンド（訳注―約四五〇グラム）三ドゥニエで売っている。雑貨屋にはさまざまな商品が並べられていた。酢は大きな瓶に入って、二～五ドゥニエ。食用油のなかで一番の売れ筋商品は七～九ドゥニエ。ただし、オリーブオイルはその倍ほどした。塩は安いが（二ドゥニエで五ポンド買えた）、コショウは四ドゥニエで一オンス（訳注―約三〇グラム）と高く、砂糖はもっと高かった。ハチミツも高級品だった。中世の食卓においては、甘味料は希少価値だった。

パン屋では、徒弟が長い取っ手のついた木のシャベルを使って、窯《かま》からパンを出している姿が見られるかもしれない。パンの価格は種類ごとに法律で決まっていた。重さについても、その年ごとの小麦の収穫量に応じて決定される範囲内に収まるようにしなくてはならなかった。一二五〇年はいつもの年に比べてやや高めの価格だった。パン屋のなかには質や量をごまかす者もいたため、パンには店の焼き印を入れる決まりになっていた。不正を摘発されたパン屋は、証拠のパンを首から下げて、さらし台に立たされた。

品物の質や量にごまかしはないか、主婦はいつも目を光らせている。ブドウ酒や牛乳、油が水増しされていないか、パンにイーストが入りすぎていないか、肉が膨張していないか、腐りかけた魚を豚の血で赤くしてごまかしていないか、チーズをブイヨンに浸しておいしそうに見せていないか……。「あくどい商売人」の話は数多い。とくに好まれていたものを一つ紹介しよう。ある男が肉屋に値引きを求めた。これまで七年間もこの店のソーセージを食べつづけてきたのだから、値引きくらいしてくれてもいいだろう、というわけだ。すると肉屋は叫んだ。「七年間だって！　旦那、それでまだピンピンしてるんですかい？」

常設の食料品店以外に、行商人もいた。午前九時ごろになると、彼らの呼び声が町の喧噪《けんそう》をいっそう大きくする。扱う品物は魚、鶏、生肉、塩漬け肉、ニンニク、ハチミツ、タマネギ、果物、卵、リーキ、果物を詰めたパイ、鶏肉、ウナギなどだった。パリでは「おいしいシャンパーニュ・チーズだよ！　おいしいブリー・チーズだよ」という行商人の声が響いていた。トロワでも同じような光景が見られたことだろう。ブドウ酒や牛乳を扱う行商人もいた。

買い物がすんだら、調理である。調理はすべて直火《じかび》でおこなわれた。個人の家にオーブンはない。食物を混ぜるなどの下ごしらえはすべて手作業だった。台所用品は鉄、銅、錫《すず》製か土器で、鋼やガラス製品はなかった。紙も紙製品もなかったし、チョコレート、コーヒー、紅茶、じゃがいも、米、スパゲッティ、ヌードル、トマト、カボチャ、トウモロコシ、ベーキングパウダー、重曹、ゼラチンもなかった。かんきつ類はめったにお目にかかれないごちそうだった。

食料の保存方法は限られていた。魚は生きたまま飼っておくか、酢漬け用桶《おけ》に漬け込むか、塩漬けにするか、燻製《くんせい》にするかだった。肉は塩漬けにした。冬野菜は涼しい穴蔵で保存し、果物や野菜、ハーブのなかには日干しにして保存されるものもあった。

正餐《せいさん》の時間は、季節やその家の職業によって異なる。早ければ朝一〇時から始まる場合もあった。食事の準備は早くからおこなう。召使いたちは、洗う、刻む、湯がく、湯通しする、すり鉢でハーブをすりつぶす、肉を揚げたり焼いたりする、といった作業をおこなった。ソースにとろみをつけるために、すりこぎでつぶしたパンくずが加えられ、小麦粉の代役を果たした。料理法はどれもめまいがするほど複雑だったが、例外はローストで、これは焼き串《やぐし》に刺して火であぶるだけだった。野菜は湯通しをし、すすぎ、何度か水を替えながら長時間にわたって調理した。すりこぎとすり鉢の出番は多く、実にさまざまなものをすりつぶした。裕福な家のメニューは、薄いスープかブルーエ（訳注―煮込み料理に近いスープ）で始まり、中身の多いスープ、シチュー、肉のロースト、魚料理と続き、そのあとにセイバリー（訳注―食後に出す塩味の料理）、フルーツか焼き菓子、香辛料を入れたブドウ酒、ウエハースで終わりとなる。特別のときには、食事の合間に豪華に飾りつけをした「アントルメ」も加わった。アントルメは単なるつなぎではなく、雄豚の頭が出てきたり、白鳥をローストしてから再び羽根をつけたものが登場するなど、客をあっと言わせるような趣向が凝らされた。

中世の家庭の主婦と召使いたちには、台所仕事以外にもたくさん用事があった。それほど大きな家を構えていなくても、あれやこれやと仕事は多かった。ただ、都市に住む女性のほうが田舎に住む農家の女性より楽な生活だったことは間違いない。農家の女性たちは糸巻き棒で糸を紡ぎ、自分の服を作るところから始めなくてはならなかったからである。

毎日の家事のなかには、ベッドメイキングもあった。幅の広い主人用ベッドを整えるためには、ベッドのすみずみまで届く長い棒の助けを借りる必要があった。カバーとクッションはよく払い、寝室用の便器をからにする。召使いたちは朝起きると台所の火を起こし、水をためる大桶と大きな鉄製のやかんに水を入れ、玄関の内外を掃除し、ときどき床に新鮮な草を敷いた。

トロワには洗濯女がいたが、ほとんどの家は自分で洗濯をしていた。ときどき、シャツやテーブルクロス、ベッドリネンなどを木桶に入れ、木の灰と苛性ソーダを混ぜたものに浸け、叩《たた》き洗いをし、すすぎ、日光で干すのである。苛性ソーダと動物性油脂を煮詰めて作った自家製の柔らかい石鹸《せっけん》も使われた。オリーブオイルから作られたスペイン製の質のいい固形石鹸もあったが、日常生活で使うには値段が高すぎた。

毛皮や毛織物は定期的に叩いたり、払ったりし、念入りに手入れをした。毛皮や毛織物の汚れを取るためには、ブドウ酒、灰汁《あく》、漂布土（訳注―粘土の一種。水を加えると泥化し、酸性反応を呈する）、ベル果汁（未熟なブドウから採った酸っぱい果汁）を混ぜ合わせた液体を使った。油汚れは、温めたブドウ酒に浸す、漂布土でこする、熱湯に浸した鶏の毛でこする、という方法で落とした。色があせた場合は、薄めた灰汁かベル果汁に浸したスポンジを使って回復を試みた。湿気で固くなった毛皮は、ブドウ酒と小麦粉を振りかけて乾かし、こすると元の柔らかさに戻った。

都市の女性も田舎の女性も、庭仕事をした。(4) レタス、スイバ、ワケギ、ビート、青ネギ、ハーブなどを庭で育てた。ハーブは料理に使うだけでなく、薬としても利用された。ハーブには、セージ、パセリ、フェンネル、ハナハッカ、バジル、ヤナギハッカ（ヒソップ）、ヘンルーダ、セイバリー、コリアンダー、ミント、マージョラム、ゼニアオイ、セイヨウキンミズヒキ、ベラドンナ、ルリヂサなどがあった。野菜やハーブなどとともに、さまざまな花も育てられており、食用に使われた。ユリやラベンダー、ボタン、マリーゴールドの花びらはシチューの飾りとして利用された。スミレはタマネギやレタスと一緒に刻んでサラダに使ったり、薄いスープに入れたりした。薔薇《ばら》やサクラソウは煮込んでデザートに使った。フサスグリやラズベリー、西洋ナシ、リンゴ、セイヨウカリンの木なども、都市の家庭の庭によく植えられていた。

大きな都市では、住宅が多いせいで庭のスペースは狭かった。この当時、パリなどの大都市では、スラム街をなくしてセーヌ川に浮かぶ小島の一つにルイ九世が造らせた庭園のように、町の公園にしようとしていた。

十字軍や巡礼によって、セイヨウキョウチクトウやザクロなど、新しい植物も持ち込まれた。後世の人々は、キンポウゲは聖王ルイ九世が聖地からフランスへ持ち帰ったものだ、プロヴァンの町の紋章になっている赤い薔薇を持ち帰ったのはティボー四世（「詩人のティボー」）だ、と伝えることだろう。もっとも、ティボー四世が持ち帰ったのはおそらく、一シーズンに何度も花をつけることで当時は珍しかったダマスカスのピンクローズだったと思われる。ランカスター家のエドモンドは、ティボー四世の甥の未亡人と結婚したのち、プロヴァンの赤い薔薇を家の紋章とすることになる。それがのちに、イギリス王朝の血なまぐさい戦いに「薔薇戦争」というロマンティックな名前がつけられることに結びつくのである。

修道院の存在も園芸に貢献した。果物や野菜のなかには、修道院がなければ絶滅していただろうものもあったし、修道士が巡礼の旅に出ることで新しい植物が伝わったり、新しい園芸の知識が広まったりしたのである。

女性であることの意味は、一三世紀においてもほかの時代と大きな違いはなかった。いつの時代もそうであったように、女性であるというだけで何かと虐げられ、搾取された。だが、一番ものをいうのはその人の社会的な地位であるというのも時代を超えた真理であり、裕福な市民の妻は、農奴の妻とは違って、敬意をもって扱われ、家族のなかで重要な地位を占め、共同体のなかでも尊敬される存在だった。

夫のいない女性は自分の財産を持つことができ、男性相続人がいない場合は、女性が相続人となることも可能だった。法的にも、習慣上も、あらゆる階級の女性が財産を持つ権利を有していた。女性は訴えることも、訴えられることもあり、遺言書を書くことも、契約を結ぶことも、法廷で訴訟事実を申し立てることもできた。夫の代理人として法廷に出てくることもあった。

裕福な女性は読み・書き・計算ができた。なかにはラテン語が少々できる女性や、刺繍《ししゅう》やリュートの演奏など、女性らしい趣味を身につけている人もいた。少女たちは家庭教師に教えてもらうか、女子修道院に寄宿して学習した。ノートルダム女子大修道院は六世紀のころから女子学校を持っていた。女性は大学に入ることはできなかったが、大学への門は男性に対しても閉ざされており、聖職者、法学、医学の道の基礎訓練をしてきた者だけが入ることができた。封土《ほうど》を持つ上流階級の家庭の場合は、女性は男性よりも高い教育を受けていた。『ガルラン』という恋愛物語詩では、一緒に育てられた男の子と女の子がまったく異なった教育を受ける様子が描かれている。女の子は刺繡、読み方、書き方、ラテン語会話、ハープの演奏、歌唱を学習し、男の子は鷹《たか》狩り、狩猟、弓矢の扱い、乗馬、チェスを習っている。

女性は家庭の外で実にさまざまな職業についていた。教師、助産婦、洗濯女、レース編み職人、裁縫婦をはじめ、織工、縮絨工《しゅくじゅうこう》（毛織物の仕上げ作業をする）、理髪師、大工、馬具師、タイル職人など一般的には男性の領域だったさまざまな職種にも女性がついていることがあった。(5) 結婚している女性は通常は夫の仕事場で働き、夫が死ぬとあとを引き継いだ。息子たちと一緒に娘たちも父親の持つ技術を学ぶことは決して珍しくなかった。田舎では、少女たちは農家の働き手として雇われた。荘園を持つ男性の妻は夫が戦争や十字軍、巡礼に行っている間、土地を預かったし、夫が留守の間、妻たちは夫に代わって商売をおこなった。

女性は男性と同じ仕事をしても安い賃金しかもらえないという不公平な状態にあった。節約について述べたイングランドのある説話には次のような記述がある。「酪農場を持っていない荘園なら、女を使うのがよい。男よりもずっと安上がりだからである」

政治においては、一般の女性に発言権はなかった。都市の合議機関に参加することも、法廷で人を裁くこともできなかったし、荘官や役人になる道も閉ざされていた。これは基本的には、女性が武器を身につけていないことが原因だった。その一方で、政治の表舞台で女性が目立った役割を果たすこともしばしばあった。イングランド王ヘンリー一世の一人娘マティルダ、アキテーヌ公の一人娘アリエノール、ルイ九世の摂政をつとめたブランシュ・ド・

カスティーユ、フランドル女伯ジャンヌ、シャンパーニュ伯ティボー三世の妃、ブランシュ・ド・シャンパーニュをはじめ、活躍した人は多い。アンリ一世（「寛大なアンリ」）の妃マリーはサン・テティエンヌ教会とサン・ルー教会との間のもめごとの仲裁を頼まれ、義理の弟にあたるランス大司教ギヨーム・ド・シャンパーニュ（「白い手のギヨーム」）とともに問題の解決に乗り出している。また戦争や、絶え間ない不幸が続くおりなどに、女性はしばしばヒロインの役を担っている。

教会のなかでは、女性は権力と影響力を持つ地位についていた。ノートルダム女子大修道院⑹などの女子修道院長には、その地位にふさわしい重要な責任が与えられていた。こうした地位につくのは、たいていは高い階級の女性、たとえばシャンパーニュ伯の家臣の娘アリックス・ド・ヴィルアンドゥアンなどだった。女子修道院長たちはおそれることなく、自分たちの権利を主張した。ノートルダム女子大修道院ははるか昔から破格の権力を持っており、その起源は三世紀にさかのぼることができると考えられていた。

確かにノートルダムはトロワの司教よりも強い権力を持っていた。新しい司教が就任するとき、司教本人は女子修道院長から乗用馬と馬具を与えられ、その馬に乗って女子修道院長の馬小屋へと行列の先頭に立って出向く。女子修道院のなかに入ると、司教はひざまずいて十字架、司教冠（ミトラ）、祈禱書《きとうしょ》を院長の手から受け取る。そして誓いを述べるのである。「私……は、トロワの司教として、ノートルダム女子大修道院の権利と、管轄権と、自由と、特権を、神と聖徒たちの助けをかりて守りぬくことを誓います」。新司教はこの女子修道院で一夜を過ごし、そのときに寝たベッドと寝具一式を贈り物として与えられる。こうした儀式を終えた次の日、ようやく彼の司教就任式が大聖堂でおこなわれるのである。

修道院の外でも、女性は活躍している。マリー・ド・フランスは中世の女性詩人のなかでも最も才能あふれる存在であり、師であり夫だったアベラールとの愛の往復書簡で有名なエロイーズは最も注目に値する女性文学者だが、それ以外にもたくさんの人々がいた。この時代の学者だったアルベルトゥス・マグヌス（訳注―ドイツの神学者で、トマス・アクィナスの師）は、聖母マリアが自由七科（文法、論理、修辞、算術、幾何、音楽、天文）を習得していたかどうかという問題に対して、肯定的な答えを出している。

聖母マリア信仰は、女性のイメージを高める役目を果たした。女性を毛嫌いする説教師たちは「男の邪魔をする存在」「狂った獣」「悪臭を放つ薔薇」「悲しみの天国」「甘い毒液」「甘美な罪」「甘くて苦い」などと女性に対して好き放題の悪態をついていたから、熱狂的なマリア信仰でちょうどバランスがとれたといってもいいだろう。もっとも説教師たちはこうした悪態《あくたい》をつく一方で、女性の誘惑には弱いのだった。

騎士道精神も女性に対する奉仕を理念として掲げていた。教会は使徒パウロが勧めたように、妻は夫に従うものという考え方ではあったが、それは単なる主婦や使用人としてではなく、伴侶《はんりょ》として、という意味だった。結婚している人は互いに尊敬の念をもって接することが求められ、相手を呼ぶときには必ず「ムッシュ」「マダム」と言い合う夫婦が多かった。

身体的な罰を与えることが普通だった当時、夫が妻を殴ることは日常茶飯事だった。だからといって妻がいつも貧乏くじを引かされていたわけではない。夫が妻を支配できることは稀《まれ》で、たいていどこの家庭でも妻のほうが強い、と当時の人は書いている。以前は夫に従順で、雌羊のように穏やかだったのに、今では売春婦のようだ、と不満を述べている説教師もいる。こんな話をする説教師もいた。ある船が海で嵐《あらし》に遭ったとき、乗組員たちは余計なものは少しでも海に投げ込んで船を軽くしようとした。するとある男は「これほど耐え難い重さのものはほかにない」と言って妻を海に投げ込んだというのだ。また、「妻の尻に敷かれた夫」は、当時の笑い話に好んで取り上げられたテーマだった。

中世の妻たちについて、それまでの時代と比べて特筆すべきことは、おそらく彼女たちが財布を持ったことだろう。女性たちは買い物に行き、施しをし、料金を払い、労働力を雇った。必要なら、金を払って特権を買ったり、賄賂《わいろ》を渡したりもしていたはずだ。

女性はほかにも金を使ってさまざまなことをおこなった。土地や金、家財などを教会にどんと寄付した人たちもいる。女子修道院、修道院、施療院、孤児院、救護院などを創設することもあった。息子のために封土《ほうど》を買ったり、娘のために女子修道院を買ったりした。商いにも乗り出した。高利貸しや質屋まがいの行為、価格操作をしているとして、聖職者たちから糾弾されもした。贅沢品《ぜいたくひん》に無節操に金を使っていることも非難された。女性たちは金をかけて、ときには遠く聖地エルサレムまでも旅をした。

裕福な市民の娘たちも、騎士の娘たち同様、行儀作法を厳しく教え込まれた。詩人ロベール・ド・ブロワは良家の女性の振る舞い方について、次のようにまとめている。

教会やそのほかの場所に行くとき、レディはまっすぐに歩かなくてはならない。小走りに歩いたり、走ったりしてはならないし、ぶらぶら歩いてもいけない。貧しい者にも挨拶《あいさつ》をしなくてはならない。

夫以外に胸を触らせてはならない。であるから、ピンやブローチを胸につける作業は、夫以外にさせてはならない。

レディの口に接吻《せっぷん》していいのは、その夫だけである。もし、この教えに背《そむ》いたなら、どんなに誠実な、信頼に足る女性であろうと、高貴な生まれであろうと、重大な結果を招くことは避けられない。

女性は他人を見る目つきに気をつけなくてはならない。ツバメに飛びかかろうとするタカのような目をしてはならない。慎重にするがいい。まなざしは愛の使者である。男たちは女性のまなざしに喜んでだまされる。

男性に言い寄られても、それを自慢してはならない。自慢するのは卑しいことだし、もしあとになってその男性に恋したなら、その秘密を守るのはいっそう難しくなることだろう。

レディは首や肩をあらわにした華美な服装は避けるものである。そんな格好をするのは恥知らずだからである。

レディは贈り物を受け取らない。なぜなら、密かに渡された贈り物は高くつくからである。レディはきちんと対価を支払い、誇り高く品物を手に入れるべきである。もっとも、額面どおりありがたく受け取ってかまわない、心からの贈り物もある。

何より大事なのは、レディはののしらないということである。怒りや怒りの言葉を発するのは卑しい女のすることで、レディの行動ではない。あなたを侮辱する男性がいるなら、それはあなたではなく、彼自身をおとしめていると知るがいい。あなたを侮辱する女がいるなら、彼女を無視することが一番のしっぺ返しになる。

レディは悪口を言ってはならない。飲みすぎたり、食べすぎてはならない。

尊敬すべき男性から挨拶を受けたとき、頭を下げて黙っている女性は育ちが悪い。レディなら尊敬すべき相手を前にしたときはかぶりものを取り、まっすぐに顔を上げるものである。頭を下げたままでいいのは、何か隠すべきものがあるとき——たとえば顔色が黄色いとか、顔が醜いとか——のみである。笑顔が魅力的でない場合は、手で隠したほうがいい。

顔色が蒼いレディは、早めに食事をしたほうがいい。良質のブドウ酒は顔色をよくしてくれる。息がくさい人は、教会で祝福を受けるさい、息を止めているように。

とくに教会のなかでは、表情に気をつけなくてはならない。なぜなら人目にさらされるからであり、人々に善悪を判断されるからである。礼儀正しくひざまずき、祈ること。笑ってはならないし、おしゃべりが過ぎるのもいけない。

聖書が拝読されるときには起立し、最初と最後に十字を切ること。捧《ささ》げ物をするときは背筋を伸ばすこと。聖体奉挙のさいには両手を組んで立ち、それから膝をついてすべてのキリスト教徒のために祈ること。病気、妊娠中の場合は、座ったまま詩篇を読んでもかまわない。

いい声をしているなら、堂々と歌うこと。あなたを誘った人々と一緒に歌うのもいいし、自分の楽しみのために一人で、歌うのもいい。ただし、聴衆の忍耐力に甘えすぎてはいけない。長引くと人々は「上手な人の歌は退屈でもあるなあ」と言いだすだろうし、実際その言葉はしばしば正しいからである。

手の爪《つめ》はこまめに、生皮の部分まで切ること。清潔を保つためである。清潔であることは美しいことにまさる。

他人の家の前を通るとき、中をのぞいてはいけない。ノックせずに中に入るのは分別のない行動である。

食事作法を心得ておくこと。食事中、おしゃべりが過ぎたり、笑いすぎるのはよくない。料理の一番いいところを選り分けて取ってはいけない。客として招かれている場合、食べすぎてはいけない。料理を批判してはいけない。テーブルクロスで口をぬぐうのはいいが、鼻をかんではいけない。[7]

原注

(1)　カトリック教会では一日八回の聖務日課を守っていた。それは（おおまかな時刻で）、朝課（深夜）、賛課（午前三時）、一時課（午前六時）、三時課（午前九時）、六時課（正午）、九時課（午後三時）、晩課（午後六時）、終課（午後九時）である。

(2)　水時計の一番単純なものは、砂時計のように、水滴が開口部から落ちて経過した時間が刻まれていく、というものだった。何種類もの歯車を組み合わせた、複雑な水時計も製作されており、これが現代の時計の原形となった。一三世紀の建築家ヴィラール・ド・オヌクールの残したスケッチには、機械仕掛けの基本メカニズムの一つである脱進機構が描かれている。当代随一の碩学として知られたローマ教皇シルウェステル二世は、教皇になる以前の九九六年に機械仕掛けの時計を発明したといわれているが、ドイツ中北部のマクデブルクで組み立てたその時計は明らかに水時計であり、それから三世紀の間に登場した「機械仕掛け」とされる時計も、みな水時計に属するものだった。現在の分類で確実に「機械仕掛け」と呼べる時計が歴史上はじめて登場したのは一三六〇年のことで、フランス王シャルル五世がアンリ・ド・ヴィックに作らせたものである。

(3)　本書に登場する日用品の価格のほとんどは、ヴィコート・ダヴェネルが一二〇〇年から一八〇〇年にかけての西ヨーロッパの価格・賃金を調べ上げた壮大な記録から引用したものである。

（4） 以下にあげる植物名は一三世紀の大学人ジョン・オブ・ガーランド編纂の辞書からとった。
（5） フランシス・ヴィヨン『誇り高き兜職人の妻の後悔』を参照。
（6） ローマ教皇ウルバヌス四世が父親の靴屋があった場所に教会を建てようとしたとき（一二四ページ参照）、ノートルダム女子大修道院の土地にかかってしまった。怒った修道院長は武装した一団を率いて教会を襲い、建物を破壊している。一二六六年のことである。
（7） ロベール・ド・ブロワの『婦女の教育』を現代の読者のため再編集したラングロワによると、「テーブルクロスで鼻をかんではいけない」という部分はユーモアとして書かれたものだという。

第四章　出産そして子供

汚物を洗いながしても、彼らはまたすぐに汚してしまう。母親が体を洗ったり、髪を梳《と》かしてくれている間、蹴《け》ったり、はいはいしたり、脚や手で押したりと、彼らは力いっぱいの抵抗を見せる。寝台から起き出しているときを除けば、いつも腹をすかせて泣き叫び、乳を求めている。寝ていなければ、いつだって泣くか、むずかるか、笑うかしている。

――バルトロマエウス・アングリクス（訳注―一三世紀の神学者。百科全書的な著作『事物の属性について』が一三世紀以降、広く読まれた）

一三世紀に生きる女性にとって、人生における最大の危機は出産だった。妊娠から分娩《ぶんべん》までを無事に乗り越えられたら、夫より長生きする見込みが十分出てくるほどだった。当時は出産を助ける器具はまったくなく、子宮口が裂けた場合の対処技術もなかった。帝王切開は、母体か胎児が死亡したときにおこなわれるのみで、消毒や麻酔はない。子宮口が十分に開かず、胎児の頭が出ない場合は手の施しようがなかった。

赤ん坊が無事生まれる可能性は、母親が出産を生き延びる可能性よりも小さかった。出産時に赤ん坊が死亡するケースは多く、幼児期の死亡率はもっと高かった。先天性の異常も多く、たいていは迷信と結びつけて考えられた。一一世紀のフランス王ロベール二世（敬虔王）は、ある未亡人と結婚したことで教会から破門された。王が、過去に彼女の子の代父（訳注―代父母とは、キリスト教の信仰生活において相談相手となる存在で、とくに中世では幼児洗礼時に親代わりを務めるのが大きな役割だった）となっていたからである。年代記編者によると、二人にはのちに「ガチョウの頭をした子供」が生まれるという罰が下った。恐れをなした王は妃を急いで女子修道院へと追いやったという。

　双子が生まれるのは、母親が二人の男性と性交渉をもった結果だという迷信も古くから信じられていた。恋愛物語詩『ガルラン』に、ある騎士の妻が夫の配下に「双子には二人の父親がいるというのは誰だって知っていること」と言い放って侮辱する話が出てくる。二年後、彼女自身が双子の女の子を出産し、自分の言葉を後悔することになった。神聖ローマ皇帝フリードリヒ二世のおかかえ占星術師だったミカエル・スコットは、多胎出産はごく普通のことであり、男三人、女三人、そして「両性具有」の子一人、という組み合わせで七つ子まで可能性があると力説している。

　子宮にいる胎児が育っていく間、一ヵ月ごとに各惑星が胎児の発達に影響を与えていくというのが、当時の科学者たちの一致した見解だった。たとえば土星は眼識と推理力という美徳を授け、木星は寛大さを、火星は悪意と短気を、太陽は学ぶ力を与える、という具合である。こうした星の影響が強すぎると、赤ん坊は早くしゃべりだし、年齢不相応の分別が身につき、若くして死んでしまうとされた。受胎の時刻が具体的にわかれば、その子の一生を予見できるという人もいた。ミカエル・スコットは占星術による予言をやりやすくするため、あらゆる女性に受胎の正確な日時を書き留めるように促している。フリードリヒ二世は三番目の妻、イングランド王ヘンリー三世の妹と結婚したとき、床入りを結婚の翌朝まで待った。占星術によって、その時間帯が一番いいと出たからである。のちにフリードリヒ二世はサラセン人の宦官《かんがん》たちに妻の世話をさせ、「必ず男の子が生まれる」と妻に太鼓判をおし、イングランド王にもその旨を書き記した手紙を出した。フリードリヒ二世の自信は正しかったことが証明された。翌年、男子が生まれたのである。

赤ん坊の性別は生まれる前に予言できる、そればかりか性別の決定を左右することもできると広く信じられていた。母親の乳または血を一滴、澄んだ湧《わ》き水《みず》に落とす。その一滴が沈めば子供は男、浮かべば女だといわれた。また、妊娠中の女性に手を出すように言ったとき、右手を差し伸べてきたら子供は男、左手なら女とも考えられていた。男の子を願う女性は体の右側を下にして寝るといいともいわれた。

いよいよ分娩のときが迫ると、出産部屋が用意され、来客に備えて最上のベッドカバーをかけ、床には新鮮な草を敷き、椅子やクッションを取りそろえた。食器棚には、その家の持つ最高の品々が飾られた。金や銀のコップ、ほうろう引きの食器、象牙《ぞうげ》製品、豪華な表紙のついた本などである。砂糖をからめたアーモンドや砂糖づけにした果物が来客のために並べられた。

赤ん坊が生まれる瞬間に医師は立ち会わなかった。出産部屋には男性は立ち入り禁止だったのである。そのため産婆《さんば》の役割は重要で、ルイ九世が十字軍の遠征に妃を同行することを決めたとき、産婆も一人連れていくことにしたほどである。結局その産婆は東方で二人の赤ん坊を取り上げることとなった。

陣痛の間、産婆は痛みをやわらげ、なんとか早く赤ん坊が出てくるように妊婦の腹をさすって軟膏《なんこう》をすり込んでいく。また、気持ちを落ち着かせる言葉をかけて、妊婦を励ました。分娩がうまくいかないときには、分娩を促すような魔法に頼ることになる。妊婦の髪はゆるめられ、あらゆるピンは体からはずされた。召使いたちは家のあらゆる扉、引き出し、食器棚を開け、家のなかにあるあらゆる結び目をほどいた。碧玉《へきぎょく》は受胎を防ぐ、月経の流れを滞らせる、性欲を減退させる力があると考えられていたが、同時に出産を促す力もあるとされていた。鶴の血の乾いたもの、また鶴の右足も出産に効くとされ、人殺しが手を洗った水が効くという説もあった。極端なケースでは、妊婦の耳に魔法の呪文《じゆもん》をささやきかける場合もあったが、司祭たちはこれにいい顔をしなかった。

赤ん坊が生まれると、産婆はへその緒を結んで指四本分の長さで切り落とす。そして赤ん坊を洗って全身に塩を塗り込み、口のなかと歯茎をハチミツでやさしく洗って、食欲が出るようにした。上質のリネンで体を拭き、細長い布で赤ん坊がほとんど身動きできないくらい固くくるむ。まるで小さな遺体が布に包まれているように見えた。

このあと、赤ん坊は父親、そして残りの家族にお披露目され、母親のベッドの隣に置かれた木の揺りかごに寝かされた。揺りかごは部屋のなかでもとくに暗い隅に置かれた。光線が赤ん坊の目を傷つけないようにという配慮からである。体内の熱く、湿気の多い体液から立ちのぼる蒸気が脳に巡って、赤ん坊が眠るように、召使いが揺りかごを揺すった。柔らかな脚がねじれておかしな形になるといけないので、きちんと座れるようになるまで、赤ん坊は布にしっかりと包まれたままだった。赤ん坊は乳を与えられ、湯を浴び、三時間ごとにおむつを取り替えてもらい、薔薇《ばら》油を体にすり込まれた。

裕福な家庭の女性がみずから子供に乳を与えることは稀《まれ》だった。乳母は注意深く選ばれた。乳と一緒に、乳母のあらゆる性質を赤ん坊が吸収すると考えられたからである。乳母は気だてがよく、身体的な欠陥がない女性でなくてはならず、太りすぎでも痩《や》せすぎでもいけなかった。何より重視されたのは健康状態である。汚れた乳を飲むと、赤ん坊にさまざまな病気がうつるとされたからだ。乳母は自分の食事にも気をつけなくてはならなかった。精白された小麦粉で作ったパン、良質の肉、米、レタス、アーモンド、ヘーゼルナッツを食べ、よいブドウ酒を飲むことが必要とされた。よく体を休め、睡眠を十分取り、入浴と仕事はほどほどにしなくてはならなかった。乳が足りなくなると、エンドウ豆、インゲン豆、牛乳で煮たオートミールを食べた。タマネギ、ニンニク、酢、香辛料を利《き》かせた料理は避けた。医師から赤ん坊に薬が処方されると、乳母がそれを飲んだ。赤ん坊が成長してくると、乳母は赤ん坊のために肉を嚙《か》んで与えた。乳母の性格と乳が甘くなるように、ということで乳母にはしばしば贈り物が与えられた。

赤ん坊は、たいてい生まれた当日に洗礼を受けた。絹の産着《うぶぎ》と金の布にくるまれた赤ん坊を親戚《しんせき》の女性の一人が抱きかかえ、もう一人の女性が外衣の裾を持ち、教会へと向かう。産婆は洗礼用の帽子を持ち、乳母、親戚、代父、代母、友人たちがあとに続いた。赤ん坊が男の子なら、二人の代父と一人の代母が選ばれ、女の子なら、二人の代母と一人の代父が選ばれた。子供のために重要な人をできるだけたくさん選びたいという欲から、あまりにも多くの代父・代母が選ばれるようになり、教会がその数を三人までと制限したのだった。代父・代母はかなりの贈り物をするのが常識だった。

教会の扉は赤ん坊の洗礼に合わせて飾りつけられ、新鮮な藁《わら》が床に敷かれ、洗礼盤はベルベットとリネンで覆われていた。赤ん坊は絹のクッションがついたテーブルの上で衣服を脱がされた。司祭が赤ん坊の額に聖油で十字架の形をなぞり、洗礼にさいしての祈りを捧《ささ》げる。代父が赤ん坊を抱き上げて洗礼盤へと運び、司祭が水のなかへと入れる。水から上がった赤ん坊の体を乳母が拭いて布でくるみ、額の聖油がとれないよう、産婆が洗礼帽をしっかりとかぶせた。

出生記録(1)は完全に非公開で、それぞれの聖堂区で三〇〇年先まで保管された。裕福な家では、父親が時禱書《じとうしょ》(その家の祈禱書《きとうしょ》)に赤ん坊の名前と誕生日を記入した。年齢や出自を法廷で明らかにしなくてはならない事態が生じたときは、産婆、代父、代母、司祭に対する口頭試問がおこなわれ、公証人が書き留めた。

出産を終えた母親の体調が回復し、出産部屋から出てくると、出産感謝の礼拝がおこなわれる。この礼拝を終えるまで、母親は「不浄」な存在と考えられ、パンを焼く、食事を出す、聖水と関わりを持つことは禁じられていた。出産感謝礼拝が金曜日に持たれると、その母親は不妊になるとされた。教会で結婚式をおこなった日がいつだったかということも、その人の運命に影響すると考えられていた。

出産感謝礼拝にふさわしい日になると、母親はウエディング・ガウンをかぶり、家族や友人にともなわれ、火を灯したロウソクを持って教会に入場する。司祭は扉のところで彼女を迎え、十字を切り、聖水をふりかけ、詩篇を暗誦《あんしょう》する。司祭は「神の聖堂へ入るがよい。あなたに母親となる祝福を与えた、聖なる処女マリアの息子をあがめるがよい」と言って聖堂の身廊（訳注―一般の信徒を収容する部分）を進み、司祭の祭服の一端を持った母親があとに付き従う。母親が出産時に死亡している場合には、産婆か友人が代理として母親役を務めた。

教会を辞するさい、母親はまっすぐ前を見ていなくてはならない。性格の悪い人や欠陥のある人を見てしまうと、赤ん坊が影響されると考えられていたからだ。ただし、母親が小さな男の子に目を留めた場合は、幸せの予兆であるとされた。次の子供は男の子になるというのである。

出産感謝の儀式は代父、代母、親戚、友人たちを招いておこなう祝宴をもって終わりとなった。

赤ん坊は、細長い布にきつくくるまれた状態を卒業すると、いきなり大人の衣服を着ることになる。子供は非常に厳しくしつけられ、しばしば体罰を受けたが、ゲームや遊びは好きなだけさせてもらえた。母親は物陰に隠れ、子供が自分を探しまわるのを見ていて、とうとう泣きだすかというときに飛び出し、抱きしめた。子供が長椅子にぶつかったら、「子供の仇討ち」とばかりに長椅子をたたいた。

子供はコマ回し、蹄鉄《ていてつ》投げ、ビー玉遊びなどで遊んだ。竹馬に乗って歩きまわった。女の子たちは粘土を焼いて作った人形や木の人形を持っていた。大人も子供も楽しんだのが陣取り、ボウリング、目隠し鬼などの外遊びである。スポーツも盛んだった。水泳、レスリング、それから初期のサッカーやテニスもあった。テニスにはまだラケットはなく、片手にカバーをかけて球を打った。あらゆる階級の人が闘鶏を楽しんだ。冬になると、人々は馬のすねの骨で作ったスケート靴を足にくくりつけ、鉄をつけた棒で氷上を進んだ。男の子たちは互いに通り過ぎるときに、その棒で戦った。

老いも若きも夢中になったのがサイコロ遊び、チェス、チェッカーである。チェスは当時、大流行していた。象牙《ぞうげ》を彫った重厚な駒——ビショップは司教冠《ミトラ》をかぶり、ナイトは竜と戦い、キングとクイーンは正式のローブと王冠を身につけている——が揃った、架台のついた豪華なチェス盤を持っている人もいた。現在のような形に「進化」したのはこのころで

サイコロで遊ぶ人たち。13世紀の名匠ヴィラール・ド・オヌクールが画帖に描いていたもの。サイコロ、チェス、チェッカーは中世で人気の遊びだった。

ある。一二世紀までは一番大事な駒はキングか、キングと「大臣」で、「大臣」はキングについて一桝《ます》ずつ進んだ。「大臣」はそのうち「貴婦人」へと変わったが、当初はキングに従って進むだけでコースを変えることはできなかった。「貴婦人」となった「大臣」は、その後クイーンとなってどの方向にでも進めるルールとなったのである。

教会はあらゆるゲームに批判的だった。室内ゲーム、演劇、踊り、カード、サイコロ、それからスポーツまでも非難の対象だった。とくに大学でのスポーツはやり玉にあげられた。ところが、トロワの騎士で年代記編者ジョアンヴィルによると、聖王ルイ九世の宮廷においてすら、ゲームは盛んだったようである。十字軍の遠征途上にあったルイ九世は弟ロベール・アルトワ伯の死を悼みつつ船上にあったとき、別の弟アンジュー伯がゴーティエ・ド・ヌムールとバックギャモンに興じているのを見て、怒りを爆発させた。王はサイコロと盤をつかんで海に投げ込み、こんなときに賭け事《かけごと》に夢中になっている弟を叱《しか》った。「結局、ゴーティエが一番得をした」とジョアンヴィルは書いている。「なぜなら彼はテーブルの上にあった賭け金全部を自分の膝の上にすべり込ませたから」

吟遊詩人《トルヴェール》アダン・ド・ラ・アルが喜歌劇『ロバンとマリオンの劇』で描いているように、室内ゲームも盛んだった。たとえば一人が聖人役となり、そのほかの人が聖人に捧《ささ》げ物をする。そのときに、笑ってはいけないというゲームがあった。聖人のしかめ面に吹き出してしまった人は掛け金を払い、聖人と交代する。

「嘘《うそ》をつかない王様」というゲームもある。クジで王か女王を選び、選ばれた者は頭に藁で作った冠を載せる。王（または女王）は順に質問していき、ほかのプレーヤーたちは質問に答えていく。『ロバンとマリオンの劇』に出てくる農民たちのやりとりは無邪気だ。「ゴーティエよ、これまでに嫉妬《しっと》したことがあるかい？」「はい。この前、犬が私の恋人の家の扉を叩《たた》いたときです。ほかの男かと思ったもので」「ウーア、一番好きな食べ物は何だい？」「はい、ずっしりとして脂の乗った豚の尻肉《しりにく》にニンニクとナッツの濃いソースをかけたものです」

当時、純粋に子供のためだけに書かれた、という意味での児童文学はなかった。しかし、何世紀にもわたって、多くのパターンで語り継がれてきた民話が、大人にとっても子供にとってもほかの何をもしのぐ楽しみとなっていた。そのなかの一つ、羊飼いと王女の話を紹介しよう。

昔々、決して嘘をつかない王様がいました。宮廷の人々が互いに絶えず「嘘つき」とののしり合っているのを聞き、王様は非常に怒りました。ある日、王様は、これからは誰も「嘘つき」と言ってはならぬ、と命令し、もし自分自身が誰かに「嘘つき」と言ってしまったら、その言葉を聞いた人に、王女と婚約させよう、と約束したのです。

この話を聞いた若い羊飼いが、運試しに乗り出しました。ある夜、夕食をすませた王様は台所へやってきて、召使いたちの歌や物語に耳を傾けていました。王様はときどきこうして台所へやってくるのを楽しみにしていたのです。自分の番がきたとき、若い羊飼いは話しはじめました。「私は以前、粉屋をしている父親のもとで徒弟として働き、ロバの背に小麦粉を載せて運んでおりました。ある日、あまりにも荷をたくさん載せてしまったので、ロバは二つに割れてしまいました」

「かわいそうに」と王様は言いました。

「そこで、私はヘーゼルナッツの木から枝を切り落とし、二つに割れたロバを枝でつなげて木片を前から後ろまで詰め、ロバの体をくっつけました。ロバは元どおりになって、小麦粉を客のところまで運んでくれました。王様、どう思われます？」

「そりゃずいぶんと荒唐無稽《こうとうむけい》な話だね」と王様は言いました。「でも、続けなさい」

「次の朝、私は驚きました。ロバの背に入れた枝が伸びて葉をつけ、ヘーゼルナッツの実までつけていたのです。枝はぐんぐん伸びていき、とうとう空に届きました。私はこの木に登りました。どこまでもどこまでも登っていくと、ついに月に着きました」

「そりゃずいぶんと無茶な話だね、でも続けなさい」

「そこでは老女たちがカラス麦をあおいで選《よ》り分けていました。地上へ戻ろうと思ったときには、ロバはヘーゼルナッツの木と一緒にどこかへ行ってしまっていました。そこで私はカラス麦のひげを結び合わせて一本の紐《ひも》を作り、地上へ降りてきたのです」

「そりゃまた無茶な話だね」と王様は言いました。「でも、続けなさい」

「運の悪いことに紐が短すぎたので、私は断崖の上に激しく叩きつけられ、大きな岩のなかに頭から両肩までめり込んでしまいました。なんとか頭を引っぱり出そうともがいたら、頭が岩に刺さったままで、体だけが取れてしまいました。そこで私は粉屋へと走り、頭を岩から掘り出そうと鉄の棒を手に入れました」

「どんどん荒唐無稽になっていくね」と王様は言いました。「でも、続けなさい」

「戻ってくるとても大きなオオカミが私の頭を岩から掘り出して食べようとしていました。そこで私は鉄棒でヤツに一撃を食らわせました。すると、一枚の手紙がオオカミの尻から押し出されてきたのです！」

「いやはや、無茶な話だねえ！」と王様は叫びました。「で、その手紙には何て書いてあったんだい？」

「その手紙には、あなたのお父様が私の祖父の粉屋で徒弟として働いていた、と書いてあったのです」

「おまえは嘘つきだ！」王様は憤然として叫びました。

「どうやら、私の勝ちですね」と羊飼いは言いました。羊飼いはこうして、王女を手に入れたのです！

原注

（1） 一二八四年にジャンヌ・ド・シャンパーニュが婚約したとき、彼女の誕生日を確定するために徹底的な調査がおこなわれた。

第五章　結婚そして葬儀

大広間は大変なお祭り騒ぎだった。誰もが自分にできることで場を盛り上げていた。跳ぶ者、宙返りする者、手品をする者がいるかと思えば、こちらでは物語を語る者、歌う者、口笛を吹く者がいる。ハープを奏でる者もいれば、クルース（訳注―古代ケルト人の弦楽器）を奏でる者、フィドルを弾く者、フルートやバグパイプを吹く者、歌う者、踊る者もいる。結婚の宴では、楽しいことはすべておこなわれた。くぐり戸一つ、門一つ、閉じられることはなかった。出口も入り口もすべて少し開いたままで、貧しい者も豊かな者も、誰一人追い返されることはなかった。

――クレティアン・ド・トロワ『エレックとエニッド』

一三世紀における結婚は、原則的には同じ階級の男女を結びつけるものだった。だが、いつの時代にもあったように、一三世紀にも社会移動はあった。結婚によって裕福な市民の家庭と貧乏貴族が結びつくというケースは稀《まれ》ではなかった。下層階級の人にとっては、結婚は幸運をつかむための手段でもあった。金持ちの未亡人と結婚するということは、街なかの家と、前夫の衣服と、家具と、銀と、不動産が手に入るということだったのである。

結婚は親の取り決めによるのが通例だったが、教会は本人たちの同意を重要視した。経済面だけを考えて決まった結婚について、司祭たちは数々の苦言を呈している。「夫誰それが、誰それさんの財布と結婚します、と結婚予告を出し、結婚式の日には新婦ではなく、新婦の持っている金と牛たちを教会へ連れていくようなものだ」と、パリの説教師ジャック・ド・ヴィトリーは辛口の批評をしている。教会法によれば、新婦は一二歳以上、新郎は一四歳以上でなくてはならなかった。血族関係にある者との結婚はタブーだった。つまり、新郎と新婦は四親等以内の関係であってはいけなかった（一二一五年に開かれた第四回ラテラノ公会議までは、七親等以内の結婚が禁止されていた）。結婚の儀式では、双方が同意を示すことが最も大事なことであった。

奴隷同士でも、自由人と農奴の間でも、カトリック信者と異端者の間でも、カトリック信者と破門された人の間でも結婚は認められていた。ただし、キリスト教徒と異教徒の間の結婚は認められていなかった。異教徒は洗礼を受けていないからである。第四回ラテラノ公会議までは、姦通《かんつう》をした者が自由に結婚できる立場になったあと、姦通相手と結婚することは禁じられており、誘拐した人と誘拐された人が、のちに結婚することも禁じられていた。しかし、第四回ラテラノ公会議以降は、どちらも認められた。

離婚（婚姻無効の宣告）は稀だった。離婚が許されたのは、その結婚が、結婚に関する三つの教会法——年齢に関すること、同意に関すること、血族関係に関すること——のうちどれか一つを破っているときだけだった。資力も権力もある上層階級の人々は、血縁関係の複雑さゆえに離婚への抜け道を見出せることもあったが、それでもいい加減な理由で結婚を解消することはできなかった。フィリップ二世（尊厳王）はデンマーク王女だった妻（イザンブール）と別れようとしたが、教会と衝突して離婚が許されず、結局、妻を長期間にわたって幽閉することになる。

結婚は、少なくとも富裕層においては「新婦の持参金について公証人が詳細に書いた契約書が存在する」という意味で、宗教的な根拠だけでなく法的な根拠も伴うものだった。裕福な市民の新婚生活は、家一軒と小規模な農場一、二ヵ所、ある程度の現金、そして都市にある家からの家賃収入、といったあたりから始まった。結婚時の契約書には、夫が死んだあと、どの資産が妻のものになるかを明記してある場合もあった。明記していない場合は、妻は夫の資産の三分の一を自動的に相続した。

契約書の作成が終わると、婚約式がおこなわれる。これは結婚式に先立って挙行される厳粛な宗教的儀式である。ここで取り交わされる誓約が結婚式での誓約と似ているために、多くのトラブルが教会の法廷に持ち込まれることになった。教会では婚約式で取り交わす「将来に向けての言葉」と結婚式で取り交わすことになる「現在の言葉」の違いを強調した。だが、なかには婚約を交わしただけで結婚したものと考えて正式な結婚式をおこなわず、のちにカップルの片方が離婚を思い立ったとき、関係の解消を訴えやすくなるというケースもあった。

司祭は将来の新郎に「聖なる教会が承諾したなら、あなたはこの女性を妻としてめとることを誓いますか」と尋ねる。将来の新婦にも同じことを質問する。二人は指輪を交換し、連続三回、日曜日に結婚予告が公示される。待降節（クリスマス前約四週間）、クリスマスの一二日間、受難節（灰の水曜日からイースター前夜までの四〇日間）、キリストの昇天した日曜日からペンテコステの週までは、結婚式ができなかった。

結婚式当日がくると、花嫁の母親と姉妹、友人たちが花嫁の着つけを手伝った。当時は特別な花嫁衣装はなく、単に一番いい服を身につけるだけだった。一番上等なリネンのシュミーズ、毛皮のふち取りがある一番上等な絹のチュニック、その上に金糸の刺繡《ししゅう》がほどこされたベルベットの外衣や、金のレースでふち取りされた外套《がいとう》を着ることもあった。頭には小さなベールをかぶり、金の細いバンドで留めた。足元は、金糸で刺繡された上質の革靴をはいた。

新郎もまた持っている最高の衣装を身につけた。二人が馬に乗って教会へ向かうときには、ジョングルール（旅芸人）の小規模な一団がフルート、ヴィオル、ハープ、バグパイプを演奏しながら先導した。その後ろには、新郎新婦の両親、親戚、招待客らが馬で続く。教会までの沿道には見物人が集まってくる。教会の前の広場でみなが馬を下りると、司祭が結婚指輪を持って玄関先の屋根つき柱廊《ポルチコ》から出てくる。

司祭は二人に尋ねる。二人とも結婚できる年齢に達しているのか？　結婚できない血縁関係にはないと誓えるか？　両親は同意しているか？　結婚予告は公示したか？　そして何より、二人自身が、自由意思で結婚に合意しているのか？　二人は互いの右手を取り合いながら、誓いの言葉を繰り返す。

司祭は短い説教をする。よく引き合いに出されたのは子供たちの宗教教育に熱心で、家庭の平和と夫婦相互の貞節を大事にしたアンリ・ド・プロヴァンの言葉だった。アンリはノアの洪水のさい、神は結婚している生き物を優先してお助けになったと考えていた。また、聖母マリアがもしヨセフの妻として迎えられていなかったら、主イエスは彼女の胎内から生まれることはなかったであろうと考え、結婚生活はこの世の至福そのものであると考えていた。

そして司祭は指輪に祝福を与える。新郎はその指輪をとって、「父と子と聖霊の御名によって」と言いながら花嫁の左手の指三本に次々とはめては外し、最後に花嫁の薬指にはめて、「この指輪をもって、私は今、そなたをめとった」と言うのである。

このあと、ポルチコの外に集まった貧者たちに新郎新婦から施しが与えられ、結婚式の一団は教会のなかへと入っていく。一二四〇年ごろ、ディジョンでは結婚式をとりおこなっていた金貸しがこの段階で災難に遭った。ポルチコにあった彫刻の一つが――最後の審判における高利貸しの姿をかたどった石像だったのだが――倒れ、新郎は彫像の財布の部分に頭を直撃されて死んでしまったのである。このあと、新郎の親族や友人たちはポルチコにあった

ほかの彫像を破壊する許可を得たのだった。(1)

誓いを交わし合うことで、二人は結婚となる。結婚のミサのあと、新郎は司祭から「親和の接吻《せっぷん》」を受け、新婦へと伝える。こうして結婚式の一団は教会を退出し、再び馬に乗り、花嫁の家へと戻っていく。帰りもジョングルールの一団が先導した。

裕福な市民の結婚披露宴は大変豪華なものだった。樽《たる》で用意されたブドウ酒、牛の脚、マトン、子牛肉、鹿肉、肥育鶏、子ガモ、鶏、ウサギ、ウエハース、各種香辛料、菓子、オレンジ、リンゴ、チーズ、たくさんの卵、そして雄豚の頭か羽毛がついたままの白鳥が出されることもあった。この日のために人夫、コック、ウエイター、肉切り係、世話係、門番をする警備員、花冠を用意するための冠職人など、たくさんの人員が臨時に雇われた。

ジョングルール一座は食事の間、音楽の演奏を続け、香辛料入りブドウ酒、ウエハース、果物が供されると余興が始まる。(2)最初はとんぼ返りや宙返りといったアクロバット。そして鳥が仲間を呼ぶ声のマネ、手品、曲芸などが披露されることが多かった。中世に発明された二種類の楽器を持ってきている歌い手たちもいる。楽器の一つは六弦で梨の形をしたリュートで、かき鳴らして演奏する。もう一つは五弦のヴィオルで、弓を使って弾く初めての楽器だった。どちらも四度音か五度音で演奏され、その音をユニゾン、または一オクターブか五度の間隔で追いかけていく。ときには「ドローン」と呼ばれる持続低音で合わせることもあった。

プロの余興が終わると、テーブルが片づけられ、客たちは手を取り合って踊ったり、祝歌を歌った。伴奏はリュートとヴィオル、それにパイプ・アンド・テイバーが加わっていることもあった。これは左手で小さなフルート（パイプ）を演奏し、右手で小さなタンバリン状の小太鼓（テイバー）を叩《たた》くという楽器である。テイバーを肩にくりつけ、演奏者が自分の頭をスティック代わりにして叩くこともあった。

夕食どきになると再びテーブルが用意され、食べ物とブドウ酒と音楽の宴は続いた。晩課のさいには司祭がやってきて、客たちは新婚夫婦と一緒に新居へ入っていく。司祭は新しい暖炉、新しい寝室、新婚の床を祝福し、新郎新婦を改めて祝福した。花嫁の母はベッドを念入りにチェックした。不心得者が二つに割ったどんぐりや、ざらざらした豆などを新婚の床に忍ばせていないか、確かめるのである。

祝宴は通常、翌朝におひらきとなるが、非常に規模の大きい披露宴の場合、何日も続くこともあった。『フラメンカ』という宮廷風騎士道物語のなかに出てくる結婚披露宴は「数週間」続いたとされている。通りはタペストリーで飾りつけられ、町中の広場で香辛料が燃やされ、「紫に金の葉の飾りがついた服が五〇〇組、槍《やり》一〇〇〇本、盾一〇〇〇個、剣一〇〇〇本、鎖かたびら一〇〇〇枚、軍馬一〇〇〇頭」が招待客への引き出物として用意された。結婚の行列は「二〇キロあまり」も続いた。「二〇〇人のジョングルール」が客たちのダンスの伴奏をし、物語の語り手たちは「プリアモス、ヘレネー、ウリッセース、ヘクトール、アキレウス、ディードーとアイネイアース、ラヴィーニア、ポリュネイケース、エラオクレス、アレクサンドロス大王、カドモス、イアーソーン、ダイダロスとイーカロス、ナルキッソス、プルートーンとオルペウス、ヘーローとレアンドロス、ダビデとゴリアテ、サムソンとデリラ、ユリウス・カエサル、円卓の騎士たち、シャルルマーニュ（カール大帝）とヴェルダンのオリヴィエ」など、さまざまな話を語ってきかせた。

結婚のときと同じく、死にさいしても儀式がある。裕福な市民がこの世から旅立つ前に何をおいてもしておかなくてはならないのは、財産の行き先を決めることだった。教会は生前に十分な時間的余裕をもって遺言書を作っておくことを強く勧めたが、それだけでなく、生前に寄付をしておけば、煉獄《れんごく》をすばやく通りぬけられると助言した。

説教師アンリ・ド・プロヴァンはこんな譬《たと》え話《ばなし》をしている。

ある男が友人の家で食事をしたとき、帰るさいに夜道でつまずいたり、ぬかるみにはまったりしないよう、明かりを持つ召使いを迎えにこさせました。このとき、もし召使いが主人の後ろを歩いたら、主人がつまずいたりこけたりするのを防ぐことはできませんね。施しも同じことです。死んだあとに施しをするのは、自分の歩く後ろから明かりを照らすようなものです。それなのに、最後の最後まで富にしがみつこうとする金持ちがなんと多いことでしょう……。

「最後の最後」とは、「終油の秘跡」（訳注―臨終のときに聖油を塗ること）のときであり、これが終わると教会はその人を「死んだ」とみなした。「終油の秘跡」が終わったあとで回復した人は、その後たびたび断食し、裸足で生活しなくてはならず、妻と二度と性生活を営んではならなかった。以前に作成した遺言書を書き直すことすら認めていない地域もあった。

信心深いゆえに、または罪深いゆえに死の恐怖にさいなまれる人は、きめの粗《あら》い布（訳注―横糸を馬やラクダの毛で織った布）に灰を散らし、その上に体を横たえて悔悛《かいしゅん》の気持ちを表現することもあった。聖王ルイ九世は医師たちに見放されたのち、この行動をとってこの世の富と権力の空虚さを切々と語り、聞く者の涙を誘った――そして、回復して十字軍に出かけたのである。ヘンリー二世の長男、若ヘンリーは紐《ひも》を首のまわりに結び、灰を散らしたベッドに自分の体を運ばせたのち――頭と足のところにすでに墓石が置いてあった――やはり回復した。

市民の男性が死ぬと、触れ役が雇われて、死者の名前、埋葬の時刻と場所を触れてまわった。死者の家と死者の部屋の扉は黒のサージ（綾織りの毛織物）で覆われた。遺体は大修道院から二人の修道士がやってきて香りつきの水で洗い、香膏《こうこう》と軟膏をすり込み、リネンの布で包み、鹿革のなかに縫い込んで木の棺《ひつぎ》に入れた。棺は黒のビロードの布で覆われ、脚二本に横木を何本か入れた形の棺台の上に安置され、教会へと運ばれる。棺には聖職者、黒の装いの会葬者、未亡人、家族などが声を上げて嘆き悲しみながらつきそった。

棺台は教会堂の内陣の入り口で止まり（死者が司祭なら、遺体は内陣のなかに安置される）、「まっすぐにあなたの道を歩ませてください」という言葉でミサが始まる。ミサが終わると司祭は式服を脱ぎ、遺体に香を焚《た》きしめ、聖水を振りかけ、会葬者とともに主の祈りを捧《ささ》げる。ここに罪の許しが宣言され、裁きからの許しと放免を願う一連の祈りと聖歌が捧げられる。

十字架と聖なる本、香炉《こうろ》を持った修道士たちが先頭に立ち、会葬者たちはロウソクを持って、行列は教会の墓地へと進む。会葬者は非常に多かった。裕福な人の葬列でロウソクを持つと、施しがもらえるので、貧者が押し寄せるのである。埋葬地へ着くと、司祭は墓所に向かって十字を切り、聖水を振りかけ、十字の形に浅い溝を掘る。そのあと、詩篇を歌いながら実際の墓穴が掘られた。木の棺が穴に下ろされ、許しを乞う最後の祈りが唱えられると、穴は埋められ、平らな墓石が上に置かれた（棺を買う金がない場合には、棺を借りることになる。その場合、棺は残して遺体のみが埋められた）。

葬列は悔罪詩篇の第七を歌いながら、教会へと戻っていく。しばらくの間、墓にはロウソクと弔《とむら》いの明かりが灯された。二、三年後には遺骨は墓から掘り出され、積み上げられた。墓所を再利用するためである。

原注

（1）どうやら、このポルチコはのちに修復されたらしい。なぜなら、数多く飾られた彫像が今もディジョンのノートルダム教会の名物だからである。
(2) プロヴァンスのジョングルールたちへの指示を書いたものより。

第六章　職人たち

そして彼は、町全体を見渡す
市《いち》に集まってきた人々であふれる町を。
両替商の机は金貨と銀貨
そして硬貨で覆われている。
広場や通りを見てみると
働き者の職人たちがあふれ、
それぞれの仕事に精を出している。
兜《かぶと》を作る者、鎖かたびらを作る者、
鞍《くら》を作る者、盾を作る者、
くつわや手綱を作る者、拍車を作る者、
剣に磨きをかけている者もいる。
布を縮絨《しゅくじゅう》している者、染めている者、
梳《す》いている者、切っている者。
金と銀を溶かし、

豪華で美しい品を作っている者もいる。
コップ、ゴブレット、エキュエル、
それからほうろうをはめ込んだ宝石や、
指輪、ベルト、留め金。
この町では一年中、市《いち》が立っているのかと
思い込んでしまいそうだ。
この町には素敵なものがとてもたくさんある。
コショウも、蜜蠟《みつろう》も、緋色《ひいろ》の染料も、
黒と灰色のベルベットもたくさんある。
ありとあらゆる商売が、いっぱいある。
――クレティアン・ド・トロワ『ペルスヴァル、または聖杯物語』

トロワの職人はほぼ全員が同時に商人でもあった。親方は製品を作るとともに、自分の小さな店で客が来るのを待った。店はまた、彼の自宅でもあった。ギルドもあるにはあったが、一二〇のギルドを擁したパリ(1)からすると、ほんのわずかしかなかった。トロワの職人にとっては保護的な組織は必要ないか、ギルドを作るには人数が少なすぎたのだ。

通りに構えた店は、基本は露店形式で、上下一対のよろい戸がついていた。上へ向かって開く上側のよろい戸は二本の柱で支えられ、よろい戸が開くと日よけに早変わりした。下側

中世の店先。19 世紀の建築家ヴィオレ・ル・デュクがブルターニュ地方でスケッチしたもの。開店時はよろい戸が上に向かって開かれ、店頭に並べられた商品の日よけ代わりとなる。

のよろい戸は短い柱二本に支えられ、開いているときは商品の陳列棚になった。よろい戸は夜には閉められ、内側からかんぬきがかけられた。店のなかでは親方と徒弟、男性の親戚《しんせき》一人か二人、または親方の奥さんが商品の製造にいそしんでいた。

仕立屋では、店内の通りをよく見渡せる位置で親方が座って布を切ったり、縫ったりしていた。つまり、通りを歩く客の側からも、商品や親方の技術がよく見えたわけである。たとえ主婦一人であろうと、客が店先を覗《のぞ》くと、仕立屋も、帽子屋も、靴屋も、どんな店の職人も、椅子から立ち上がって外へと急ぎ「商人」に変身した。売り込みがあまりに激しいので、ギルドでは「隣の店先を覗いている客に声をかけてはいけない」など厳しい規則で縛りをかけていたほどだ。

関連する職業は近くにかたまる傾向があり、たいがいはその職業の名前が通りの名称となった。職人の姓も、往々《おうおう》にしてその職業に由来した。たとえば、トマ・ル・ポティエ（「ポティエ」は陶工）、リシャルテ・ル・バルビエ（「バルビエ」は理髪師）、バンワ・ル・ペルティエ（「ペルティエ」は皮なめし職人）、アンリ・ティエボワ（「ティエボワ」はきこり）、ヤーン・ティエフェール（「ティエフェール」は鍛冶屋）といった具合だ。町が発展するにつれて、姓の重要性は増した。徴税のための名簿が作れないと、税の徴収に支障をきたすからだ。もっとも、人の名前にしろ、通りの名前にしろ、「名前」イコール職業名と考えていいかというと、そうではない。食料品商の息子がロウソク屋ということもあったし、「食料品店通り」に皮革業者や靴屋が店を構えていることもあった。

兜屋、武具屋、刀剣屋の近くには必ずといっていいほど、鍛冶屋があった。鍛冶屋は蹄鉄《ていてつ》など小売用の完成品を作るだけでなく、精錬した鉄と鋼を武具屋に卸《おろ》す仕事もしていた。ほぼすべての鉄鉱石は、地表近くに層を成している沼鉄鉱から得られており、深い所から採掘されているものはほとんどなかった。イングランド、スコットランド、ザール、リエージュ、エクス・ラ・シャペル（アーヘン）、アンジューなどでは石炭も採掘されていたが、鉄の製錬のさいにはもっぱら木炭が利用されていた。鉄の製錬は風の強い丘の上に穴を掘って鉄を引き出すための管をさし込み、木炭と鉄鉱石を交互に穴のなかに積み上げていき、一番上に土でふたをするという方法でおこなわれた。こうして作られた鉄にはいくらかの炭素が混じるという利点があった。つまり、一種の鋼を生産していたわけである。中世の冶金《やきん》学者たちはなぜ鉄に炭素が混じるのか、原理を正確には理解していなかった。この「軟鋼《なんこう》」（低炭素鋼）は塊のまま、鍛冶屋へと運ばれた。

鍛冶屋の炉はテーブルくらいの高さで、背面とひさしがついており、製錬業者の炉と同じように木炭を燃やしていた。徒弟たちがふいごでせっせと風を送り、鍛冶屋は燃える鋼片を二本の長いはさみでひっくり返す。鋼片が十分に熱せられたら、親方と徒弟が二人で炉から取り出して床に置き、塊を折り取ってオークの切り株の上に載せられた鉄床《かなとこ》のところへ持っていく。この塊を打ち、火のなかへ再び入れ、また切り株の上に載せて打つ。こうして重いハンマーを何時間もリズミカルに、交互に打ち下ろすうちに、鋼片は強固な金属の塊へとゆっくり変化を遂げていった。この金属の性質は、製錬の段階でどのくらい炭素が混じるかによって、大きく変わった。

針金を作る場合、次はやっとこを使って穴から熱い鉄を引っぱり出す作業になる。これを根気強く繰り返していると（そのつど穴は小さくなる）、ちょうどいい直径の針金が生まれてくる。これを再調節し、短い長さに切っていく。こうしてできた針金は近くの武具屋に卸され、武具屋は棒のまわりに針金を打ちつけて輪を作り、鎖かたびらの基盤を作っていった。

当時の物知りたちは、鉄は水銀と硫黄の派生物だと信じていた。鍛冶屋や武具屋が製錬業者から仕入れる鉄は、ときに柔らかすぎて武器や鎖かたびらを作るのには向かないことがあった。そうした場合、彼らは仕入れた鉄を「平和利用」した。犂刃《すきがたな》や釘《くぎ》、錠前、車輪の枠、調理器具などを作ったのである。鍛冶屋の製品を仕入れて使っていた職業としては、刃物屋、釘屋、かんぬき屋、鋳掛《いか》け屋、針屋などもあった。だが、鉄の最大の用途は実戦にせよ、試合にせよ、「戦い」であり、それゆえ鍛冶職人や武具師の技術は高貴なものとされていた。

同じ金属加工でも、もっと精巧な仕事をしていたのが金細工師と銀細工師である。一二世紀から、トロワの金・銀細工師の評判は広く伝わっていた。アンリ一世（「寛大なアンリ」）

シャルトルの大聖堂のステンドグラスに見える、彫刻師の働く姿。中世の彫刻は石工としての訓練を積んだ人々によって作られており、質の高いものが多い。大聖堂全体の工事を統轄していた工匠が、彫刻師も兼ねることが多かった。

の墓にほどこされた美しい装飾、同じくアンリ一世の銀の彫像は当然のことながら高い評価を得ていた。金細工師は手工業者のなかでも最上層に位置していたが、全員が裕福というわけではなかった。徒弟も雇わずに一人で金に磨きをかけ、銀の装飾品を製作・販売し、自分の財産としては金の糸一本も持っていない場合もあった。もっとも、たいがいの金細工師は徒弟を一人とり、小さな金製品屋を営み、折々に金のロザリオや銀のコップを作っていた。繁盛店になると、仕事台を二台に小さな炉を備え、さまざまなサイズの小さな鉄床をずらりと並べ、原料の金をつねに用意し、徒弟を二、三人かかえていた。徒弟が鉄床の上に金の塊を載せると、親方がハンマーを打ち下ろし、目的の形と厚さになるまで叩《たた》いていく。小さなハンマーはびっくりするくらいのスピードで打ち下ろされていった。金の価値はその希少性と輝きだけにあるのではなく、どのようにでも形を変えられるすばらしい可鍛性にもある。金細工師の手にかかれば、一片の金は一万分の一インチにまで薄く伸ばすことができるといわれている。薄く伸ばされた金は装飾写本を飾ることになり、そうした本を修道士や筆写人が書き写していった。

何時間にも及ぶ労働、何万回も打ち下ろされるハンマー、最後にはハンマーの痕跡《こんせき》を消すためにハンマーを打ち下ろす——気の遠くなるような忍耐と、深い芸術性を持った職人の努力の結晶として、金細工は生まれていた。

ただし、裕福な金細工師においても、その作品の多くを占めていたのは金についで柔らかい金属である銀を使った製品だった。ときには、まったく同型のロザリオや装飾品を大量に作ることもあった。その場合、まず硬木か銅で鋳型か打ち型を作り、ハンマーをあてることで同じ形を次々に銀に写していく。職人たちは修理のために、つねに大量に金と銀の針金を持っていた（これらは鍛冶屋が鉄の針金を作るのと同じ方法で作られていた）。

武具屋が鍛冶屋と切っても切れない関係にあったように、靴屋は皮なめし屋がいなくては仕事にならなかった。ただし、靴屋は皮なめし屋の職場からは遠く離れたところに店を構えることを好んだ。トロワに住む数多くの皮なめし屋はサン・ジャンの教会から通りを二本、南東に入ったところに店を構えていた。皮なめし、または「みょうばんと塩の溶液でなめす」という古来から伝わる方法によって皮革を寝かせる作業は、刺激臭を伴った。親方や徒弟たちは屋外で、横材に獣皮を掛け、凹型の道具の刃の鈍い部分を使って、毛や表皮をこすり落とした。皮の下側にくっついている肉は刃の鋭い部分で、こそぎ落とした。次に冷えた家禽《かきん》類の肉かハトの糞《ふん》、または犬の暖かい糞で皮をこすって柔らかくする。それから、発酵させた「ふすま」（訳注―小麦を粉にするときに出る皮のくず）で作った弱酸性の液体に浸《つ》け、糞のカルシウム分を洗い落とした。

とくに柔らかい革が必要な場合は――靴の甲革、貴重品箱や鞘《さや》、バグパイプ、ふいごのカバーなどに使うとき――皮をもう一度、横材に掛け、ハンドルが二つついた専用のナイフでそいでいく。それから水槽に入れて、なめし用の溶液を一杯に入れては排水するという作業を繰り返す。最初は古くてなれた溶液を、最後は新しくて生硬な溶液を入れる。溶液の香りはオークの樹皮、えい瘤《りゅう》（訳注―菌類や昆虫による植物の異常増殖部分）、アカシアの豆果、そのほかのなめし作用をする物質から出ていた。最後に、皮を水槽に浸けて、数週間寝かせる。皮と皮の間には樹皮を細かくしたものが入れられた。皮なめしの全工程は数ヵ月、いや実際には一年以上かかることが多かった。もう少しあとになるが、一三世紀中には、熱湯を使う新方式が採用されるようになる。これだと一〇日間という短期間で作業が終了した。

毛皮商人たちの商売の様子。毛皮商人がマントを客に見せている。その後ろでは徒弟が在庫商品のなかからほかの毛皮を出せるよう、準備している。シャルトルの大聖堂にあるステンドグラスの１枚で、資金力のある毛皮商のギルドが寄贈したもの。

牛皮をなめすのは大変な作業だったが、なめすことで皮の価値は何倍にもなった。白くなめした牛革や馬革はもっと高価だった。

当時の履物は貧相で、スリッパ同然だった。おしゃれに気を遣う女性たちは山羊《やぎ》の革か、コルドバ革（コルドバから入ってきた）を使ったが、それらは普通の牛革よりもっとデリケートだった。

靴職人は単に熟練した技術を持っているだけでなく、ある程度の地位のある商人であり、それなりの富を築くことができた。トロワのパンタレオという靴屋は息子のジャックに教会での教育を受けさせた。一二五〇年当時、リヨンの司教座聖堂参事会員をしていたジャックは、のちにヴェルダンの司教となり、最終的には、ローマ教皇ウルバヌス四世（訳注―在位一二六一～一二六四年）となる。

靴職人、帽子職人、ロウソク職人、といった職人たちに加えて、サービス・流通業に携わる者もいた。食品の仕出し屋、油商人、菓子屋、ブドウ酒商人、ビール商人などである。ブドウ酒の呼び売り屋もいて、この仕事は検査官も兼ねていた。毎朝、彼はその日の呼び売り屋をまだ雇っていない居酒屋を見つけては入っていく（居酒屋の主人は呼び売り屋を拒否することはできなかった）。呼び売り屋はブドウ酒が樽《たる》から出されるのを監督したり、自分自身で樽からブドウ酒を出したりして、味見をする。それから、コップと、麻切れでふたをした革の大型瓶を持って、通りへ出ていき、ブドウ酒の呼び売りをし、客に試飲もさせた。販売を始める前に呼び売り屋は居酒屋の客たちに主人からいくら請求されたか尋ねることもあった。価格の確認のためである。客は樽から直接ブドウ酒を買った。小分け用のガラス瓶は、まだほとんど存在していなかった。

一三世紀のフランスにはブドウ酒の産地が五〇ばかりあった。なかでも人気が高かったのは、マルリー、ボーヌ、エペルネー、モンペリエ、ナルボンヌ、サンセール、カルカソンヌ、オセール、ソアソン、オルレアンであり、とくに高い評価を受けていたのはピエールフィットである。ブルゴーニュもすでに有名で、シャンパーニュ地方北部でもすぐれたブドウ酒が生産されていたが、何世紀かあとにこの地方の特産として知られることになるシャンパンはまだ登場していなかった。リンゴ酒はノルマンディー以外には普及しておらず、リンゴ酒を味わったよそ者は、神がノルマン人に与えた呪《のろ》いだと思った。ある年代記作家によると、フランス人は白ブドウ酒を、ブルゴーニュの人々は赤を好み、ドイツ人は「香りの強いブドウ酒」を、そしてイギリス人はビールを好んだという。

居酒屋と関係が深いのが、売春である。シャンパーニュ大市開催都市の女性たちの評判はヨーロッパ中に広まっていた。大市が開かれている間、召使い、洗濯女、店員、そのほか多くの素人女性が「金になる副業」に手を出した。子供の労働が当たり前だったこの時代、売春も低年齢から始まった。

居酒屋は別の「非行」の中心地でもあった。賭博《とばく》である。サイコロ職人のギルドは、不正なサイコロの生産を禁じる厳しい取り決めを作っていたが、それにもかかわらず、いかさま師の手には細工をほどこしたサイコロが握られているのだった。不正なサイコロを作ったことがばれた場合の罰金は重く、それゆえサイコロは高値で取り引きされた。居酒屋の店内が薄暗いことも、いかさまには好都合だった。

サービス業としては、このほか、木炭売り、干し草売り、床屋、家具修理屋、皿修理屋、衣服の修繕屋などがあった。家具修理屋、皿修理屋、衣服の修繕屋は行商のなかでも中心的な存在で、彼らが独特の言葉遣いで韻を踏んで客を招く声が、街角に毎日響いていた。

昔から田舎でいとなまれ、この当時になると都市にも登場してきたのが、粉ひき（水車小屋）である。トロワにも数多くの水車小屋があり、その所有者は伯、司教、大修道院、施療院などさまざまだった。ほとんどは水路に設置されていたが、市の南側を流れるセーヌ川にもいくつかあった。水車小屋では水車が川に設置され、その横にあるドーム形の台の真ん中に石臼《いしうす》が据えつけてあった。麻袋に入った穀物が舟で運ばれてくると、粉ひきは石臼の上部の開口部に取りつけてある漏斗《ろうと》へ注ぎ込む。水流が水車を回すと、そのエネルギーが石臼を動かし、挽《ひ》かれた小麦粉は台の下にセットされた麻袋へと落ちていった。

粉ひきの仕事は、ただ穀物を挽くだけにとどまらなかった。景気が悪いときに

（左ページ）車大工と、樽製造人という２人の熟練工を描いたシャルトル大聖堂のステンドグラス。車大工が車輪の仕上げをするかたわらで、樽製造人は樽に「たが」をはめている。

は、粉ひきは魚を釣ったり、うなぎを槍《やり》で突いたりした。水車が生み出す動力は皮なめしや毛織物の縮絨《しゆくじゆう》をはじめとして、さまざまな職種に供給されるようになってきていた。下側の羽根にあたる水流によってゆっくりと回る仕組みの下射式水車は、上から落ちてくる水で回る上射式水車にとって代わられつつあった。堰《せき》が作られて、狭く勢いのある水流が得られる場所なら、どちらのタイプも使うことができた。下射式水車なら、水流が水車の真ん中へ当たるようにすれば、水流の力を増すことができ、水車は下から回りはじめる。上射式水車なら、水流を水車の一番上の部分に当てるようにしてやれば、上から回りはじめるという仕組みだった。水車は重要ではあったが、一方で馬や牛を使った昔ながらの製粉もまだ健在だった。川や水車用の流水は冬に凍ったり、夏に干上がったりすることがあったが、動物なら季節を問わず働いてくれたからである。

マデレン門の近くのコルテリ・オ・シャポー（「馬の仲買人」の意）通りでは、馬市がときどき開催された。市《いち》には不安げな子馬、落ち着いた様子の乗用馬、力強い軍馬、雌馬と跳ねている子馬、がっしりした雄牛、ロバ、ラバ、子豚、去勢した雄豚、雌牛、鶏、アヒル、ガチョウなどが所狭しと集められ、大変な喧騒《けんそう》だった。騎士やご婦人方、商人、農民などが商談をし、議論をし、「商品」を念入りに調べた。馬の唇を裏返してみたり、毛や筋肉に触ったり、乗用馬や軍馬に実際に乗って確かめる人もいた。

馬を使っていたのは、貴族と裕福な市民だけで、ほかの人々はみなロバに乗るか徒歩だった。妊婦や怪我をしている騎士は輿《こし》に乗ることもあった（馬車が登場するのはまだまだ先のことである）。馬市に来た騎士のなかには、馬に試乗して市壁の外まで出てみる人もいた。競走はしばしばおこなわれ、男たちがやんやの喝采《かっさい》を送った。

鞍職人も市《いち》に商品を出した。すばらしい商品の数々だった。鞍《くら》の前輪は木製で、象牙《ぞうげ》のプレートや打ち延ばした金属、美しく色づけされた革で飾られており、鞍の前橋と鞍尾《あんび》（訳注―鞍の後部の弓なりの部分）の表面には、トルコ石やガーネットなどがはんだづけされている。鞍の下敷には華麗な刺繍《ししゅう》がほどこしてある。片鞍（訳注―両脚とも通例は左側に垂らす）は婦人用として作られていたが、女性がみな片鞍を使ったわけではなかった。

トロワの鍛冶屋が作った農機具も市に並んだ。穀物を刈り取るときに使う鎌、長柄《ながえ》の草刈り大鎌の横に握り手をつけ、干し草作りをしやすくしたもの、刃の鋭い斧《おの》。木製の手犂《てすき》には鉄の刃がついている。刃のたくさんついた砕土機、土を縦に切り裂く犂刀と土を持ち上げる犂先《すきさき》、そして土をひっくり返す撥土板がついた重量有輪犂などの農作機械もあった。

こうした新しい農機具は、馬の大型化が進んだことで一層価値を増していた。大型の馬は、ラバや通常の荷馬に比べてずっと高値で取引された。カエサルがトロワの馬市を見てまわったら、車輪のついた犂や、馬の首を圧迫しないようにしっかりしたクッションがついた新式の固い首輪にも驚くだろうが、何より馬のサイズにびっくりすることだろう。ローマ人もローマ人の敵も、こんなサイズの馬には乗ったことがなかった。イラン系遊牧民のパルテイア人とビザンツ帝国のギリシャ人が始めた軍馬の大型化は、この時期の北フランスとフランドルで完結したのである。この地域が中世騎士制度の最も栄えた場所であることは偶然ではない。

ギルドには二種類の規則があった。一つは対外的なもの、つまり取引関係の取り決め、とでも呼べるもので、今一つはギルド内部に関するもの、つまり賃金、徒弟の雇用期間や雇用条件、福利厚生、ギルドへの義務などについての取り決めだった。

どのギルドも、同業者同士の取り決めを守ることの重要性はよく認識していた。自分たちで競争を制限している以上、一定以上の質を保証する責務を負っていたからだ。金貸したちのギルドでは、幹部になるときに厳粛に次のように誓った。注意深く、心をこめて「このギルドを守ります」、そして相手を査定するときには親戚であろうと友人であろうと容赦しません、また、好き嫌いの感情で不当に却下したりしません。

ほかのギルドの幹部も同じような誓いをしている。商品の質に関するギルドの規定は非常に細かいものだった。原料については量と種類が正確に定められ、製造・販売のあらゆる段階で監視することになっていた。エールには穀物、ホップ、水以外の原料が含まれてはいけなかった。ロザリオを作る職人は、不完全な球形をした珠はすべて捨てなくてはならなかった。肉屋は獣脂とラードを混ぜてはいけなかったし、犬、猫、馬の肉を売ってはいけなかった。動物の骨で持ち手を作る職人は、上に銀をかぶせてはいけないことになっていた。素材を「象牙《ぞうげ》」と偽って販売するのを防ぐためである。同じ理由で、ナイフの柄を絹、真鍮《しんちゅう》、ピューターで覆ってはいけなかった。仕立屋が布を間違って裁断してしまったら、客に弁償するだけでなく、罰金も払うことになっていた。ロウソク屋は灯心四分の一ポンド（訳注―約一〇〇グラム）につき、獣脂を四ポンド使わなくてはならず、蜜蠟《みつろう》引きの灯心にラードを混ぜてはいけなかった。仕立屋は古着を繕ってはいけなかった。それは、古着修繕屋だけに許されている仕事だからだ。逆に、古着修繕屋が新しい服を製作することも許されなかった。ときに古着修繕屋があまりにいい仕事をして、商品がまったくの新品に見えることもあった。そこで違いをはっきりさせるため、修繕屋は自分の商品を新品のようにプレスしたり、たたんだり、吊したりしてはいけないことになっていた。

ほとんどのギルドでは、検査は単なる形式にとどまらなかった。予告なしに店を訪れ、はかりをチェックし、質が基準に達しない品物はその場で没収して、始末するか、貧しい人々に与えるかし、当人からは商品の価値に見合った罰金を徴収した。宝石業者が宝石の代わりに色つきガラスを使っていた場合と、香辛料業者がまがいものを調達していた場合の罰金が最も高額だった。

同業者が話を合わせて価格調整をしたり、商品の独占販売をもくろむことは禁止だった。小売業者が農家から卵、チーズ、その他の農作物を買っていいのは金曜と土曜の市《いち》だけと決められていた。そのうえ、農民が実際に荷車か荷役をする動物の背に品物を載せて市に現れるまでは、品物を購入してはならなかった。第三者に委託して買ったり、農作物が収穫される前に購入の予約をしてもいけなかった。こうした規制はすべて、飢饉《ききん》のさいの食料買い占めを防ぐためである。この当時、飢饉はすぐそこにある恐怖だったのだ。ただ、ギルドの規則も、町の布告も、しばしば無視された。

ギルドの二つめの取り決め、内部の規則は、古くからの慣習を成文化しただけというものが多かった。たとえば、祝祭日の遵守《じゅんしゅ》、レントの期間と「一年のうちで昼間のほうが短い時期」の土曜日は早く店を閉めること、などである。

ほとんどのギルドの構成員は単純に親方と徒弟に分けられていた。その中間層である遍歴職人は、仕事の内容上、労働力が必要だが、親方がこれ以上の競争を望まない職種でのみ存在していた。たいていのギルドでは、一人の親方が雇っていいのは徒弟一人、または二人となっていた。穀物商、エール醸造業者、金細工師、青果物商人、靴製造業者などはもっと多くの徒弟を雇ってもいいことになっており、親族――息子や兄弟、甥《おい》など――についてはどの職業の親方も必要に応じてかなり自由に雇うことができた。ギルドの規則は、小規模で家族経営が基本だった当時の産業の特色を反映したものになっていた。

ギルドでは、構成員に子供が産まれれば洗礼の贈り物をし、病気や貧困に苦しむ仲間がいれば助け、施療院や葬儀の費用になにがしかの補助をし、慈善的な事業も少しおこなっていた。職業別ギルドのこうした相互扶助的な側面には、長い歴史がある。慈善的な奉仕をおこなわないギルドはたいてい兄弟団を持っていた（兄弟団はギルドの原形と考えられる補助団体である）。織工、毛皮職人、パン職人をはじめ多くの職人が兄弟団を持っており、それぞれその業種にちなんだ守護聖人を擁していた。たとえば、車輪職人の守護聖人は聖カタリナだった。なぜなら、彼女はローマ皇帝マキシミヌスによって車輪に縛りつけられ、身を引き裂かれたからである。針職人の守護聖人は、矢によって殉教した聖セバスティアヌスだった。香料商は、イエス・キリストの御足に香油を注いだマグダラのマリアを守護聖人にしていた。聖バルブ（「バルブ」とはフランス語で「ひげ」）はブラシ職人の守護聖人、聖クルー（「クルー」とはフランス語で「釘」）は釘職人の守護聖人、聖クレア（「クレア」とはフランス語で「澄んだ」）は鏡職人の守護聖人だった。

親方と徒弟の間の契約は（彼らがギルドに所属しているかどうかに関わりなく）、成文化されていることもあったし、単に「聖遺物に誓う」だけのこともあった。中世では、誓いはすべて聖遺物に対しておこなわれた。親方は徒弟に食事、住むところ、衣服、靴を提供すること、そして「実の息子のように丁重に扱う」ことを約束した。徒弟は固定給を――少額であるにせよ――もらえる場合もあった。また、徒弟に教育を受けさせることを親方が約束することもあった。読み書きと足し算・引き算ができる雇い人を必要とすることが多かったからである。こうした場合、徒弟は二週間に一度、読み書きを習うために公証人のもとへ通った。

徒弟の一日は長く、苛酷《かこく》だった。徒弟がどんな毎日を送ることになるかは、親方の性格と経済状態次第で、親切な親方なら幸運だし、そのうえ裕福ならおそらくもっと恵まれた徒弟生活が約束されることになった。おかみさんがいい人かどうかも重要だった。徒弟の仕事は商売に関することに限られておらず、あらゆる家事に当てにされたから、多くの徒弟が親方よりもおかみさんにこきつかわれる羽目になっていた。そのため、徒弟は親方の妻に叩かれてはならない、という一文がギルドの規則にはしばしば見られた。

徒弟の年季はさまざまだったが、たいてい四年から一二年で、よくあるのが五年間の年季だった。奉公の期間は、技術が短期間で習得でき、利益も上がりやすい織工の場合がそうであったように、最初に払う料金と関係していることが多く、織工の徒弟は最初に四ポンド（リーヴル）を払えば四年で親方になれ、最初に三ポンド払えば五年、最初に一ポンド払えば六年、最初に何も払わなければ親方になるのに七年かかった。真鍮の針金を作る職人の場合は親方になるのに一二年かかり、二〇シリング（スー）を払うと期間は一〇年となった。金細工師の徒弟期間は一〇年だった。

徒弟が親方になるには果たさなくてはならない義務が五つあった。第一に、ギルドの幹部に対して「慎重に、忠実に」務めを果たすという誓約書を提出すること。第二に、親方としての技術を持っていることを示すこと。ギルドによっては、「親方にふさわしい腕前であることを示す作品」（マスターピース）を製作することが要求された。帽子職人の徒弟なら帽子を作り、菓子職人の徒弟なら菓子を焼くのである。第三に、店を運営していくだけの元手を持っていることを示すこと。元手は道具を意味していることもあったし、現金が必要とされる場合もあった。第四に、ギルドの規則と習慣の遵守《じゅんしゅ》を聖遺物に誓うこと。誓いの言葉はギルドの幹部たちが声に出して読み上げ、一つ一つ説明して、意味を明確にしていった。第五に、親方になるための料金を支払うこと。この金はギルドにではなく、領主の――ギルドは領主に「所属して」いたので――懐《ふところ》に入った。トロワの場合はシャンパーニュ伯である。一一六〇年、ルイ七世は持っていたパリのギルドのうち五つ（皮革職人、財布職人、飾帯職人――飾帯とは、肩から斜めに腰へかけて、剣、ラッパをつけるためのもの――、靴修理職人、港湾労働者）を金持ちの市民の未亡人に売却した。それ以後は、王が徴収していた料金をこの未亡人がもらうことになった。

料金を支払うと、徒弟は晴れて組合、つまりギルドの中心組織の一員となる。この組織は親方のみ、または親方と遍歴職人で構成されていた。組合の一員となると、祝いがおこなわれた。居酒屋で酒をまわし飲みしたり、正餐《せいさん》が準備されることもあった。また、単に五スーまたは一〇スーを組合に払うだけのこともあった。

徒弟は親方の地位を手に入れるよりも、もっと上を望んでいることもあった。いつの日か、組合の幹部になる夢である。組合の幹部は親方のなかから、または親方と遍歴職人のなかから選ばれ、その結果は伯の代官によって追認された。

結婚している徒弟もいたことが知られており、徒弟が親方の家以外で食事を摂ることを許すこともときどきあった。ただ、それは例外的な場合だった。

技術を持って職人として生きると、それなりに豊かな一生を過ごすことになった。もちろん猫背にはなったが、それはどんな仕事でも同じことだった。ハンマーや、大きな槌《つち》や、鋸《のこぎり》や、はさみや、針や、織機を手に、同じ動作を一日一〇時間も一二時間も、一四時間もぶっつづけに、来る日も来る日も繰り返し、手や腕や肩の力を注いで聖杯や、彫像や、外衣や、家具を作りつづけるのである。そんな努力を四〇年も続けていたら、背も丸くなるし、腰も曲がる。だが、彼らの父祖たちはひたすら働きつづけて体が変形するだけでなく、それに見合う成果も上げることができずに一生を終えていたのだった。

旧市街のサン・ルー大修道院に近いところに、人口の多いトロワのなかでも最も混雑した地域の一つがある。トロワに昔からあるゲットー（ユダヤ人街）である。家々の戸口の側柱にメーズーザー（旧約聖書の一部分を記した羊皮紙の小片）が掲げてある以外は、旧市街のほかの地域と違いはない。通りを歩く男性、女性、子供たちを見ても、キリスト教徒の市民たちと変わらない。ただ、各自の胸の部分に黄色の円、または車輪が縫いつけてあった。彼らは完璧《かんぺき》なフランス語を話したが、書く場合にはヘブライ文字を使った。キリスト教徒と同じように、ユダヤ人も手工業と商売で生計を立てていた。金細工師、皮革職人、皮なめし職人、ガラス職人、織工、染め物師などが主な職種だった。フランス南部ではブドウ栽培をしているユダヤ人もいたが、一般的には農業はユダヤ人には開放されていなかったし、交易の道もさほど開かれてはいなかった。フランスのルイ九世やイングランドのエドワード一世など、進歩的な考え方の君主はユダヤ人差別をなくすことに前向きだったが、一方でルイ九世はキリスト教への熱意が高じて、タルムード（訳注―ユダヤ教の律法とその解説の集大成）を焼却している。

多くのユダヤ人がたいていは少額であるが、金を貸していた。裕福で、市外に土地を所有している人も一〇人以上いた。学問に人生を捧《ささ》げている人もいた。トロワのゲットーはヨーロッパ北西部のなかで最も古いユダヤ人学校の一つを擁し、中世の著名なユダヤ人学者数人を輩出している。そのうちのシュローモー・ベン・イツハーク（ラシ）（訳注―一〇四〇～一一〇五。彼の聖書、タルムードの注解がユダヤ教研究に長期にわたる影響を与えた）と、イツハークの孫のヤコブ・ベン・メイヤーは、一二世紀のトロワの主要な教会会議を主宰している。一三世紀のトロワのゲットーで最も重要な人物は、裕福なヤコブ・ド・トロワで、彼は「ユダヤ人の長」と呼ばれ、事実上ゲットーの区長だった。ゲットーはトロワのなかで他の地域とは分離し、優越的な地位を持つ外国人居留地のようなものであり、東部地中海やその沿岸諸国でキリスト教徒の商人たちが作っていた居留地や、ロンドンでイタリア人や他の国の人々が作っていた居留地と似ていた。ユダヤ人はコミューンには属さず、市の行政にも参加しなかった。キリスト教徒とユダヤ教徒が当事者となる事件は伯の法廷へ持ち込まれることになっており、そこでキリスト教徒がユダヤ教徒に対しておこなう証言、またユダヤ教徒がキリスト教徒に対しておこなう証言は自分と同じ宗教の信者によって確認されなくてはならなかった。ユダヤ商人は、強盗から完全に守ってもらえた。トロワに向かう途中、よその土地で強盗の被害に遭ったら、伯はキリスト教徒が被害に遭ったときと同様の強い姿勢で被害の弁償を要求した。

伯の領地を出ても、状況は同じだった。ローマ教皇は、ユダヤ教徒であるローマ人の両替商を守るため、破門の脅しをかけているし、アラゴン（訳注―現在のスペイン北東部、フランスと国境を接する地方）から来たユダヤ商人がカスティリャ人（訳注―カスティリャはイベリア半島の王国）の強盗被害に遭ったときには、アラゴンの君主はカスティリャの君主が被害を弁償しないなら、カスティリャの商人たちに弁償させると約束している。

領主たちがユダヤの商人や金貸しの権利を守る姿勢をとったのは、それが領主自身の利益になるからだった。しかし、「領主自身の利益」は気まぐれだった。ユダヤ人が本当に恐れていたのは民衆に襲われることではなく――それは稀《まれ》だった――お上の出す布告だった。君主は金の必要に迫られると忍耐力を失い、告発に耳を傾け（または誰かが告訴するよう仕向け）、領地からユダヤ人全員を追放するよう命令を出した。追放されるということは、商品も没収されるということを意味し、あとになって領主の慈悲により領地へ戻ることが許されたとき、領主に払わなくてはならない金額が高くなることも意味していた。第三回十字軍のさい、ほかの多くの場所と同じく、トロワでもユダヤ人は追放の憂き目に遭っている。旧ゲットーにあったシナゴーグはキリスト教徒に接収され、サン・フロベール教会となった。旧市街の西側にある新商業地域内の二つ目のシナゴーグも同じ運命をたどり、サン・パンタレオ教会となった。その隣を走る「シナゴーグ通り」はその名前のまま、後世まで残ることになる。(2)

ユダヤ人に対する感情的な言いがかりといえる「生け贄《いにえ》」疑惑さえ、死刑よりも罰金を科すための口実であることが多かった。一二四四年に「生け贄の殺人」がおこなわれたとして告発されたケースでは、六万マーク（訳注—昔のイングランドの通貨）という法外な罰金をユダヤ人社会に科すことで決着している。神聖ローマ皇帝フリードリヒ二世はフルダの町のユダヤ人たちが告発されたのを耳にし、調査を命じてイングランドから来た改宗者のユダヤ人たちに尋問をした。その結果、以前の告発には何の根拠もなかったという結論に達し、ユダヤ人をそれ以上追及することを禁じた。しかし、理性的だったフリードリヒ二世にしても平和を乱した罪でフルダのユダヤ人たちから罰金を集めることは拒否しなかったのである。ローマ教皇インノケンティウス四世もユダヤ人の間で「生け贄のための殺人」がおこなわれているという迷信の真偽を疑ったが、無知な大衆の間ではその迷信は強固に生きつづけていた。

ユダヤ人がキリスト教徒に改宗するのは珍しかったが、まったくなかったわけではない。改宗者に対しては、特別の保護が与えられることもあった。それは、ユダヤ人からの仕返しやキリスト教徒による侮辱から守るだけでなく、財産を失わないよう保護するということだった。しかし、さらに多かったのは、改宗した元ユダヤ教徒が、キリスト教徒の領主から高額の料金を請求されたケースである。領主にしてみれば、ユダヤ人から取りたてる科料が減るのを黙って見過ごすわけにはいかないのだった。領域内のユダヤ人から領主が金をとる方法はほかにもいろいろあった。当時のイングランド王ヘンリー三世は、支配下のユダヤ人を弟リチャードに抵当として差し出している。

強制的な改宗は禁止されていたし、ユダヤ教の儀式を邪魔することも御法度《ごはっと》だった。しかし、「禁止」を述べた文章を見ると、キリスト教徒は自分たちが理想とするよりも短気だったことがわかる。ローマ教皇インノケンティウス三世はこう定めている。「彼らの祭りの間、誰もユダヤ人を棒で殴ったり、石を投げつけたりして邪魔をしてはならない」。ユダヤ人墓地から遺体を掘り起こすと脅して金を巻き上げることも、やってはいけないと書かれている。

トロワのゲットーはこのように疑いと敵意とに取り囲まれていたが、キリスト教徒とユダヤ教徒の交流は数多くあったし、誰もが険悪な仲だったわけではない。ユダヤ人はしばしば伯おかかえの両替商となり、通行料や税金の取りたてを請け負った。当時の伯の祖父にあたる博学なアンリ一世は旧約聖書の解釈の問題でユダヤ人学者たちに相談していたといわれている。ユダヤ教徒とキリスト教徒の商人や金貸しが共同事業に乗り出すことも多かった。トロワの多くのユダヤ人が裕福な生活を送っていたことは、昔の城の本丸の南側にある「ヴィエイユ・ロム通り（古ローマ通り）」に沿ってこぎれいな家が並んでいたことからもよくわかる。

一三世紀はヨーロッパのユダヤ人にとって最善の時期ではなかったにせよ、最悪の時期でもなかったのである。

原注

（1）一二六八年、パリの代官エティエンヌ・ボワローの呼びかけに応じて、一二〇の職業が登録をしている。

一二九二年のパリの直接税台帳を見ると、当局が把握していた職業は当時一三〇種類になっていたことがわかる。主なものを以下に掲げる。

靴職人三六六人、毛皮職人二一四人、女中一九九人、仕立屋一九七人、理髪師一五一人、宝石職人一三一人、料理店主一三〇人、古着屋一二一人、菓子職人一〇六人、石工一〇四人、大工九五人、織工八六人、ロウソク職人七一人、織物商七〇人、樽職人七〇人、パン職人六二人、水運搬人五八人、さや職人五八人、ブドウ酒商人五六人、帽子職人五四人、鞍職人五一人、鶏屋五一人、財布職人四五人、洗濯女四三人、油商人四三人、運搬人四二人、肉屋四二人、魚屋四一人、ビール商人三七人、バックル職人三六人、しっくい職人三六人、香辛料商人三五人、鍛冶屋三四人、塗装工三三人、医師二九人、屋根職人二八人、錠前師二七人、風呂屋二六人、紐職人二六人、宿屋主人二四人、皮なめし職人二四人、筆写人二四人、彫刻師二四人、敷物職人二四人、馬具職人二四人、漂布職人二三人、干し草商人二二人、刃物師二二人、手袋職人二一人、材木商人二一人、木彫師二一人。

(2)　一二六八年、最後の十字軍遠征に出ようとしていたティボー五世は、トロワ在住のユダヤ人の財産を再び没収し、一三人を火刑に処した。

第七章　豪商たち

安く買って、高く売り、
高利で貸したり、だましたり。
——トロワのリュトブフ

封建制度のもとでの賦課金、ギルドの規則、君主の特権、教会の公式見解——そうした数々の障害にもかかわらず、一三世紀の西ヨーロッパの商売人は金を儲《もう》けた。それも、しばしば大金持ちになった。なかでも勢いがあったのは、毛織物交易と金融業であり、この二つをまとめて一人の豪商が手がけている場合が非常に多かった。

当時のトロワの典型的な豪商は、大市開催区域の周辺にある裕福な人々が住む通りの一つに面した家の一階で、多岐にわたるビジネスの総指揮をとっていた。一階には部屋が二つある。通りに面した側にあるのが作業場で、徒弟はここで長い一日を過ごす。この部屋にはさまざまな商品が積み上げてあった——皮革、毛皮、絹、台所用品、銅線、鉄製の道具、紙、羊皮紙——この家が手がける品物すべてが置いてある。なかでも最も重要なのは、言うまでもなく羊毛だった。羊毛は未処理のものもあれば、加工途中のもの、加工済みのものもあった。

その奥には執務部屋があり、家の主人とおそらくは長男が事務をとっている。部屋は薄暗い。この部屋で目立つのは計算板である。計算板とは何本もの横線が刻んである木の板で、その上に動物の骨でできた計数用のチップを置いて計算していく、一種の「計算機」だった。横線は単位を示しており、一番下の段から一段上がると二〇（一〇ではなく）の位となる。当時、二〇シリング（スー）が一ポンド（リーヴル）という金銭の単位だったためだ。縦の線はチップをきちんと揃えて置くために役立った。

記録は、蠟引《ろうび》きの書写板にとった。羊皮紙、封蠟《ふうろう》、羽ペン六本、インク、リボンか紐《ひも》――これが通信用の文具一式だった。手紙を書いたときには、リボンか紐をつけて蠟で封印した。商用の手紙のほとんどはフランス語で書かれていたが、ときにはラテン語でやりとりしたり、イタリア語や、それ以外の外国語が使われることもあった。そうしたときには、専門の筆写人の助けがいったことだろう。テーブルが二、三台に固いイスかスツールが三、四脚、チェストが一、二台、そして数本のロウソク。執務部屋にあるものといえば、このくらいだった。

いや、もう一つ、一番大切なものがある。金庫である。金庫は鉄につながれ、大きな鉄製の錠で留めてあった。このなかに、運転資金が入っている。一〇〇年前と比べると、商売における現金の重要性は薄れてはいたが、それでも裕福な商人は羊皮紙に書かれた証文の束とともに、かなりの量のドゥニエ（ペニー）をため込んでいた（ドゥニエは銀、銅、亜鉛で作られていた）[1]。リーヴル（ポンド）とスー（シリング）はヨーロッパ一円で勘定のさいに使われていたが、硬貨としてはまだ実在していない。多少なりとも流通している硬貨のなかで、重要なのはペニーだけで、その大きさと含有金属の比率は実にさまざまだった。直径が一・五センチほどの大きさで、純度の高い銀が三分の一混ぜてある最も質のいいペニー硬貨だと、一枚で職人を三、四時間雇うのに十分な価値があった。

硬貨の質は、気まぐれに変動した。硬貨鋳造権を自分の利益のために利用する君主や司教が多かったからである。硬貨鋳造所を稼働させるのは高くつくため、利ざやを稼ぐことが必要となる。硬貨に含まれる銅の割合を増やすことでこの利ざやの幅を広げたいという誘惑は強烈だった。トロワに近いプロヴァンで鋳造されていたプロヴァン・ドゥニエ（プロヴァン・ペニー）は質のいい銀が三〇パーセント含まれていることで広く信頼を得ていた。しかし、なかには目先のことしか考えない領主もいて、硬貨の質を落として利益を得た。ところが、そうして軽々しく硬貨の質を落とす領主たちも、硬貨鋳造権を守ることには汲々《きゅうきゅう》としていて、臣下がみだりに硬貨の質を変えた場合には極刑が科せられるのはいずこも同じだった。

ポンド対シリング対ペンスの交換比率（一ポンドが二〇シリングで、一シリングが一二ペニー）は使いにくいようにも思えるが、商人たちはとくに不都合は感じていなかった。一三世紀半ばになって、イタリアで「グロス」（グロ）という大きい新銀貨が鋳造されるようになった。[2] 一グロスは一二ペニーなので、観念上の通貨だった「シリング」が初めて「実物」として登場したことになる。だが、グロスは西ヨーロッパより経済活動の規模が大きかったイタリアでもっぱら流通し、イタリア国外ではほとんど使われなかった。

　トロワの商人たちはさまざまなことに投資したが、なかでも中心となったのは羊毛である。地元で採れる羊毛もあったが、最高級のものは外国、とくにイングランドから入ってきた。ある詩人は「イングランドへ羊毛を運んでいく」というフレーズを「石炭をニューカッスルへ運んでいく」（訳注―ニューカッスルは石炭の産地として有名）と同じ意味で使っている。毛足が長い羊はイングランドのコッツウォルド丘陵やリンカンシアなどの草原や沼地に、毛足の短い品種はウェールズとスコットランドの境あたりの丘や荒れ野、またシュロップシアやヘレフォードシアの傾斜牧草地にいた。ティンターン大修道院など、修道院が所有している羊がとくに有名だった。

　イングランドの羊毛はほとんどがフランドル地方で加工されたが、なかにはフランス、そしてシャンパーニュ地方へ入ってくるものもあった。トロワの商人はイングランド産と同じくらい品質のいいブルゴーニュ産も購入した。大量に購入すれば、個別に購入する織工よりもずっと割安に仕入れることができる。それを、どんな織りの製品が欲しいか指定したうえで、織工に卸していくのである。理論上は、商人は未加工の羊毛を織工に売り、加工されたものを織工から買うということになるのだが、たいていは羊毛を卸《おろ》した同じ織工から製品を買うことになるので、実質的には町のあちこちに自分の「工場」を持っているようなものだった。

毛織物が頻繁に売り買いされ、市場に活気があるときは――たいていはそうなのだが――織工は家族のためにパンを買い、養っていくことができた。織工の家族は町屋の狭い上階にひしめき合って住み、糸を紡いだり、織る作業を手伝っていた。だが、たとえば戦争のせいで流通経路が断たれ、毛織物の交易が停滞してしまうと、商人たちは当然のことながら毛織物以外の商品に金も心も移してしまい、織工の家族は教会の扉の前で物乞《ものご》いをする羽目になった。

多くの遍歴職人を最初にギルドに入れたのは、織工たちだった。一二五〇年には、フランドル地方の町にはそうしたギルドが数多くあった。遍歴職人は、徒弟期間は終わっているが、まだ親方になる許しをもらっていない人々で、それでもその労働力は毛織物商人たちから必要とされていた。景気がいいときでも、遍歴職人は市場の動向や雇い主の気分に翻弄《ほんろう》された。毎週月曜日の朝、町の広場や教会の前に集まる遍歴職人を親方たちが週単位の労働力として雇っていく。一週間、朝から晩まで働き、土曜の夜になると、給料をもらって解雇され、月曜の朝にはまた職探しをするのである。

一二四五年、フランドル地方のなかでも最も豊かな毛織物の町の一つ、ドゥエーで信じがたいことが起こった。織工が一致団結して働くのを拒否したのである。怒った商人たちはこの暴動を徹底的に鎮圧したのだった。

商人はイギリスの大修道院との間に、刈り取られた羊毛をすべて買い取る長期契約を結ぶことがあった。たいていは七年という期間設定である。代金はある程度をまとめて現金で前払いし、残りは双方が合意した額で契約期間の間、一年ごとに支払っていった。契約書は公証人がまず大まかな草案を書き、それから羊皮紙を使った正式の文書を三部作成する。商人と修道院が一部ずつ、残りの一部は公証人が記録用としてみずから保管し、その文書は公文書として法的な拘束力を持った。

羊毛がイングランドからトロワへ運ばれてくると、まず毛織物商の家で予備的な加工がほどこされる。最初に徒弟が傷物の羊毛を取り除き、残りを上・中・下の三つのグレードに選別する。次に灰汁《あく》のなかで脂を洗いおとし、板の上に広げて日光に当て、乾かす。そして徒弟が四つんばいになり、ピンセットを手に、土の粒子や小さなごみなどを一つ一つ取り除いていく。つまみ出せないものがあるときは、小さなはさみで刈り取った。死んだ羊からとった羊毛は別に処理された。生きた羊から刈った羊毛と一緒に処理すると罪になったのである。

洗浄・乾燥が終わると、丹念に叩《たた》いて、櫛《くし》で梳《と》く作業がおこなわれる。そのあと、羊毛は織工の家へと運ばれた。織工の家では、妻が糸巻き棒と紡錘《ぼうすい》で糸を紡いでいく。横糸よりも強い縦糸は、一定の長さのものを必要な数だけサイズごとにきちんと分類して巻き取っていかなくてはならない。横糸は糸巻きに巻き取り、杼《ひ》（訳注―織機に付属している器具の一つで、織るさいに横糸を通す作業に用いる）にはめ込む。糸を紡ぐ作業は昔ながらの方法でおこなわれていたが、機織《はたお》り機はローマ時代のものよりずっと改良されていた。織工は高い背もたれのついた椅子に座り、両足でペダルを踏み、上がったり下りたりするヘッドル（横糸を通す杼道を作るために縦糸を上げさせる道具）の間を縫って杼を前後に行き来させる。

こうしてできあがるのは、まだ完成品ではない。縮絨《しゅくじゅう》工のところへ届けられ、そこでの作業が続くのである。縮絨工は織物を浸して縮ませ、漂布土でこする。汚れを落とすと同時に粘性を出して染めやすくするための工程である。水槽のなかに織物を浸《つ》け、縮絨工と徒弟たちが裸足で踏みつけていく（そのため、英語で縮絨工はfullerとも――fullは縮絨するという意味――walkerとも呼ばれる。Fuller、Walkerという姓は、どちらも縮絨工から生まれた）。この工程は、織物を固くする役目も果たした。水に浸ける作業が終わると木製の直立した布張り枠にかけて乾かす。布張り枠には布を正確な長さと幅に広げるための平行棒とそれに付随した釘《くぎ》がついており、釘でサイズを調節した。この作業は主に女性がおこなった。次に布がまだ湿っている間に起毛機でけばを立たせ、乾いたら大きな平ばさみで九〇〜一二〇センチの長さに切っていく。最高級の織物は何度も何度も刈りの作業をおこなった。最後にブラシをかけ、プレスし、たたんで作業は終了となる。

染色は、こうした工程のどの段階でもおこなわれた。糸を紡ぐ段階で染めてしまうこともあれば、もっと早く、生の羊毛の段階で染めることもあった。「織る前に染める《ダイ・イン・ザ・ウール》」（訳注―思想などを徹底的に染み込ませる、という意味で使われる）という表現はそこから生まれた。また、フィレンチェの毛織物加工業組合アルテ・ディ・カリマラへ卸す場合のように、染色しないままということもあった。

加工の最後の段階で染色がおこなわれるときもあった。染色工は水を張った桶《おけ》に大青《たいせい》（青色）やアカネ（赤色）などの染料を入れ、木の灰で色を加減しながら桶を火にかけて温め、そこへ織物を入れて長い棒で返しながら染めていく。染色工は爪《つめ》に染料がしみ着いているので、どこにいてもすぐにわかった。染色工が染めるのは織物だけではなく、木製の十字架や装飾品などを染めることもあった。

毛織物商は羊毛だけでなく、ほかにも三種類の織物を扱った。一つはヨーロッパ全域で栽培されている植物繊維、亜麻から織るリネン（亜麻布）である。それから絹。絹は数百年間にわたって東方から輸入されていたが、当時はイタリア、シシリア、スペインの主な産業となっていた。三つ目は綿である。綿はもともとはインドから入ってきたが、ムーア人によってスペインに持ち込まれ、当時はフランス、イタリア、フランドル地方で加工されていた。

羊毛はトロワの毛織物商にとって、ビジネスの糸口だった。シャンパーニュ大市でイタリア人に毛織物を売り、極東から香辛料を、ブルゴーニュからブドウ酒を、ドイツから金属を買いつける。そうして買い入れた商品の一部は、前もって予約していた客にそのまま転売し、一部は小売用に小分けし、一部は倉庫にしまって価格の上昇を待つ。材木や金属は、加工のために送り出した。

商人は利益の一部を不動産に投資することが多かった。都市にある家なら、下請けの織工家族に貸すことができるし、郊外に森林地を買えば、そのうち必ず価値は上がる。価格上昇を待つ間は材木を切り出す土地として使えばよかった。川や池の漁業権を買えば、水揚げを店子《たなこ》の漁師たちと分け合うこともできた。

好むと好まざるとにかかわらず、商人として成功した者はほぼ例外なく金貸し業にも手を出すことになった。金を借りたい者は金があるところへ行くからだ。一三世紀のなかごろには、古来ユダヤ人の独占市場だった金貸し業はもっと大規模な産業となり、ほとんどのユダヤ人業者はそこからはじき出されていた。最も勢力が強いのはイタリアの金融業者だったが、ヨーロッパ北西部の業者の力も強まりつつあった。

両替商は自然と金貸し業に転ずる傾向があった。長らく両替商の町としてやってきたフランス南部カオールの業者は、金融業者のなかでも最有力の一つとなっていた。硬貨に造詣《ぞうけい》の深い彼らは銀皿や宝石を見分ける目も確かだったのである。「カオール人」という単語は「ユダヤ人」「ロンバルディア人」同様、「金貸し」の同義語となっていた。

金貸しはみな嫌われていた。キリスト教徒の騎士であっても同じだった。テンプル騎士団はもともとはシャンパーニュ地方から十字軍に従軍した騎士の一団で、エルサレムのソロモン神殿でエルサレムを守るために生涯を捧《ささ》げるという誓いを交わした人々だった。彼らはその武勇と同時に、資金力においても注目されていた。彼らの分団領は北西ヨーロッパの主要都市のほとんどにあり（トロワも含めて）、その建物はたいてい石造りの四角い形をしており、小さな要塞《ようさい》のようでもあり、銀行のようでもあった。

金貸しは嫌われていたのは事実だが、一方で尊敬もされていた。両替商という職業は非常に力があったので、徒弟に給料を払ったり、ときには援助までしてやっている親方に代わって、徒弟の父親に息子の教育費を要求し、支払わせるほどだった。一二四八年にマルセイユで両替商と徒弟の父親が交わした契約書には次のような文章が書かれている。「……そして万一、これは神が禁ずることであるが、万一、前述のギヨームが貴殿に何らかの損失を負わせることになったら、たとえ貴殿の主張を立証するものがなくとも、私はこの合意に従って貴殿に弁済することを誓う……」

金貸しはリスクを負うことになるので、利子は高かった。教会は公的にはあらゆる利子について「法外である」と非難していたが、実際には聖職者も金の貸し借りをしていた。

金貸しのなかで最も高い利子をとっていたのは、最も大きなリスクを背負っていたユダヤ人たちである。それは彼らが政治的立場の弱さゆえに権力者に借金を踏み倒されやすかったこと、彼らが最悪の借り手——ほかでは金を貸してもらえない人——を相手にしていたことなどが原因だった。カオール人と同じように、ユダヤ人の金貸し業も、質屋業の色合いが濃かった。トロワで質屋を営むには、伯から「ターブル」（板）と呼ばれる免許状を買わなくてはならなかった。

だが、キリスト教徒にせよ、ユダヤ教徒にせよ、金貸しの力は大きくなりつつあり、一二五〇年当時には、一〇〇年前と比べると貸した金を回収するのがずいぶん楽になっていた。借りた金を返せなくなった債務者は持ち物を差し押さえられ、債権者に取り上げられるのが一般的だった。それでも借金の穴埋めに足りなければ、投獄されるか、都市から追放されることになる。債権者にしてみれば、投獄よりも追放のほうが好都合だった。なぜなら、追放ならば債務者が金を稼ぐ余地が出てくるからだ。古くからの習慣で、返せなくなった借金は本人が属している共同体に返済の義務が生じた。君主にとっても、市民にとっても「商売人にとって安心できる町」という評判が立つほうがよかった。

貴族は最高の借り手だった。シャンパーニュ伯アンリ二世は第三回十字軍の戦費を調達するために一〇ヵ所の金融業者から金を借り、結局、自分の代では返済できずに後継者に借金を残した。一二五〇年当時のティボー四世は若いころに多額の借金をし、完済を拒否した。イタリア人数人にユダヤ人も一人混じった貸し手たちがローマ教皇に訴え出たため、教皇は伯を破門し、シャンパーニュ全域に聖務禁止令を出した。借金が完済されるまで、教会で聖務をおこなうことを禁止したのである。

それからしばらくして、浪費家のティボー四世はまた借金問題を起こしている。今度はもっとひどかった。債権者の一人——イタリアの金融業者でイルペーニといった——を捕まえて投獄し、脅かして一二〇〇リーヴルを巻き上げたのである。激怒した教皇は新たにティボー四世を破門し、聖務禁止令を出す、と脅かし、ティボー四世は十字軍に行くことを約束して辛くも難を逃れたのだった。まさにこの時点でティボー四世はパリのサン・ドニの修道士たちに二〇〇〇リーヴルの借金があり、修道士たちは借金のかたとしてティボー四世のサン・ティエンヌ教会から金の十字架を差し押さえた。

貸し付けや掛け売りの清算は、シャンパーニュ大市でおこなわれた。支払い猶予期間はある市《いち》から次回の市まで、またはこの先何回かの市にまたがっての分割払いとされることが多かった。すぐに現金が欲しい場合、先々の支払いを確約した証書を額面より安く第三者に売るという行為もしばしばおこなわれた。

家賃も一種の利子だった。自分の家を建てたり、買ったりするときに金を借りる場合、たいてい八〜一〇パーセントの利子を払うことで貸し手と合意している。ここで家主が借りた分の元金を返済しないと、貸し手はつねにその家を担保にとった状態となる。家はこのまま家主が建築費を貸してくれた相手に家賃（＝利子）を払いつづける形で数世代にわたって受け継がれていくこともあった。

借金をしたのは封建領主や、商人、普通の市民だけではない。町そのものがしばしば金を借りた。貸し手が生きているかぎり年一回、または年四回返済しつづけていくという「生涯返済」という形で借りるのである。ときには貸し手と、その相続人の二世代にわたって返済するように誓約している場合もあった。不正を防ぐため、町では債権者の生存・死亡を正確に把握することにやっきになっており、債権者の死亡情報には懸賞金を出していた。

豪商は妬《ねた》みの的だった。彼らが富を蓄えられたのは——その富の量自体、誇張されているのが常だったが——一生懸命働いた結果ではなく、あくどい商売をしたからだ、と見なされた。資本が増えていくメカニズムは、持たざる者には理解されなかった。また、豪商たちの商売の基盤が、諸侯の気まぐれや羊の健康状態、海上の嵐、戦争の危険性といった因子に左右される、実に不安定なものであることも理解されなかった。

商売で成功して富を蓄えることに対して、人々のまなざしは何かしら——商人自身でさえ——厳しかった。「商売をしていたのに貧しい人をあざ笑うこともせず、信仰に背を向けることもなく、ずっと誠実でいた人は、神様から道を照らす一本のロウソクを預かっているに違いない」という有名な言い伝えがある。ある作家はこう言っている。「人生のほとんどを汚れなく過ごしたのに、彼はとうとう商人になってしまった」

それでも詩人たちは、農民に対するような軽蔑《けいべつ》の視線を商人に向けることはしなかった。騎士道を歌い上げた吟遊詩人《トルヴェール》たちでさえ、しばしば貴族との境界線を超えていく豪商たちに不承不承ながら尊敬の視線を送っている。

裕福な市民は領主に金銭的な奉仕をすることで騎士に叙せられることがあった。フィレンチェ出身の商人でのちにプロヴァン市民となったルニエ・アコーレはシャンパーニュの貴族たちと結びつきを深めて騎士となっている。息子を騎士にした市民も多い。

ただ市民にとって、貴族の称号はとくに必要なものではなかった。裕福な市民に対する尊称「氏《シル》」が、彼らにとっての「貴族の称号」だったからである。ジェノヴァの貴族の女性と結婚し、一二二五年にシャンパーニュ大市の監督官を務めていたシル・ドレ（「ドレ」は「金色の」という意味）、シャンパーニュ伯の財政担当官を務めたシル・エルベール・ピュモネ（「ピュモネ」は「悪い通貨」という意味）といった人々は、騎士やけちな諸侯にひざまずく必要はなかった。魚屋の息子だったシル・ジラール・メレテールは一二一九年にトロワの荘官を務め、一二三〇年には伯の私財官、一二三一年にはトロワ初の筆頭役人になっている。また、ピエール・レジャンドレは一二二八年にプロヴァンの行政官、一二三二年にトロワの筆頭役人、そして一二二五年と一二二八年にシャンパーニュ大市の監督官を務めた。彼の娘は裕福なイタリア人ニコラ・ド・クレモナと結婚した。ニコラの家は、シャンパーニュ伯の用務のなかでアルプス山脈を越えるものを預かっていた。

この時期、市民のなかで裕福な者と貧しい者との格差は確実に広がっていたが、裕福な市民と郊外に住む貴族たちとの差は小さくなりつつあった。

原注

（1）中世ヨーロッパにおいて使用された通貨単位はフランスでは「ドゥニエ」、イングランドでは「ペニー」、ドイツでは「ペニヒ」など、地域によって呼称が違ったが、これらはみなラテン語では「デナリウス」と表記された。イギリスの旧通貨単位ペニーを「デナリウス」を意味する記号「d.」で表したり、ポンドにラテン語表記リブラの略号「£」を使ったり、シリングとペニーの間に挟む斜線を、シリングのラテン語表記を意味する「ソリドゥス」と呼んだりするのは、すべて中世の通貨システムの名残である。

（2）聖王ルイ九世はイタリアのグロよりも大きい「トゥール・グロ」銀貨を一二六六年に鋳造し、イングランド王エドワード一世はもっと大きい「グロート」銀貨を一二七〇年に鋳造した。また、暗黒時代以来途絶えていた金貨の鋳造も最初にイタリア、それからフランスとイングランドで復活した。フランスの金貨「エキュ」は一〇トゥール・グロ、一二〇プロヴァン・ドゥニエ、二分の一リーヴルに相当した。

第八章　医師たち

尿瓶を持ってこさせると、ルナールは王者ライオンにその中に排尿させ、尿瓶を掲げて光に透かし、王の体液の状況を見極めた。そして彼は宣言した。「王様、あなたは瘧《おこり》にかかっておいでです。しかし、いい治療法があるのです……」

——『狐物語』

当時、トロワくらいの大きさの都市には、免許を持つ医師はほんの数人しかいなかった(1)。もっとも、数多くの産婆《さんば》、理髪師、修道士、加えてまったくのやぶ医者が何らかの形で医療に関わっていた。きちんとした教育を受けた医師は専門職のなかでも最高ランクの存在であり、その社会的地位は高く、治療代も高額だった。そのため、当然のことながら、彼らが診るのは富裕層の患者に限られていたことが当時の医学書などにはっきりと記されている。

ある医学書では、往診を頼みに来た召使いにいろいろ質問しておくことを医師に勧めている。事前に情報を仕入れておけば「患者を診察したときに何もわからなくても、患者の状態を的確に言いあてて驚かせることができる」というわけである。

ここで往診の様子をのぞいてみよう。患者の家に着くと、医師は儀式をとりおこなうように診察を進めていく。まず患者の部屋に入って頭を下げ、腰をかける。かばんから砂時計を取り出して、患者の脈を測る。尿を採ってにおいを嗅《か》ぎ、ひとなめして味を確かめる。糖が出ていないかどうかを確認するのである。恐ろしい伝染病が疑われる場合には、尿のおりに注目する。そして患者の食事内容と便について質問をしたあと、病気について解説を始める。

……胃は、食べ物を調理する大鍋《おおなべ》のようなものです。鍋に食べ物を入れすぎたら、吹きこぼれてしまい、食べ物は調理されないままになってしまいます。この「内なる鍋」を温める熱を供給しているのが肝臓です。体液には粘液、血液、黒胆汁、黄胆汁の四種類があり、それぞれ「冷と湿」「温と湿」「熱と乾」「冷と乾」という性質を持っています。この四種類の体液のバランスを保つことが大切です。熱には三日熱、四日熱、毎日の熱、消耗熱、ペスト熱があります。そのどれにあたるのかは、熱がどのような周期で出るのか、つまり三日ごとなのか四日ごとなのか、またどんどんひどくなっていくのかどうか、といったことから判断します。回復には月の満ち欠けや星座の位置をはじめ、さまざまなことが関係します……。

患者の部屋を出るさい、患者には「神のご加護で、すぐによくなりますよ」と力づけるが、家族に対しては態度を変え、もっと重々しい口調で言葉をかける。「ショックを与えたくなかったので本人にはああ言いましたが」というニュアンスをにじませて、「それにしても私をお呼びになって本当に命拾いをしましたね」と言うのである。薬草や薬を処方したり、食事のアドバイスをしていく場合もあった。勧めるのは鶏の薄いスープやアーモンドを粉々に砕いて絞った汁、大麦湯にイチジクやハチミツ、カンゾウなどを混ぜたものといったところだった。

診察がすむと、その家で食事をしていくように誘われることが多く、その場合、医師は大喜びという顔は見せず、平静に誘いを受けた。食卓では今までに治した病気や怪我の話をしてテーブルをなごませる一方、途中で二、三回は召使いを患者の部屋にやって気分はどうか尋ねさせた。治療そっちのけで食事に夢中になっていると患者に思わせないためだった。

一三世紀当時の医師が持っていた知識・技量は、後世の基準から考えれば怪しいものだったが、それでも以前に比べれば進歩していた。中世初期には、医学を担っていたのは修道士であり、修道院だった。それは「病気は自然現象である」というヒポクラテスの考え方を捨ててさり、「病気は神の与えた天罰である」という考え方を採用することを意味していた。この考え方は一三世紀になってもなくなってはおらず、むしろ医師たちは口では進んで神を称えた。しかし、病気を合理的に理解しようとする動きも、世俗の開業医のなかに確かに見えはじめていた。

医学が宗教から離れていくことはまた、医学が「商売」の色合いを強めていくことでもあった。患者の扱い方が説明してある同じ医学書に、診療代の徴収方法について事細かな説明

薬剤師がすり鉢で薬草をつぶしているところ（シャルトルの大聖堂のステンドグラスより）。薬草は香辛料と薬という二つの機能を持っていた。

が載っている。「患者がほぼ回復したら、家長か、または患者に一番近しい親族にこう言うといい。『あなたが私に診察するよう求めてこられた病人を、全能なる神は、私たちの助けを借りてもったいなくも回復させてくださいました。どうか、神がこの者の健康を保ってくださいますように。これにて、勝利をもって退散することをお許しくださいませ。今後、ご家族のどなたかが私たちの助けを求められる時が来たならば、あなたにして差し上げたのと同じように、何もかも打ち捨てて馳《は》せ参じましょう』」

世界最古にして最も有名な医学校であるサレルノで編み出されたこのセリフは、ほとんど手を加える余地のない出来といえよう。治療代は患者の財力と社会的地位によって決まった。患者が金持ちの場合、病気の治療は一〇リーヴルかそれ以上というところで、相手が王なら一〇〇リーヴルとった。接骨などは数スーだったが、一リーヴル（訳注―一リーヴルは二〇スー）もとられることもあった。人々の医師への恨みつらみはこんなことわざを生んだ。「治療代は患者が苦しがっているうちにとれ」

別の医学書にも、一般の開業医向けの助言がいろいろ載っている。「患者を往診するときには、毎回何か新しいことをやるようにしなさい。本で読んだ知識しかない頭でっかちだと言われないように」というアドバイスがあるかと思えば、「往診に行き、運悪く患者が死んでいて、周囲から『何しに来たんだ』と問われたら、患者さんが今夜亡くなられることは予測がついていましたが、正確に何時ごろ亡くなられたか知りたくて参りました、と言いなさい」という懇切丁寧な指示までである。

ずる賢い医者は、患者の容態について、ある人には「治るだろう」と言い、別の人には「だめだろう」と言うことで自分の評判が暴落しないように保険をかけている、と手厳しい意見を書いている人もいる。その筆者はこう締めくくっている。「運のいい患者は、へぼ医者にかかっても回復するし、死ぬ運命にある患者ならどんな治療を受けても死ぬだけだ」

このように辛辣《しんらつ》な批判にさらされてはいたが、医師は最も成績のいい若者たちが目指す憧れの職業だった。サレルノ以外にも、サレルノとほぼ同等の評価を受けている医学校がモンペリエにあり、スペインからやってきたアラブ人やユダヤ人の学者たちがプロヴァンス、フランス、イタリアなどからやってきた人々と医学を学んでいた。イタリアには数校の医学校ができていたが、ヨーロッパ北西部にある医学校はパリとモンペリエの二ヵ所だけだった。医学校ではまず三年間の基礎教育を受け、そのあと五年間の専門教育、最後に経験を積んだ開業医のもとで一年間の研修を受ける。研修を終えると正式の試験を受ける資格ができ、試験に合格したら学校から医師開業の免許が交付される。医学校はきわめて教会に近い組織だったため、免許はローマ教皇の名で交付され、教会で、司教によって授けられた。

ただし、医学に対する教会の介入は名目上のことにすぎない。医学教育の真の問題点は医学がキリスト教に影響されていたことよりも、占星術や数秘学に影響されていたことにあった。体の各部分はそれぞれ別の星座や惑星が支配していると考えられていた。また、人体には四種類の「体液」と三種類の「生命の液」があると考えられており、それらすべてを尿や便、脈によってチェックし、患部の反対側から瀉血《しゃけつ》することで体内のバランスを調節し、病気を治せると考えられていた。

解剖学や生理学を算数の問題のように単純化し、論理的にとらえようとするこうした考え方は、ギリシャから入ってきたものだった。

医学書は非常に数少なく、貴重だった。(2) ギリシャの書物がヨーロッパ人の手元に届くまでには、いくつものプロセスを経ていた。まずギリシャ語からアラビア語へと翻訳され、それがラテン語に翻訳される。アラビア語からラテン語への翻訳は、スペイン在住のユダヤ教徒とキリスト教徒の書記たちがチームを組んでおこなうことが多かった。まずユダヤ教徒の学者がアラビア語の内容をおおまかにラテン語に訳し、それをキリスト教徒たちが学術的な用語を使った文章へと訳し直していくのである。ギリシャの書物がモンペリエやパリに到着するまでには、相当の誤訳や異説が紛れ込んだだろうと推察できる。

アラビア語に通じていることでユダヤ人医師は医学の最前線にあり、領主たちもしばしばユダヤ人医師を頼った。彼らがとくに専門としていた領域の一つが眼病である。聖王ルイ九世の弟でユダヤ人に対して厳しい制限を加えていたアルフォンス・ポワティエ伯までもが、眼病についてはユダヤ人医師に進んで相談している。アラブ人の医師たちと同様、ユダヤ人医師たちもさらに合理的な治療へと移行しつつあった。ただ、キリスト教世界にせよ、アラブやユダヤ世界にせよ、当時の医学全体がまだまだ占星術と数秘学、魔術に縛られていたことは確かである。

ともあれ、こうした知識と自分の持つ常識を武器に、中世の医師たちはさまざまな病気と闘った。当時、広く蔓延《まんえん》していたのが皮膚病である。なにしろ質の悪い毛織物を肌に直接着て、たまに入浴しても公共浴場の混雑のなか、洗濯もなかなかできない、という時代である。新鮮な果物や野菜がなかなか食べられないせいで、社会全体に壊血病の傾向もあった。また、とくに都市部では衛生状態が悪く、感染症や接触伝染病が流行しやすかった。冬になると住居は寒く、すきま風が入る。肺炎で命を落とす人も多かった。心臓や循環器のさまざまな病気、そして腸チフスも一般的だった。

こうしたなか、医師が最も頼りにされたのは、傷や怪我の治療だった。中世の外科医は感染症の問題さえ、ある程度は理解していたと思われる。傷口に穴をあけたり、傷口を切ったりするときには、無精卵の白身を薬としてつけた。十字軍に随行した外科医の息子で、一三世紀半ばに活躍したルッカ（イタリア）のフライア・テオドリックは、ブドウ酒を使うことを——ブドウ酒にはもちろんアルコール分が含まれている——推奨する一方、一部の医師の間で流行していた怪しげな軟膏《なんこう》や万能薬に対しては注意を呼びかけている。手術では、はさみ、鏡、かみそり、メス、ランセットなどが使用された。

白内障やヘルニアの手術、砕石術（腎臓や胆嚢《たんのう》から石を取り除くこと）や穿孔《せんこう》もおこなわれたが、いずれの場合も失敗の危険がつきまとっていた。

手術の苦痛はときにはある種の麻酔によってやわらげられることもあった。海綿をアヘンとマンドレーク（訳注―ナス科の草本）に浸し、乾燥させ、それを熱湯に浸《つ》けて蒸気を吸入する方法をルッカのテオドリックは紹介している。マンドレークの麻酔薬としての効能については、バルトロマエウス・アングリクスが詳しく説明している。「少量でも体内に入ると四時間寝てしまう。焼きごても炎も感じない」。もっとも、と彼はつけ加える。「よい医者は患者が泣くからといって切ったり焼いたりすることを思いとどまったりはしない」

健康法として長くおこなわれてきた瀉血は、理髪師がおこなうのが一般的だった。理髪師のなかにはひげ剃《そ》りや理髪はやめ、手術だけに専念する者も現れていた。抜歯を得意とする理髪師も多かった。栄養状態が悪いので、歯の健康はつねに悩みの種だったのだ。虫歯よりも、歯茎をやられている人が多かった。裕福な患者は抜歯一本につき五リーヴルほど払っていたことが知られている。瀉血一回で理髪師がもらうのは一五スーほどだった。ただし、下層階級の人々にはこうした治療を受ける余裕はなかった。

精神病は広く見られた。難産で生まれた結果、脳に障害が残った人も多い。舞踏病などのような集団的な精神異常もよく知られている。ただし、舞踏病の最も有名な症例は一四世紀になってから起こることになる。舞踏病にかかった人々は手をつなぎ、疲れきって口から泡を吹いて倒れるまで、狂ったように踊りつづけた。対処法としては、患者を赤ん坊のように布できつく巻き、自分や他人を傷つけないようにするか、悪魔祓《ばら》いをするか、そのどちらかしかなかった。

患者が幽閉されることはめったになかったが、教会の内陣仕切り（訳注―教会堂で通常は聖職者しか入れない内陣と、一般信者が入れる身廊を隔てる壁）にくくりつけることはときどきおこなわれた。無理矢理にでもミサに出席すれば症状が好転するかもしれないと考えられたのである。髪を十字架の形に剃ったりもした。ローマ、モン・サン・ミシエル、ロカマドゥール、サンティアゴ・デ・コンポステラといった町の聖堂を目指して、また聖地エルサレムを目指して進む巡礼者のなかには、体が痙攣《けいれん》したり麻痺《まひ》したりしている患者、腺病を患っている人、数多くの肢体不自由者に混じって、舞踏病の人々の姿も必ず見ることができた。

ところが、こうした巡礼者たちのなかに、中世の病気のなかでも一番悲惨な病、ハンセン病にかかっている人々の姿を見ることはなかった。ハンセン病は非常に広範囲に蔓延した病気であり、風貌《ふうぼう》が恐ろしく変形していくことから、市井《しせい》の人々だけでなく聖職者たちも恐れをいだいていた。

フランスには当時、二〇〇〇ヵ所のハンセン病患者村があり、トロワ周辺にも数ヵ所あった。なかでも有名なドゥ・オー・ハンセン病療養所は一一世紀、ユーグ伯が第一回十字軍に出発する直前に創立したものである。ハンセン病が疑われた患者は司教区の裁きの場に連れてこられ、外科医たちによる検査を受ける。「隔離」が決まると、翌日曜日に発表があった。患者は死衣に身を包み、輿《こし》に乗って教会へと運ばれる。輿は四人の司祭が「我を解き放ちたまえ」を唱えつつ、かついだ。教会のなかへ入った輿は、会衆から安全な距離だけ離れた場所に据えられ、死者に対する儀式がおこなわれる。そのあと、再び詩篇を唱えながら、司祭たちは患者を教会の外へと運び出し、通りを抜け、町を出て、患者村へと送り届けるのである。

患者にはカスタネット一つと、手袋一組、パン籠一つが与えられた。「深き淵より」を歌ったあと、司祭は「そなたこの世にては死せる者となりしが、神の前に再び生を得る」と吟唱し、次のように締めくくる。「教会や修道院、水車小屋、パン屋、市場、そのほか人が集まるところすべてに入ることを禁ずる。ハンセン病患者であることを示す衣服とカスタネットを身につけることなしに自分の家から出てはいけない。小川や泉、池にあなたの体や持ち物を浸してはいけない。聖なる教会で結婚式をあげた女性以外とは決して関係を持ってはならない。道で誰かが話しかけてきたら、自分が風下に立ってからでないと答えてはならない」。こうして、生きながら死を宣告された患者を残し、人々は立ち去るのである。

ハンセン病は接触伝染だけでなく、空気伝染もあると考えられていたため、万全の注意を払って患者を隔離していたが、折にふれて噂《うわさ》がパニックを呼び、リンチへと発展することがあった。

ハンセン病に対する中世の措置は冷酷ではあったが、「接触伝染」という問題を認識した点で、医学が一歩前進したことを示すものでもあった。しかし、皮肉なことに、ハンセン病に接触伝染の可能性はほとんどない。風貌が醜く変化していくのも病気そのもののせいではなく、末梢神経の感覚が失われることで組織がすり減ってしまうからだ。ところが中世の医学では、この病気は接触か、空気を介するか、必ずどちらかの方法で伝染していくと考えていたのだった。

中世医学においてさらに注目されるのは、「施療院」というまったく新しいシステムが生まれたことだ。修道院や大修道院と並んで、施療院はキリスト教信仰に支えられた慈善行為の格好の受け皿となった。一二世紀後半にアンリ一世（「寛大なアンリ」）がトロワに建てたコント施療院を潤わせたのは、伯の後継者たちから提供された寄付だけにとどまらない。ある女性は公共浴場に面した家の七つの部屋から上がる家賃収入を遺贈した。所有していた大工とその家族を寄付した女性もいる。大市で両替商が店を構える地域の露店一軒を寄付した市民もいれば、漁師一人とその家族も含めた資産すべてにセーヌ川での漁業権もつけて寄付した人もいる。一着一三スーの洋服を三着と、靴六足を毎年寄付した人もいる。あるブドウ酒商人は、病人が使う陶器のボウルやカップ代に当ててほしいと、ブドウ園から上がる所得を寄付し、ミサ用にブドウ酒を寄贈した。コント施療院へは、家賃、家賃以外の不動産収入、各種料金、市や水車小屋、ブドウ園、パン屋、農場、漁場から入る税金などがどんどん寄付された。

伯や教皇たちは、この施療院に対しても、その他の施療院と同様に保護し、祝福を与えた。施療院の仕事には八人の司祭があたり（そのうち一人が院長を務めた）、その下に必要に応じた数の尼僧が配置された。入院が決まった患者は懺悔《ざんげ》をして、聖体拝領をおこない、両足と体を清め、病衣と食べ物を与えられる。伝染病の可能性があるときには隔離された――医学が進歩した証拠である。重体の患者も隔離され、集中的な治療を受け、回復すると、貧しい患者は衣服を与えられた。妊婦の入院は認められなかった。妊婦の叫び声がほかの患者の邪魔になるといけないからである。捨て子、盲人、肢体不自由者、伝染病患者も、施療院の運営が困難になるとして受け入れなかった。こうした人々の世話をするのは各聖堂区の教会の役目だった。

施療院の運営は常識による判断に重きをおいて、厳格かつ質素におこなわれた。中世の人々の生活には健康についてのさまざまな「常識」が山のようにあった。そうした常識の多くは、警句や詩のなかに読み込まれていた。健康についての知識をまとめた文章として最も有名なものの一つが「サレルノの健康の秘訣《ひけつ》」である。第一回十字軍で怪我を負ったロベール・ド・ノルマンディーが有名な施療院に入院中に思いついたものだといわれているこの文章は、ラテン語で書かれているが、以下にエリザベス朝のイングランドの文人サー・ジョン・ハリントンが翻訳したものを紹介しよう。

自分の食事を律することのできない王は
自分の王国も安寧《あんねい》に治めることはできないだろう。

健康な人にとって、チーズが健康にいい食品だとしても、
体の弱い人や病気がちの人にとっては、そうではない。

つねに三人の医者をかかりつけとしなさい。一人目の名は静寂、
二人目は陽気、三人目は食事である……

ブドウ酒、女性、入浴は、体を温める性質を持っている。
だが中古品を使ったり、濫用したりすると、非常に効くか、害になるかのどちらかだ。

きちんと濾過《ろか》されていないブドウ酒を好んで飲む人がいる。
だが、健康のためにはやめたほうがいい。
そうしたブドウ酒には危険な成分が入っていることが多いし、
ブドウ酒の「おり」は石のもとになる。
だが、そうしたことがわかったうえでなら、一人で飲むといい。

なにしろ水や少量のエールは健康とよき消化の敵だということは間違いないのだから。そのうえ、ホラティウスも詩のなかで繰り返し述べているではないか、「水飲み」には決していい詩は書けないと。

原注

(1) これはきわめて控えめな推測である。一二七四年当時、パリには免許を持った医師が八人いたが、その数は急速に増えて一二九二年には二九人になっている。一方、パリで一二七四年当時、医師の資格を持たずに医療行為をしていたと確認されたのは男女合わせて三八人だった。一四世紀に入ると、パリ大学医学部は無免許の医師に対する激しい攻撃を始めた。

(2) 一三世紀後半になると、イタリアのピエトロ・ダバノ、タッデオ・アルデロッティをはじめとする医学者たちの著作が生まれていく。

第九章　教　会

みなさんが「説教は短く、そのあとの正餐《せいさん》はゆっくりと」と願っていることはわかっています。神よ、このミサがみなさんにとって長すぎるものとなりませんように。

――復活祭のミサでのロベール・ド・ソルボンの説教から（訳注―ロベール・ド・ソルボンは神学者で、一三世紀半ばにパリに神学校を創設。これがソルボンヌ大学の前身となった）

一三世紀における教会は、単に祈りを捧《ささ》げたり、聖遺物を拝むためだけに行くところではなく、世俗の用事のために行くところでもあった。教会が町で唯一の大きな公共建造物である場合が多かったからである。商業は町の中心的な教会の周辺に栄えることが多かった。トロワでは、サン・ジャン教会とサン・レミ教会付近に市《いち》が多く立った。プロヴァンでは、サン・テイユルの前に両替商たちが店を並べた。多くの町で、教会は町の集会やギルドの集会、参事会会議の会場となった。

どの町でも教会は誰もが入ることのできる、心やすまる場所だった。ただし、とくに快適な場所だったというわけではない。教会には長椅子も信徒席もなかった。(1) 自分で腰掛けやクッションを持ってくる人もいれば、藁《わら》が敷かれた床にひざまずく人もいた。建物のなかは気候のいいときでも肌寒く、冬になれば多くの信者たちがカイロ——金属製の丸い容器に熱した石炭を入れたもの——で寒さ対策をしたうえでやってきた。

鐘の音がミサの始まりを告げる。司祭たち、聖歌隊、聖職者の行列が聖歌を歌いながら入場してくるのを会衆は立って迎える。グレゴリオ聖歌の旋律は自由に流れていくように聞こえるが、実は音階、リズムのパターン、息継ぎの入れ方、アクセント、歌詞とメロディの関係、すべてが厳格な決まりに従って作られていた。聖歌は斉唱されることもあれば、聖歌隊と先唱者、または聖歌隊を二つに分けてその双方が交唱することもあった。実は、音楽史上、非常に大きな変化がまさにこの時期に起きつつあった。多声音楽《ポリフォニー》の誕生である。聖歌は、一つの旋律にテノールの持続音が伴う形で歌われていたが、そこから二声以上の音楽へと発展していったのである。まずテノールが不定の長さの一声だったのが、それぞれのリズムを持った別々の旋律になり、そこへもう一声加わった。そこから「モテット」、一種の小フーガが育っていった。もう一つ、この時期の重要な動きとして、ピッチだけでなくリズムも示していく現代的な記譜法が始まったことがあげられる。

歌にはポータティブオルガン（小型パイプオルガン）の伴奏がつくこともあった。ポータティブオルガンはアコーディオンとフルサイズのオルガンを足して二で割ったような楽器で、奏者が首からかけ、左手で楽器の背面にある送風器を操作し、右手で鍵盤を弾く。教会によっては、据え置き式の普通のオルガンが設置してある場合もあった。このタイプのオルガンは力強い音が出たが、扱いにくく、たいてい音程が狂っていた。九八〇年にイングランドのウィンチェスターに建造されたオルガンは四〇〇本のパイプに手鍵盤が二ついていたが、あまりの大音響に誰もが「耳を押さえて立ち止まり、近づいて聴こうとする人はいなかった」という。一二世紀ごろの鍵盤は非常に重く、固かったので、こぶしを固めて演奏しなくてはならなかった。オルガンは三オクターブの音階を持ち、完全に半音階になった初めての楽器だった。

ミサは、フランス、イングランド、ドイツ、イタリア、スペインのどの教会でも、同じ形式でおこなわれていた。会衆はミサの進行に従って立ったり、ひざまずいたり、座ったりするものの、全体としてはほとんど動きはなかった。

会衆のなかにラテン語を解する人はほとんどおらず、説教は聞き手が聖職者である場合を除けば、現地語でおこなわれた。説教はたいてい三〇分間おこなわれ、時間は祭壇に置かれた水時計で計測した。司祭は説教壇に上るとまず十字を切り、それからその日の説教のテーマを提示するか、またはラテン語の聖書から福音書の短い一節を取り上げ、会衆のためにラテン語から翻訳したものを朗読する。そのあと、「私などこのテーマを語るには不向きなのだが」と前置きし（その気持ちは控えめなのだが、言葉は華やかだった）、神に短く祈りを捧げて、おもむろに話を始めた。

聖餐式で使う、ほうろう引きのハトと、香炉(次頁)。13世紀のキリスト教関係の道具のなかでもとくに美しい2作品。このように立派な装飾のある道具の生産を担っていたのは、主に都市に住む裕福な職人たちだった。(メトロポリタン美術館の分館、クロイスターズ蔵。1947年と1950年に購入)

司祭は説教に独自の「エピソード」を挿入し、そのせいでしばしば説教時間は延長となった。「エピソード」とはその日のテーマを具体的に、生き生きとした物語形式で語るもので、説教には欠かせない要素だった。キリスト教徒の美徳がテーマなら、次のような物語が紹介されることになる。(2)

ある商人は市《いち》で品物をすべて売りつくし、お金をたくさん儲《もう》けて、帰途についていました。ある町——アミアンやトロワといった町ですね——に立ち寄った彼は、教会の前を通りかかったので、教会堂の中に入り、貴重品袋を足元に置いてキリストの母、聖マリア様に祈りを捧げました。祈りを終えて立ち上がると、貴重品袋のことを忘れて建物をあとにしました。

その町に住んでいたある男もまた、教会堂を訪れて聖なるマリア様に祈りを捧げるのを習慣にしていました。教会堂に入った男は貴重品袋を見つけました。しつかりと封をし、鍵がかけてあります。さて、どうしたものでしょう。もし、貴重品袋を見つけた、と公言したら、多くの人が「自分がなくしたものだ」と言って騒ぎたてるでしょう。そこで彼は貴重品袋を自分が保管し、持ち主に呼びかけることにしました。大きな字で「何かなくした人は来てください」と書き、自宅の扉に張り出したのです。

一方、商人はずいぶん遠くまで行ってから、貴重品袋を忘れたことに気がつきました。ああ、いけない！　彼は教会に取って返しましたが、袋はありません。司祭に尋ねましたが、何も知りませんでした。教会をあとにした商人は、張り紙がしてある家に気づき、中に入りました。そこに貴重品袋を見つけた男がいたので、商人は尋ねました。「あの張り紙を書いたのは誰ですか」。男は何も知らないふりをして答えました。「さあ、いろんな人がここへ来ては張り紙をしていくのでね。ご用件は何ですか？　何かなくしたのですか？」「何かなくした、ですって！」と商人は叫びました。「とてつもなくたくさんの宝物を失ってしまったのです」「何をなくしたのです？」「貴重品袋いっぱいに入ったお金です。こういうふうに封をして、こういう鍵がかけてあるのです」。

そこまで聞いた男は商人が真実を語っていることがわかったので、商人に貴重品袋を返しました。男の正直さに心打

たれた商人は考えました。「ああ、私にはこんな財産を持つ資格はない。この人のほうがよっぽど資格を備えている」。そこで彼は言いました。「このお金は私などより、あなたにこそふさわしい。あなたに差し上げます。神にあなたのすばらしさを報告しましょう」「とんでもない」と男は言いました。「お金は持ってお行きなさい。稼いだのはあなたなのですから」「そんなことはできません。私には受け取れません」。そして、商人は帰っていきました。

男は商人のあとを走って追いかけました。「どろぼう！　誰かどろぼうを捕まえてくれ！」。近所の人々は声を上げて追いかけ、商人を捕まえ、男に尋ねました。「この男は何をしたのですか」「彼は私が今の今まで大切にしてきた清貧という宝物を奪ったのです」

会衆は大喜びで物語に聴き入り、その教訓も心に刻まれた。物語から、いかにうまく教訓を引き出すかが司祭の腕の見せどころだった。

身近な逸話だけでなく、歴史、伝説、聖人の人生、聖書の物語、時の話題、個人的な思い出、イソップなどの寓話《ぐうわ》、動物寓話集や植物、人間の体、星などの話から引き出される教訓など、司祭はさまざまなところから説教向けの物語を集めてきた。

司祭は巧みな話術を駆使して説教をおこなった。説教の途中で空気がだれると突然叫ぶ。「ああ、残念。そこの隅で居眠りをしている人は、私がこれからお教えする秘密を聞き逃してしまいますね！」。また、女性の邪悪さについて話をしている途中で女たちがつまらなそうにしはじめると、こんなふうにもっていくのだ。「では、ここでよい女性のお話をしてあげましょう。あそこに座って居眠りをしているご年配の女性の話です。お願いですから、誰かピンを持っている人、彼女を突ついて起こしてあげてください。説教の途中で寝る人は、このあとの食事のときにはなぜか起きていられるのですから不思議です[3]」

説教が終わると使徒信条、パンとブドウ酒の奉献、聖体拝領の儀式へと続く。聖体拝領の前には親和の接吻《せっぷん》がおこなわれる。司祭が福音書に接吻し、そのあと会衆が一人一人、福音書に接吻していくのである。聖体拝領を受ける人は前に出て、祭壇の前に立ち、両手を伸ばし、片膝を少しだけ前にかがめた。ひざまずくことはしない。司祭は祭壇の前で人々に背を向けて聖体拝領の儀式をとりおこなう。これはこのころになって始まった新しい習慣だった。

聖体拝領が終わると、ミサも終盤となる。司祭はさまざまな人のために祈った。教会に、ティボー伯に平和と繁栄を、司教たちに、聖地とその守り手たちに、亡くなった者に――そのうち何人かは名前もあげた――祈りを。声をひそめて、懲戒処分を受けた司教へ祈りを捧げることもあった。みなはひざまずき、祈りを唱和し、主の祈りとアヴェマリアを何度か繰り返す。そして司祭が最後の祝福をおこなって、ミサは終わりとなる。

キリスト教の礼拝と同じく、ユダヤ教においてもシナゴーグで古くから共通の礼拝形式が守られていた。石を敷きつめた床の中央に、アルミーマー（聖書を拝読する講壇）と聖なる巻物を入れた聖櫃《せいひつ》が置かれている。蜜蠟《みつろう》のロウソクが内部を照らしている。獣脂は私用には使うことが認められていたが、シナゴーグのなかでは禁止されていた。

礼拝は一日二回、午後遅くと夜におこなわれる。キリスト教の礼拝と比べると気楽な雰囲気で、子供たちは騒ぎ、大人は出たり入ったりしていた。ユダヤ教会の布告によって、シナゴーグ内で他人を殴ると高い罰金が科せられることになっていた。礼拝への出席率はよかったが、日の出とともに起きなくてはならない労働者は、安息日を除いては礼拝への出席を免除されていた。礼拝の形式は北フランス一帯はみな同じで、礼拝に出席している男性たちが聖書を次々と読みついでいく古くからのスタイルは廃され、一人、または指名された何人かの読み手が読んでいく方式だった。説教がおこなわれるのは祝祭のときだけで、そのときには会衆全員でハレル（詩篇一一三篇〜一一八篇からなる礼拝時の祈り）を唱えた。ローマ教皇インノケンティウス三世がシナゴーグから発せられるひどい騒音に苦情を言ったという有名なエピソードは、このときの大音響だったのかもしれない。

当時のキリスト教信仰の大きな特徴の一つに、神と人間との間を取り持ってくれる聖人たちへの信仰の存在がある。教会だけでなく家庭でも聖人への祈りは捧げられたが、その祈りは聖人の聖遺物があることでより大きな力を発揮すると考えられていた。これは初期のキリスト教徒たちが殉教したころから信じられてきたことだった。石を投げられたり、火あぶりにされたり、拷問を受けたりした信者たちの骨や体の一部は奪還され、うやうやしく保存されてきた。

聖人、殉教者の数は増えつづけ、彼らの遺物はさらに急速に増えていった。教会は殉教者たちの墓の上に建てられた。君主や司教たちは遺物を手に入れるためにはるか遠くまで出かけていった。その中心となったのが、旧約・新約聖書の舞台にほど近いという絶好の立地にあったコンスタンティノープルである。ローマ帝国のコンスタンティヌス大帝の母、聖ヘレナはイエス・キリストが磔《はりつけ》になったカルバリの丘に立っていた三本の十字架を発見し、そのうちの一本で死者に触れると死者が生き返ったことから、どれがイエスが磔《はりつけ》になった十字架かを見極めたと言われていた。この聖遺物はあまりにも貴重なので、切り刻まれて小さなかけらとなり、ヨーロッパ中で贈られ、取引され、売られた（のちにカルヴァンが確認したところ、「大きな船一隻がいっぱいになるくらい」あったという）。

聖遺物は、一〇九九年に十字軍がエルサレムを占領したさいに、どっと出てきた。イエスを裏切ったユダが手にした銀貨、聖書に出てくる人物が蒔《ま》いた小麦の種、バプテスマのヨハネの頭部が二つ（「この聖人は頭が二つあったのか？」と神学者ギベール・ド・ノジャンは辛辣《しんらつ》に批評している）をはじめ、何百もの聖遺物が登場した。しかし、これも一二〇四年の

聖遺骨を納めたチェスト。聖遺骨箱はしばしば、そのなかに納める骨の部位にちなんだ形に作られた。腕の骨を納めるなら腕の形に、頭蓋骨の破片を納めるなら頭の形に、という具合である。（メトロポリタン美術館蔵。1941年、ジョージ・ブルーメンタール寄贈）

コンスタンティノープル占領のあと、聖遺物が雨あられと出てきたことと比べれば控えめなものだった。十字軍のチャプレンとして従軍したガルニエ・ド・トレノ司教はトロワに数多くの宝物を持ち帰った。そのなかには、キリストの最初の弟子の一人、聖ヤコブの遺物を包んだ銀の入れ物（腕の形をしている）、宝石がちりばめられた金の冠が載った聖遺骨箱に納められた十二使徒の一人ピリポの頭《ず》蓋骨《がいこつ》、すばらしいエメラルド五つがはめ込まれ、銀に金めっきをしたビザンティン風十字架に納められた、イエスが礫にされた十字架の破片数個などがあった。ラテン帝国（訳注―一二〇四年のコンスタンティノープル陥落後、東ローマ帝国が分裂してできた新しい国）のボードワン皇帝からヴェネチア人に質入れされた「キリストのかぶったイバラの冠」は、結局、聖王ルイ九世が買い取り、その冠を納めるために聖王はサント・シャペル大聖堂を建造した。パリにはすでにイバラの冠が二つあったのだが、ルイ九世は明らかに自分が手に入れたものが本物だと考えていたようだ。

一方、信仰篤《あつ》い時代にさえ、疑問視された聖遺物もあった。たとえば、キリストの乳歯（「誰がとっておこうと思ったというのか」とギベール・ド・ノジャンは疑問を呈している）、神が十戒を書いたとされる石板のかけら、キリストの割礼の「真正な遺物」といくつかの教会が主張しているもの、などである。

ともあれ、聖遺物崇拝は一三世紀なかごろに頂点を極めた。どこの教会でも何かしら宝物を持っていた。トロワの大聖堂には、ガルニエ・ド・トレノが持って帰った聖遺物に加え、イエスが弟子の足を洗った水盤、カンタベリー大聖堂で暗殺されたトマス・ベケットのサープリス（訳注―儀式で聖職者が着る白衣）――そこには暗殺されたベケットの脳の痕跡《こんせき》がついている――、聖マルガレータの片足が展示されていた。サンスには、聖クレメンスの血一滴と衣服の切れ端、ユダがイエスを裏切った見返りに手に入れた三〇枚の銀貨があった。プロヴァンにある聖クロア教会には、聖ラウレンティウスの片腕と、イエスの十字架のかけらがあった。ティボー伯が一二四一年に十字軍の遠征から帰還したさいに贈ったものだった。こうした聖遺物は、宝石をちりばめた金やほうろう引きの箱に保管される場合もあったし、もっと趣向を凝《こ》らした聖遺骨箱に納められる場合もあった。真鍮《しんちゅう》やエナメル、金で作った腕の形の入れ物に腕の骨を入れたり、銀や真鍮で聖人の頭部をリアルに再現し、その中に頭蓋骨のかけらを入れたりした。

「聖人」に名を連ねる人の数は多く、その数は決まっていなかった。初期には聖人崇拝は地方独自のもので、聖人として認める（列聖する）かどうかの調査は、その候補者が生きていた地域の司教区の司教が指揮を執っておこなった。しかし、一〇世紀になると列聖の判断には教皇が重要な役割を果たすようになり、一二世紀になるとローマ教皇アレクサンデル三世は、「その人物がいかに高い評価を得ていても、今後、教皇の直接の認可なしに聖人と認められることはない」という方針を打ち出した。そして一三世紀に、列聖の手続きはほぼ完成する。(4)まず、教皇に対して申し立てがおこなわれ、それを受けた教皇は二人以上の委員を選ぶ。選任された委員は審問のための法廷を開き、証人を調べ、候補者に賛成・反対の両面から意見を述べ、判事の役割もした。申立人たちは代理人を選定し、代理人は証人たちを先導して、審理に遅れがあるようなら、円滑に進むように働きかける。こうしたプロセスは書き留められ、公証人によって「公的な形式」に記録され、ローマ教皇庁の法廷へと提出される。そこで列聖が許可されるか、却下されるかが決まった。認められた者は殉教者列伝に名前が載ることになる。ただし、一二五〇年段階では、聖人にちなんだ日に設定される教会の祝祭日はまだ地方によって大きく異なっていた。

聖《サン》ルーのように一部の地方で人気の高い聖人もいたが、地方の区別なくほかの聖人たちと比べて圧倒的な敬愛の対象となった聖人が一人いた。聖母マリアである。聖母マリア信仰は四世紀にまでさかのぼる。イエス・キリストの出自に対する論議が起こり、神と人間とをつなぐ新しい仲介者の存在が必要となったのである。聖母マリア信仰は一三世紀に頂点に達した。修道院的な世界観からすると、聖母マリアは苦行者の理想形だった。カルメル会は聖母マリアを「カルメルの聖母」とほめたたえ、ドミニコ会は「聖母マリアに捧げる祈り」を広めた。シトー会の聖ベルナールとフランシスコ会の聖ボナベントゥラは、聖母マリアへの信仰と聖母マリア神学に関する多くの書物を記し、その著作は一般人にも読める言語に翻訳されて広まっていった。

救済を求めて、あるいは罪の悔い改めをするさいのとりなしを聖人に求めて、多くの人々が聖遺物詣《もう》でをおこなった。新しくできたシャルトルの大聖堂（訳注―シャルトルの大聖堂は一一九四年の大火でそれまでの聖堂の大半が焼け、その後一二五〇年ごろまでに再建された）へ巡礼に行き、身廊の床の中央に描き出された円形の迷路をひざで進む者もいた（訳注―この迷路は聖地エルサレムへの巡礼の困難な道のりを象徴している）。ロカマドゥールまで赴き、下着一枚になり、みずからの体を鎖で縛り、ノートルダム礼拝堂へと続く二一六

ストラスブールの大聖堂のマリア像。都市の市民にも、騎士や田舎の農民たちにも広がっていた聖母マリア信仰は13世紀に頂点に達した。新しく創立されたドミニコ修道会が「天使祝詞」（聖母マリアに捧げる祈り）を広めたのもこのころである。（メトロポリタン美術館の分館、クロイスターズ蔵。1947年に購入）

段の階段をひざまずいて上っていく者もいた。そこでは司祭が清めの祈りを唱え、鎖をほどき、証明書と聖母マリアの肖像が彫られた鉛のメダルを手渡した。イングランド王ヘンリー二世、聖ドミニクス、聖王ルイ九世、ブランシュ・ド・カスティーユをはじめ、有名無名合わせて数千人にのぼる人々がこの階段を上っている。

市民のなかには何度も巡礼の旅に出て、鉛のメダルをいくつも集めている人もいた。それは苦悩を救済してもらいたいという絶えざる試みの結果だったのかもしれないし、飛び抜けて信仰心が篤かったからなのかもしれないし、それとも単に旅行好きだっただけなのかもしれない。巡礼を楽しむ、という感覚を持っていたのはチョーサーが最初ではなかったようだ。

聖人が崇拝の対象となる一方で、悪魔は恐怖の対象となった。司祭たちは地獄について事細かに語ってきかせ、教会の入り口には地獄の様子が克明に描かれていた。人々はしばしば悪魔に取《と》り憑《つ》かれ、そのさいには司祭に悪魔祓《ばら》いをしてもらわなくてはならなかった。悪魔の存在は教会より古くから信じられており、教会も悪魔の存在を認めている。地獄と煉獄《れんごく》の思想はキリスト教徒に不安のみならず恐怖を与え、彼らを施しへと駆り立てることになった。

一三世紀の世界には、解明されないままの謎がたくさんあった。謎を説明する仮説がすべて失敗に終わったとき、頼るものは超自然的な手段しかなかった。トロワ市民たちに物事を疑ってみる理性や良識が欠けていたわけではない。カトリック教会の威光が絶頂期にあったとはいえ、その権威に抵抗しようとする強い動きもあった。破門や聖務禁止令は、乱発しすぎたせいもあって、以前ほどの効き目はなかった。特権をめぐってティボー四世と諍《いさか》いになった先の司教エルヴェがあまりに頻繁に破門をちらつかせて脅すため、教皇がとうとう司教に圧力をかけたこともあった。また、教皇じきじきの勅令をもってしても、ヴェネチア総督ダンドロが十字軍を率いてキリスト教徒の町ザラを占領し、戦利品を山分けするのを止めることはできなかった。

都市は俗化が進んでいるといわれており、信仰の弱体化を教会からさまざまな場面で非難されていた。なかでも教会が恐れていたのが異端の蔓延《まんえん》である。ヨーロッパ全域で異端信仰が力を持ち、社会に不安が広がっていた。穏健なものから狂気すれすれのものまでいくつかの異端運動が弾圧されてきたが、なかでもとくに危険な一派がいまだに良識派の人々を恐怖に陥れていた。それがカタリ派（アルビジョア派）である。カタリ派はもともとブルガリアから織工と毛織物商人によってヨーロッパ西部に持ち込まれ、都市の力が強くなり、自由な空気が広がっていくなかで成長していった。カタリ派は、間に一〇年の休止期間をはさんで三四年にわたる激しい撲滅運動にさらされた。多くの運動家が身を隠し、新興の托鉢《たくはつ》修道会組織に任された異端審問では、各地に隠れた異端信仰者が片端《かたはし》からあぶり出されていった。

正統カトリック信仰を持つ多数派の人々は異端信仰を嫌い、恐れた。異端信仰はそのままでも十分恐ろしすぎる内容だったからである。カタリ派はキリストによる贖《あがな》いと受肉（訳注―キリストにおいて神性と人性が合体したこと）を否定した。キリストは聖母マリアの耳からこの世に生まれたと主張する一派もいた。彼らは旧約聖書をあざけり、地獄も煉獄も信じず、この世が地獄そのものだと主張した。単なる「物」であるとして、十字架を否定した。出産が魂をより深く物質世界に縛りつけるという理由で結婚を邪悪なものと見るカタリ派の考え方は、とくに嫌われた。カタリ派はブルガリアで生まれたと考えられており、もともと「ブルガリアの人」という意味だった単語が、フランス語ではブグレ bougre、英語ではブガー bugger（訳注―どちらも「男色者」の意）となって現代まで残ることになった。

ドミニコ会およびフランシスコ会の修道士たちは町から町へと訪ねまわり、異端者を回心させ、キリスト教徒たちに警戒を促した。異端信仰を持っていることを告白し、悔い改めた者は罪の償い――サフラン色の十字架を胸と背中に縫いつけるのも償いの一形式だった――をすることで重い刑罰を逃れることができた。鞭《むち》打ちや投獄という場合もあったが、拷問はまだなかった。有罪とされた異端者、また悔い改めなかった異端者は「世俗裁判へと送られ」、火あぶりになった。評決が宣言され、町の広場で処刑が実行されると、灰は一番近い川に流された。

異端狩りの一行は一二三〇年代にシャンパーニュを訪れている。彼らの活動は一二三九年、ティボー伯が聖地エルサレムへ出発する直前に恐ろしい結末を迎える。プロヴァンに住み、「女子大修道院長」と呼ばれていた老女ジルは一二三四年から獄中にあり、異端信仰に対する判決を待っていた。そのジルが、カタリ派から転向してドミニコ会修道士となった悪名高い取り調べ官ロベール・ル・ブグレにほかの異端者たちの名前を白状し、見返りに自由の身となった。トロワの北約八〇キロにあるモンターメで、多くの見物人が見守るなか、一八三人の男女が火あぶりとなった。火がつけられたとき、カタリ派のリーダーは声を張り上げて仲間の殉教者たちに罪の赦しを与え、自分を赦免する者は誰もいないから、自分一人が地獄に落ちるであろうと堂々と言い放ったのだった。

原注

（1）ルコー・デ・ラ・マルシェは『中世フランスの教会』という著書のなかで、教会には長椅子があったはずだと主張している。そうでなければ人々が眠れなかっただろうというのである（教会で眠ることに関しては、聖職者が冗談や批判を数々口にしている）。しかし、長椅子がなくても、会衆はクッションや持ち込みの腰掛けで気持ちよく眠ることができたはずだという説もある。

（2）この説教は、アミアンのノートルダム大聖堂で巡礼者たちに対しておこなわれたものである。

（3）ここで紹介する方法を使っていたのは、パリの有名な説教師であり、イスラエル北西部のアクレの大司教と枢機卿を務めたジャック・ド・ヴィトリーである。

（4）詳細な手続きは一三世紀に確定し、一四世紀以降にはごく小さな点の変更があったくらいである。

第十章　大聖堂

現在、作業は中断している。今のところ、資金が底をついているため。
――一四世紀の某大聖堂の会計記録より

サン・ピエール大聖堂はトロワの司教座聖堂として何世紀にもわたって幾多の栄枯盛衰を経験してきた（訳注―大聖堂とは、司教の「座」である「カテドラ」を有する教会堂を意味する「司教座聖堂」の通称であり、カテドラルともいう。カテドラルは「カテドラ」から来ている）。最初は、のちに大聖堂の内陣となる場所に礼拝堂が建っているだけの小さなものだったが、徐々に拡大して九世紀にはバシリカと呼ばれる十分な大きさの教会堂になり、ここでローマ教皇ヨハネス八世が教会会議を開くという栄誉にも浴した。

だが、その一四年後、サン・ピエールはヴァイキングによって火を放たれ、灰燼《かいじん》に帰してしまい、一〇世紀になってミルソン司教が再建した。一一四七年、聖ベルナールが再建なった大聖堂で満員の信者を前に説教をおこない、司教の従者、職人、てんかんをわずらう少女など多くの病人を癒した。ところが一一八八年の大火で再び破壊され、今度はエルヴェ司教が再建に取りかかった。そのとき取り入れた新技術はのちにゴシックと呼ばれることになる。

一二二三年にエルヴェ司教が亡くなった時点では、内陣と、後陣（訳注―聖堂の東端部で半円形に張り出す部分）の七つの祭室がほとんど完成していた。後継者であるロベール司教は工事を続け、一二五〇年段階ではニコラス・デ・ブリー司教のもとでまだ工事が続行していた。資金が尽きると中断し、資金繰りがつくとまた再開する、ということを繰り返しながら、この工事はこのあと三世紀にわたって続くことになる。

イタリアでは、教会堂や大聖堂はコムーネ（コミューン）が主体となって建設することが多く、北西ヨーロッパでは司教または大修道院長が先頭に立つことが多かった。サン・ドニ大修道院の修道院長シュジェールは梁《はり》にする木を選ぶために大工たちを伴って森へ入り、「幾何学と算術の道具を使って」新しい内陣が昔からの身廊（訳注―正面から内陣へと向かう東西に細長い空間。一般信徒を収容する）と合うかどうかみずから確認したという。トロワでは、建てては破壊され、また再建するという気の遠くなるような作業を中心となって引っぱっていたのはつねに司教だった。

大聖堂は、歴代司教の遺体安置所である地下墓室《クリプト》の上に建てられることが多かった。新しいサン・ピエール大聖堂は旧聖堂のあった場所に再建されたが、ステンドグラスからの光が降り注ぐ祭室を備えた広めの後陣を作ろうとしたので、より広い面積が必要となった。そこでエルヴェ司教は大聖堂の東側に目をつけた。東側にはローマ時代からのぼろぼろの城壁とセーヌ川から引いた水路（そこが旧市街の東端）があり、その間に細長い土地があった。司教は所有者の漁師と話をつけ、壁を解体して、新大聖堂の後陣がその土地へ建つことになった。

大聖堂の建築工事は中断と再開を繰り返していたので、時期によって違う工匠が指揮を執ることになり、結果として様式に変化が見られたり一貫性が失われたりした。また、どんどん人が替わっていくうちに、建築に携わった工匠の名前がわからなくなることも多かった。サン・ピエール大聖堂の初期の建築にかかわった人々はまぎれもなく同時代の傑出した存在であったはずなのに、その名前は誰一人残っていない。(1) 大聖堂建築にかかわった工匠たちは、中世において輝かしい存在だったと言ってもいい。多くの名前は記録とともに失われてしまったが、それでも残っている痕跡《こんせき》から、彼らがどんな存在だったかがよくわかる。工匠たちは永久に消えないように自分の作品に名前を彫り込んだ。シャルトル大聖堂の新しい塔に面する一番上の窓のアーチ内輪には「アーマー」という名前と「一一六四」という数字が刻み込まれている。イングランド北部ベヴァリーにあるセント・メアリー大聖堂の屋根には次のようなメッセージが刻まれている。「ハル・カーペンター、この屋根を造る」

アミアン大聖堂の身廊の床には迷路《ラビリンス》模様が描かれているが、そこには工匠ロベール・ド・リュザルシュ、トマ・ド・コルモン、ルノー・ド・コルモンの名が刻んである。同じようにランスのラビリンスにはジャン・ドルベ、ジャン・ル・ルー、ゴーシエ・ド・ランス、ベルナール・ド・ソワッソンの名がある。墓標にも多くの名前が残っている。ランスの墓標は親

トロワのサン・ピエール大聖堂。13 世紀初めに始まった建築工事は、ほかの多くの大聖堂と同じく、資金が調達できずに長期間にわたって中断を余儀なくされ、16 世紀になってやっと完成した。（フランス旅行協会）

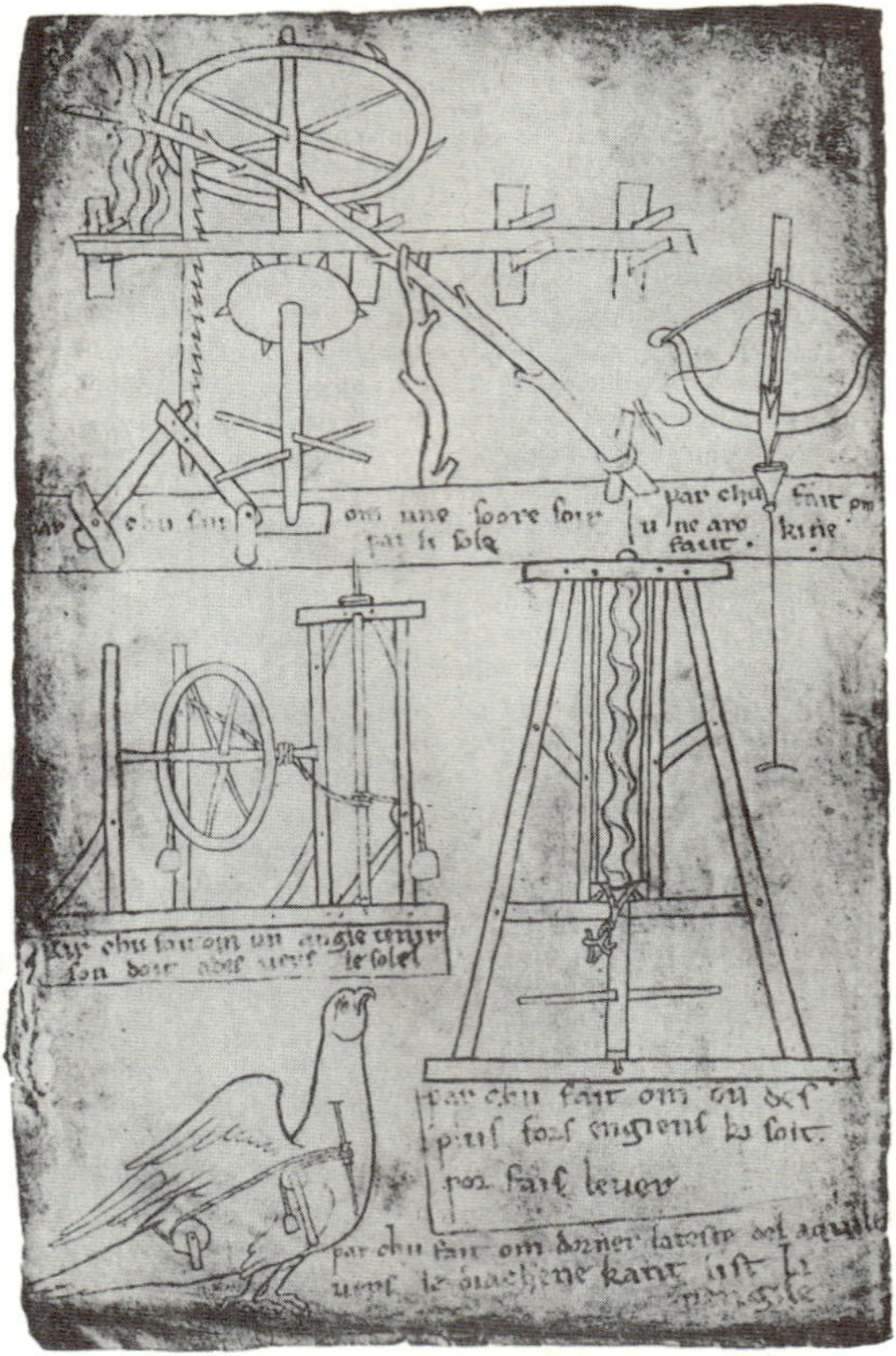

ヴィラール・ド・オヌクールが画帖に残した中世の機械の数々。上から順に、木材を割るための鋸、照準調整器のついた石弓、巻き上げ機２種、機械仕掛けのワシ。

方ユーグ・リベルジュに捧《ささ》げられている。「彼はこの教会をキリスト誕生より一二……」。七〇〇年を経た今、多くの足跡で踏まれて正確な日付は判読できなくなってしまった。ピエール・ド・モントルイユのように記録に残っている名前も多い。彼は同時代で最も有名だった工匠の一人で、一二四八年にパリのサント・シャペルを完成させた。二年九ヵ月での完成という驚くべき早業だった。資金が底をつかなければゴシックの建築家はここまでできるということである。名匠ヴィラール・ド・オヌクールは大判の羊皮紙の画帖いっぱいに図面、設計図、仰角などを書き込んだものを残した。これは一三世紀の貴重な記録であり、この画帖ゆえにオヌクールの名前と功績は後世に残ることとなった。

名前が知られた工匠には、次の仕事の声がかかった。工匠ギヨーム・ド・サンスは手がけたサンス大聖堂の評価が高かったため、一一七四年に招かれてイギリスに渡り、カンタベリー大聖堂の再建に携わっている。工匠への待遇はよかった。毎日の固定給がたっぷりあるうえに衣服手当、食費、馬の飼《か》い葉《ば》料、毛皮つきの外套《がいとう》が提供され、そのうえに税金を一生免除されるなどの特典がつくことが多かった。工匠は石工から出世するケースが多く、驚くほど多才であり、技術者と建築家を兼ねていたのはもちろん、熟達した彫刻家であり画家であり、さらには詩人とまでいえる人もいて、あらゆる種類の建造物——城、壁、橋、世俗の建物など——に精通していた。ジョン・オブ・グロスターはウエストミンスター大修道院を手がけただけでなく、ウエストミンスター宮殿の煙突と王の手洗い所に水を引く水道の修理にも携わり、台所の汚水をテムズ川に流す排水溝も作った。「汚水の臭いがいつまでも廊下に漂い、宮殿に出入りしている人たちの体に悪いから、ということで王から作るように命じられた」からだった。

建築計画は羊皮紙に見事に描き出され、工匠たちはそれを使って司教や聖堂参事会に建築意図を説明した。[2] 身廊、内陣、交差廊《トランセプト》（訳注―東西方向の身廊と「交差部」で交わる南北方向の空間）の基本計画、入り口はどんな形でどんな彫刻を配するかというスケッチ、柱と柱の間の区画、および回廊の位置どりを示したもの、屋根や排水溝をどう作るか、さまざまなパターンを示したものなど、計画は多岐にわたった。とくに幾何学に強く、卓越した数学者でもあった工匠たちは、四角形、二等辺三角形、等辺等角のさまざまな多角形を基礎としたモジュールを利用してフィートやインチで計測をし、大きさを決めていった。

工匠は高い給料をもらっているだけではなく、非常に尊敬される存在でもあった。それは石工親方も同じだった。説教師は彼ら「庶民のエリート」が君主のような地位を与えられていることが不満で仕方なかったらしく、次のように書いている。「大きな建物の建築では、親方がみなに指示を出し、自分ではまったく、またはほとんど働かない。それなのに、ほかの誰よりも高給を取っているのだ……石工親方は棒と手袋を持って歩きまわり、『ここを切れ』『あそこを切れ』と指示していく。だが、自分では何もしないのだ」

工匠は熟練し、それゆえに高給取りである職人たちの一団を率いる大将だった。巡礼者や信心深い人がときに無償の奉仕をすることはあったが、その場合はたいてい、資材運搬の仕事をあてがわれた。ときには悔悛者《かいしゅん》たちが長い列を作り、牛に代わって、石をいっぱい積んだ荷車に体を結びつけて引っぱることもあったが、結局、本物の牛ほどの働きはできなかった。農民が牛と荷車を使って奉仕をするともっと効率がよく、農民たちは、その見返りに司教から免罪符をもらった。

こうした協力があったにせよ、大量の石材を陸路で遠くから運んでくるのは大変なことだった。トロワは石の一部を約四〇キロ南に位置するトネールから買っていた。近い距離だが、運搬はすべて陸路となる。運んでくるだけで石の費用は五倍に跳ね上がった。水路を使えば、もっと安くすむ。クリュニー大修道院の円柱に使われた大理石は、トロワより一〇倍も遠い距離を、アルプスからデュランス川を下り、合流するローヌ川をさかのぼって運んだ。

司祭は異教徒の建造物から資材を拝借することもあった。たとえばランスでは、当時の大司教がローマ人の作った城壁を解体する許可をルイ一世（敬虔《けいけん》王）から取りつけ、ロマネスク様式の大聖堂を建てている。

だが、そんな方法よりも好ましいのは、近くに採石場を見つけることだった。サン・ドニ大修道院の修道院長シュジェールがポントアーズの採石場を見つけたのは奇跡的だとされた。トロワの司教の持つ採石場では、大聖堂工事に携わる一団から派遣された石工たちが働いていた。

奉仕で働く人々は決して重要な労働力にはなりえなかった。彼らには石材を仕上げることも、石材を順番どおりに組んでいくことも、モルタルやタイルを作ることもできなかった。鉛の屋根や樋《とい》を敷くことも、天井を支えるためのアーチ状のリブ（訳注――丸天井を支える肋骨のような形の支柱）を作ることも、彫刻を彫ることもできなかった。木を彫ることも、ステンドグラスを製作することも、そのガラスを窓にはめ込んでいくことも手に余った。大聖堂を建てるには、専門家の力が必要だった。

石工はいわば、「渡り」の職人だった。彼らは仕事があるところへ行って働き、大聖堂の敷地内の小屋に住み、日銭を稼ぎ、慎重な性格なら貯蓄し、そうでなければ酒と女に使ってしまう。石工にとって道具は大事なもので、多くの場合は自前のものを持っており、父から子へと受け継がれた。それ以外の人は雇い主から道具を借りており、その場合、道具の修理や調整は雇い主の責任でおこなった。柔らかい鉄の先をつねにとがらせ、切っ先を鋭くしておくのは難しい仕事だった。石材を仕上げる基本的な道具としては、つるはし、金槌《かなづち》、くさび、のみがあり、そのほかに手斧《ておの》、こて、手鋤《てすき》、長柄《ながえ》の鍬《くわ》、桶《おけ》、モルタル用のふるい、壁を精密に設計していくための紐《ひも》が必要だった。

石工は自由人で、専門分野に熟達した技術を持っており、この世界で昇進していくことが可能だった。一口に石工といっても、漆喰《しっくい》職人、モルタル職人、石切工、石工親方、そして単純労働者とさまざまな分野があり、賃金も違った。通常は最初の数年間を採石場で過ごし、石切の技術を習得するところから始める。採石場で働く石工の場合、週に二四ドゥニエの給料をもらい、食事と宿泊場所を提供してもらうのが一般的だったが、冬期は一日の労働時間が短くなるので、給料はその分カットになった。夏期には、週三〇ドゥニエを稼ぐこともあった。経験を積んだ石工には仕事はいくらでもあった。当時はフランスだけでも年に八〜一〇の教会が建築されていたからである。

夏のある日の大聖堂の工事現場を覗《のぞ》いてみよう。現場には活気があふれている。石工は二人か三人ずつかたまって仕事をしている。相棒が押さえる石に金槌を当て、迫石《せりいし》を作っているグループがいる。迫石とは、アーチを作るためのくさび形の石材だ。作るのが一番難しいのは、アーチの頂上にくる「かなめ石」で、その突起はリブ用の四つの石に掘られた溝とぴたりと一致し、天井をしっかりと固定しなくてはならない。外側の石積み工事用に、ブロックにする石を仕上げているグループもある。工匠、またはその助手が木製の「型枠」を用意しているので、それを使って正確な形に仕上げていく。完成したブロックに石工親方が一つ一つ数字を打っていき、巨大なジグソーパズルの進行を助ける。

柱と壁の境目など、もっと繊細な部分を担当している人々もいる。また別のグループは桶とふるい、鍬、こてを使ってモルタルを準備している。この時期には一輪の手押し車が発明されていたため、作業はずいぶん楽になっていた。鍛冶屋は二人で刃物を研いでいる。一人が砥石《といし》をずらしていき、もう一人が手斧の刃を研いでいくのだ。ある小屋には鍛冶場がもうけられ、そこでは鉄の留め金や合い釘が作られている(3)。大工の小屋もあり、その近くでは、梁《はり》用の木材を二人挽きの大のこで挽《ひ》いている。鉛職人用の小屋では、庇《ひさし》や樋に使う鉛の生産が続いている。

この現場でずば抜けた技術力を持った職人といえば、鐘鋳造師だろう。鐘鋳造師は実際には真鍮《しんちゅう》鋳造師で、鐘を作る仕事がないときには真鍮の壺《つぼ》や洗面用の水盤などを作っていた。鐘を作るさいにはまず大きな穴を掘り、そのなかに煉瓦《れんが》を鐘の形に積み上げ、あとで中に火をつけるため、中空にしておく。鐘形の外側に粘土をかぶせて、その上にロウの層をかぶせていく。その上をまた粘土で覆う。この状態で煉瓦の内側で火を燃やすと、熱せられて粘土は乾き、粘土の層に挟まれたロウは流れ出していく。そこでロウが流れ出た隙間に金属を流し込んでいくのである（訳注―金属が冷えてから周囲の粘土を叩き割って、できあがった鐘を取り出していた）。流し込む金属は銅と錫《すず》を混ぜたものだった。職人たちは経験から、銅一三に対して錫四という割合が一番いいとわかっていた。錫の割合を増やすと音色はよくなるが、鐘がもろくなってしまうのである。鐘は後世のものと比べると「胴長」で(4)、一本のレバーで鳴らす形だった。鋳造師たちはそれまでにない新鮮な音色の鐘を目指すとともに、あとから調律しなくてもすむように慎重に考えて鐘を鋳造した。いったん仕上がった鐘の調律は内側を削っていく作業となり、うるさくて、手間がかかったからである。

金属が注がれ、鐘ができあがると、司祭はまるで鐘が子供であるかのように塩と水と聖油で洗礼を受けさせる。そして司祭は次のように祈るのである。

鐘が鳴るとき、信仰と愛があまねく世に満ちますように、悪魔のあらゆる手先――ひょうや稲妻や風――が鐘の音によって力を奪われますように、あらゆる荒れた天気が穏やかになりますように。

鐘鋳造師は完成した鐘に、聖母マリアへの感謝を刻んだり、「教会へ、墓場へ、私の鐘の音はあまねく響く」「ときには喜び、ときには悲しみ、今日は結婚、明日は死」など、鐘つき男の詩を刻むこともあった。

現場で圧倒的に目立つのは、建設途中の大聖堂の巨大な骨組みである。そびえたつ壁は荒削りの材木を束にしばり、斜材を縒《よ》り紐でしっかりしめて作った足場で覆われている。壁の内側には巨大な木製クレーンが土台の上に据えつけられていて、クレーンから突き出た長いアームは壁の外へ伸び、地面にロープを垂らしている。ロープを石材にしっかりくくりつけると、地上の作業員から足場作業員、そしてクレーンのなかにいる運転士へと合図が送られる。そして「エンジン」スタートである。クレーンの土台の周囲を回るようにくびきにつながれた二頭の牛が歩くと、巻き上げ機を使ってロープが巻き上げられていく仕組みである。運転士がゴーサインを出すと牛に鞭《むち》が飛び、牛が歩きだして巻き上げ機が回り、ロープがするすると石を引き上げていく。足場では作業員たちが石の上がってくるのを待っている。壁のあちらとこちらで大声が飛び交い、「エンジン」が止まると、作業員たちは石を中へ運び入れ、「もう少し上げてくれ」などと下に声をかけ、後ろに下がって石を所定の位置へ下ろす。そして指示の声やおそらくは叱責《しっせき》の声が飛び、石は準備されたモルタルの層の上にしっかり設置される。もっと小さな石は軽い巻き上げ機――中世に発明されたクランクを使って動かした――で巻き上げられる。

石工の仕事のほとんどは昔から長く使われてきた技術で成り立っていた。ローマ人たちは中世のどんな石工も太刀打ちできないくらい大きな石を所定の位置へ設置していく技術を持っていた。ローマ時代の水道橋ポン・デュ・ガールには、全長三メートルもの石が並んでいる。だが、中世の石工たちも着実に技術を磨き、大きな石も動かせるようになっていた。太柱や一本石の土台には、重さ二トンもの石が使われることもあった。ローマ人にはモルタルを使う習慣はなく、石をきっちりと仕上げて壁やアーチがそれ自体の重さを支えてしっかりと立つ仕組みになっていた。中世の石工のなかにはこの方法を試そうとしていた人もいたが、概してモルタルに頼る傾向にあった。

一三世紀の木組みもまた、ローマ時代ほど大胆ではなかった。工事中の大聖堂に入ってみると、内陣への入り口はまさに迷宮のようになっている。内陣のヴォールト（アーチ形の石造天井）の最初の一区画が作業中のため、そこを支えようと数多くの木材が縦横に交差している。(5) 荒削りの材木がXやVの形に組まれ、アーチの骨組みとなっており、その上に石のリブが設置してある。材木のアーチは石のアーチとぴったり合ってはおらず、あちこちで木のかけらや石が隙間に埋め込まれている。

もともと木造が主流だった教会は「耐火性をいかに高めるか」が大きな問題だったが、中世初期にはそれよりも「ヴォールトを分厚い壁で支えるのは金がかかる。もっと割安な方法はないか」という問題がクローズアップされていた。ローマ人が見出した答えは、半円筒形をしたトンネル・ヴォールト同士を交差（貫入）させるというものだった。こうすると、水平方向にかかる圧力（推力）はヴォールト同士が交わる角に分散されるため、その下の柱で支えることができる。三世紀にローマ皇帝マルクス・アウレリウス・アントニヌス（カラカラ）が建てたカラカラ浴場やそれ以降の建築物にはこのヴォールトが使われている。だが、貫入ヴォールトには問題もあった。石材をさまざまな大きさに、きわめて正確に成形していく必要があったのだ。つまり、費用が高くついた。

中世の石工たちがヴォールトを柱で支える新たな方法を考え出したとき、ゴシック建築への道が開いた。(6) 尖塔《せんとう》アーチのことはローマ人も知ってはいたが、ギリシャ人やペルシア人と同じように、その知識を実際に役立てることができなかった。二つの尖塔アーチを正しい角度で交差させると非常に強い石の骨組みができる（しかも、四本の柱でしっかりと支えられる）ことに気づいたのは、一二世紀のフランスの技術者たちだった。これなら簡単に石を成形でき、石と石の間の隙間も石工に特別な技術がなくても埋めていくことができる。交差ヴォールトにすると、いったん柱の上に石を載せてしまえば、ほどほどの費用で、びっくりするくらいの高さまで積んでいくことができた。ヴォールトが高くなればなるほど、窓を作るスペースも増え、教会内部により多く光を取り入れることができる。だが、まだ問題があった。ヴォールトが高くなるにつれ、水平方向にかかる推力に柱が耐えられるよう、補強が必要になったのだ。へたをすると建物がひっくり返ってしまう危険があった。

当初、この問題はリブが接合する部分の外壁をとくに分厚くすることで解決がはかられた。しかしこの方法をとると、側廊を作ることができなくなってしまう。そこで登場したのがフライング・バットレス（飛梁）という離れ業だった。リブと柱が接続されている部分から、側廊の低い屋根を軽やかに越えて枝のように斜めにアーチを描いて地面へといたる梁のような支えを造る仕組みである。

こうして一二五〇年の時点では、柱とリブとフライング・バットレスによる複雑な構造が一つのシステムとして確立し、機能しはじめていた。ローマの技術者が見たら、きっと驚いたことだろう。

ローマ人は不必要に重い基礎を置くことが多かったが、その点、中世の工匠たちは、建物の構造についてよくつかんでいた。だが、当時はまだ圧力を理論的に算出するのは無理だったし、そもそも正確な計測さえおこなわれていなかった。ゴシック建築の教会には小さな調

建築学の革命といえるゴシック建築の重要な特色、フライング・バットレス。ランスの大聖堂のものをヴィラール・ド・オヌクールがスケッチした。

節ミスはたくさんあり、ときにはヴォールトが落ちることもあったが、理論的な裏付けのあるなしにかかわらず、新技術はたいていうまく機能したし、むしろあまりにうまく機能したがゆえに、元来は資金節約のために生まれた技術が本来の意図とは異なる結果を招くこととなった。社会的・美術的に非常に多くの可能性を生んだため、新技術が最終的に教会建築費を高騰させていったのである。

一二世紀のなかごろ、フランス北部のノアヨンに建てられたゴシック様式初期の大聖堂の身廊の天井高は約二五メートルだった。次にできたパリのノートルダム大聖堂は約三五メートル、ランス大聖堂が約三八メートル、アミアン大聖堂は約四三メートル、そして一二四七年に工事が始まったばかりのボーヴェー大聖堂は四五メートルを超えることを目指していた。鐘楼《しょうろう》の上にある尖塔の位置はもっと高く、ルーアン大聖堂ではついに一五〇メートルもの高さになった。これはエジプトの大ピラミッドを超えている。

ゴシック建築が富の蓄積と時を同じくして発展していったのは偶然ではない。時代があと二〇〇年早かったら、トロワの司教はサン・ピエール大聖堂の再建に取りかかることはできなかったろう。技術が追いつかないだけでなく、資金も足りなかったからである。

大聖堂を建てるための資金はさまざまなところから入ってきた。聖堂参事会やその付属組織には、司教が独占していた免罪符から上がる利益が着実に増えていた。大聖堂建設の資金として多額の寄付をすることで、神のご機嫌をとろうとしていた人々も多かった。死の床での遺贈は教会にとってとくに大きな収入源であり、教会は死後に寄付をする旨の遺言を残すよう、人々に精力的に訴えていた(7)。大聖堂が建築される理由の一つである聖遺物も、当の大聖堂が完成するはるか前から資金集めに一役買った。聖遺物があれば巡礼者がやってくるし、聖遺物は持ち運ぶことができるので、資金集めのために近隣諸国をまわる場合もあった。ランの聖遺物は、南はトゥール、北はイングランドまで出かけていった。イングランドではカンタベリー、ウィンチェスター、クライストチャーチ、ソールズベリー、ウィルトン、エクセター、ブリストル、バーンズテーブル、タウントンをまわり、各地でさまざまな奇跡を起こした。

罪の意識に苦しんだり、心が癒されたりすることが大聖堂建築への資金提供につながっていたことは確かだが、それだけでは工事は完成しなかったろう。「市民の誇り」というまったく別の要素も大きい。大聖堂は司教のものであると同時に、町のものでもあり、しばしば町の会合など世俗の目的にも利用された。町からは裕福な市民が個人で資金を提供しただけでなく、ギルドの協力も見込めた。聖書の物語や聖人たちの一生を綴ったステンドグラスなど、大聖堂の中心的な存在となるものを寄贈したい――ギルドは誇りと、熱意と、資金力をかけて、ほかのギルドや、封建領主や高位聖職者たちと競い合い、その寄付額は建築費用の半分を超えるほどだった。少なくともシャルトル大聖堂については正確な数字がわかっているので紹介しよう。一〇二ヵ所の窓のうち、四四ヵ所は君主やその他世俗権力からの寄付、一六ヵ所が司教ほか聖職者からの寄付、そして四二ヵ所が町のギルドからの寄付だった。各ギルドは自分たちの職業を記した銘文を添えた。

窓はすぐに設置されたわけではない。大聖堂のステンドグラスは石積みが始まって一〇〇年から二〇〇年がたっても未完成のことがあった。内陣の高窓《クリアストリー》にガラスをはめ込むのは一大作業だった。モザイクのような色つきガラスは窓のところまで手から手へとリレーされ、水平方向に設置された鞍状の鉄棒から突き出た合わせ釘《くぎ》の上にそっと置かれる。この鉄棒の両端は石積みのなかに埋め込んである。この合わせ釘と合うように開口部が設けられた同じく細い鉄棒がもう一本、最初の棒と平行に置かれ、ピンでしっかりと留められていく。この二本の鉄棒と垂直方向の支柱によってガラスは所定の場所に固定され、風圧にも耐えられる仕組みになっていた。

ステンドグラスは大聖堂の建築現場で作られているわけではなく、作業所は町のなかにさえなかった。ガラス職人は燃料・原料を手に入れやすい森の近くに小屋を設けていたのだ。ガラス作りは非常に歴史が古く、ステンドグラス、つまり色つきガラスは少なくとも数世紀前には登場している。しかし、需要がぐんと伸びたのは中世のこの時期になってからだった。新しい技術と新しい富が、ガラス作りを一大産業に仕立て上げたのである。

ガラス作りの技術はヴェネチア人が西ヨーロッパに持ち込み、それから長い年月がたっても方法にほとんど変化はなかった。灰（ブナが一番向いている）二に砂一の割合で混ぜ、石のかまどに火を起こして吹き、切っていく。ガラスを吹くときに使われるのは長さ約一八〇センチの管で、ガラスを長い筒（片方は完全に閉じていて、もう片方もほとんど閉じた形）に作っていく。この筒を熱した鉄を使って端から端まで切っていき、再び熱し、枠に沿って一枚のシートの形に広げる。こうして広げたガラスは厚さが一定でなく、泡が入っていたり、波があったり、線があったりし、淡い緑色がついて透明度はそれほど高くない。中世のガラス職人も先達《せんだつ》たちと同じく、色のつかない、透明なガラスは作ることができなかった。その一つの要因に、ガラスは「ロマネスク様式の建物の小さな窓に使われる素材」という扱いで、それほど重要視されていなかったことがあげられる。

だが、ゴシック建築で広大なスペースが窓として開かれることになり、状況が変わった。「色がついていても構わない」のではなく「色がついていたほうがいい」ことになって、ガラスの不完全さはたいした問題ではなくなったのだ。でき上がったガラスについてくる自然な緑色は別として、コバルト（青）、マンガン（紫）、銅（赤）の三つで作る基本の組み合わせにほかの原料を加えることでガラスの着色料はすぐに用意できた。大聖堂に大きな窓をつけることが流行しはじめると、ガラス職人たちは色つきガラスを何枚も作り、それを組み合わせてデザインを作るようになった。時を同じくするように、単に幾何学的なデザインではなく、絵を作ろうというアイデアが生まれ、ステンドグラスが誕生した。芸術は芸術家を生む。「小さな色つきガラスを何枚も組み合わせて絵にしていくと、差し込む太陽の光が色彩の奇跡を起こす」ステンドグラスの仕組みは、ガラス職人を熱中させた。

大聖堂の窓には、森の近くにある小屋で作られたガラスが使われていたが、ガラスのデザインと組み立ては大聖堂近くにある工房で、ガラス職人の親方が指揮をとっておこなった。親方になるには特別な知識（たいていは父から息子へと引き継がれた）と、抜きんでた技術力と、長い経験が必要だった。工匠や石工と同じく、ガラス職人やその弟子たちも「渡り職人」で、町から町へ、教会から教会へと渡りあるいた。

親方は工房での作業全体を監督する立場にあったが、絵は自分で描いた。まず、窓全体を羊皮紙の上に小さく書いていき、各部分の色を決めていく。次に下絵を描く。ただし羊皮紙の上にではなく、特大の長椅子の表面かアメリカトネリコの木の作業台の上に描くのである。作業台の上にパネル一枚分の絵を白黒の線図として描き、小さなセクションごとにどの色を使うかを数字と文字で指定していく。ガラス職人の作った大きなガラスは、熱した鉄を使い、親方の監督のもとでだいたいの大きさに切っていき、各ピースを作業台の線図の指定場所に置いていく。サイズがちゃんと合わない場合には職人が「仕上げごて」を使って少しずつ、器用にかどを削り取った。作業台の上には変な形をしたピースが散乱し、まるでジグソーパズルのようだ。ところどころに紫色の悪魔やら、処女の着る白と黄色の衣服などが見える。

ガラスの厚さがさまざまあることで、色の深みに違いが出た。一二世紀なら、こうしたガラスは選《よ》り分けて、明るい部分と暗い部分を作る美術効果として利用した。しかし一三世紀にサン・ピエール大聖堂のガラスを作っていた職人たちはそんな手間はかけなかった。ステンドグラスの大流行で、この時期にはそうした職人のこだわりは失われてしまっていたのである。それでも、ステンドグラスの美しさは人々を魅了し、何世紀かのちになると、ステンドグラスの製作技術は中世のガラス職人だけが会得《えとく》した秘技とされることになる。だが実際には、彼らのやったことは秘密でも何でもなかった。(8)

親方は衣服のひだや、顔の表情や、華麗な装飾を注意深く描いていく。それから各部分のガラスを窯《かま》で火入れする作業を監督し、きちんとできあがっているかを見る。仕上げは、二重の溝がついた鉛の桟《さん》をガラスの各パーツの形に沿って折り曲げていく作業となる。桟はそれぞれが交差するところではんだづけし、雨水が入らないよう、パテで塞いでいく。実は、鉛を使用したことで別の美術効果も生まれた。日光が射し込んだときに異なる色同士が影響を与え合うのを防ぐ役割を果たしたのである。

できあがったパネルは布で包み、大聖堂へと運ばれた。計測はいつも正確とはいかなかった。パネルが大きすぎたら、その分を切り落とし、小さすぎたら、縁をつけて大きくした。所定の場所に設置されて初めて、親方は光を通した状態での自分の作品を目にすることになる。それまでは、過去の経験とほかの窓の状況から、自分の作品が大聖堂のなかでどのように輝くかを予想するしかなかった。

パネルができあがってしまうと、デザインは作業台からこすり落とされ、永遠に消えてしまった。デザインが羊皮紙に写されて、その羊皮紙が別の場所で使われることもあったが、それは稀《まれ》だった。ガラス職人の親方は自分の名前が同業者や石工、高位聖職者、そして一般の人々にまで知られていることに自負は持っていたが、自分の名前を永久に残そうとか、名誉がほしいなどとは思っていなかった。ただし、作品には才能や知識以外のものも注ぎ込んだ。それは宗教的な熱意でもない。職人としての誇りである。ガラス職人の親方は、職人としての誇りを持つことが神に喜ばれることだと考えていたのだ。なぜなら、「神は自分の仕事に誇りを持つ職人であった」と司祭たちが教えていたからである。

ステンドグラスが大聖堂にはめ込まれるとき、ガラス職人はそのめくるめく輝きに気づいていたし、石工は自分の作品が天に向かってそびえたつ偉容に気づいていた。だがどちらも自分の作品を芸術であるとか、自分自身を芸術家であるなどとは思っていなかった。彼らは天才とはかぎらなかったが、みなが知性あふれる人間であり、人並みはずれた技術を持ち、奇跡のような出来事の連続——交差リブ・ヴォールトがフライング・バットレスの発明につながり、それが窓のスペースを拡大させたこと、そしてガラス製造技術が未熟だったことがステンドグラス全盛へのきっかけとなったこと——の末に、歴史に足跡を残す存在となったのである。

一三世紀の司教たちは、たぐい稀なる大聖堂の建設を可能にした技術に大きな喜びを感じていた。ただ、それ以前の聖職者のなかには批判的な意見もあった。聖ベルナールはサン・ティエリー大修道院の院長ギヨームにあてて、クリュニー派の巨大な教会について腹立たしげにこう書いている[9]。「なぜこんなとてつもない高さが、巨大な長さが、不必要な幅が、贅《ぜい》沢《たく》な装飾品が、私たちの目をひき、黙想しようとする心を乱す奇妙な絵が、必要なのか？……私たち修道士は、市井《しせい》の生活を捨て、世俗の富や華美なものを非難してきた人間ではないか……あんな飾り物を見て、どうやって敬虔な心を目覚めさせられるというのか？……神の前で黙して祈るかわりに、一日中息を飲んで過ごすことになる。なんという場違いだ、なんという浪費だ！」

　しかし聖ベルナール亡きあと、彼の設立したシトー派の修道士でさえ彼ほどの厳格さは失っていき、一三世紀半ばには、この新しいスタイルに文句を言う者はほとんどいなくなっていた。また、聖ベルナールの心配をよそに、大聖堂は宗教にとって何より大切な財産である、神秘と畏怖《いふ》の空気を作り出すことに成功した。市民であろうと、貴族であろうと、ゴシックの大聖堂に足を踏み入れる者は、その壮麗さの前に人間の小ささを実感せざるを得なかったのである。

原注

（1）現存する史料のなかで、サン・ピエール大聖堂の建築にかかわった人物の名前が最初に登場するのは、一二九三年から一三〇〇年にかけての同大聖堂の会計記録においてである。一二九五～九六年の大聖堂への遺贈の欄にジャコポ・ラトモという石切職人の親方の名前が記載されており、フランスの専門家たちは、彼は一二七〇年ごろに大聖堂の建築にかかわっていたのではないかと見ている。もっと確実な記録が出てくる最初の人物は親方アンリで、一二九三年から九四年にかけて従者を一人連れて旅に出たときの費用が記載されている。翌年のキリスト昇天祭の日（復活祭の四〇日後の木曜日）、彼はリシエとゴーティエという親方二人とともに採石場へ出かけている。一二九五年から九六年にかけて石工の従者ルノーデがオセールでアンリと会い、一緒にダージーの採石場を訪れている。その翌年、彼らはまた一緒にダージーに姿を現している。一二九七年から九八年には、ムッシー・シュル・セーヌのジョフロワが、その仕事を引き継いでいる。

一九二〇年、フランスの研究者デ・メルは『考古学研究』のなかで、フランスだけで五〇〇人を超えるという驚くほどの数の中世の工匠の名をあげた。それ以来、中世の工匠たちの名前は次々と判明してきている。一九五四年には、ジョン・ハーヴェイがイングランドにおける中世の工匠を集めた事典を出版している。

（2）現存するものはほとんどない。羊皮紙は高価だったので、たいてい表面を削って再利用した。ストラスブールの大聖堂については、一三世紀に書かれた建築計画が残っている。

（3）石積み工事には金属を使った補強がおこなわれるのが一般的だった。窓や尖塔、小尖塔などには、錬鉄（炭素含有量を少なくした鉄）で作った留め金や支柱、タイ・ロッド（建材各部をひっぱる締め付け金具）、合い釘が使用された。

（4）中世の終わりごろになると、いろいろな音程の数個の鐘を鳴らす鳴鐘法（チェンジ・リンギング）が一般的になり、胴の短いタイプの鐘が鋳造されるようになった。胴が短いほうが設置・鳴鐘が簡単だったからである。

（5）ゴシック建築の傾斜のついた木造の屋根はその真下のヴォールトに触れてはいない。ヴィラール・

ド・オヌクールの画帖を見ると、木組みは柱の一番上、アーチを積みはじめるところから作られており、木製の固定具でしっかりと留められている。

(6)　ハンス・ストラウブは著作『土木工学の歴史』のなかで、ゴシック建築期におこった構造的な進歩を四点あげている。①荷重を支える柱と、荷重を支えない壁との区別をつけた点。②重い荷重を支えられるという点で「静力学的に有効」な尖塔アーチを利用したこと。③ローマ建築の堅牢なヴォールトに代わって、ヴォールトを支えるリブを使った点。④バットレスとフライング・バットレスを利用したこと。

(7)　一二九八年から九九年にかけてトロワの大聖堂に対しておこなわれた遺贈には、トロワの死刑執行人ピエールからのものが記されている。

(8)　芸術は時代の子である。一二世紀から一三世紀にかけて作られたステンドグラスには、後世のものにはない魅力が、確かにある。それは、たとえば当時のステンドグラスが色つきガラスを通ってくる光のモザイクで芸術を作り上げたように、与えられた手段の最高の部分を利用しようとする姿勢が、よりリアルな表現を目指す後世の芸術においては犠牲にされているからかもしれない。

(9)　こうした禁欲的で厳しい考え方は中世のこのあとの時期にも完全に失われたわけではなく、その視点は一五世紀から一六世紀のプロテスタント運動のなかに確かに引き継がれていったと言えよう。教会を建てるために免罪符を売るというやり方（とくにローマのサン・ピエトロ大聖堂の改築にさいして乱売されたこと）は、強い批判を招いたし、教会建築が壮麗であること自体が、一部の人々にとっては不満でありつづけた。

第十一章　学校そして生徒たち

ベルナールは生徒たちの吸収力を見ながら、順を追って、教授していく……。訓練は頭脳を鍛え、鋭くするという観点から、彼は生徒たちが自分の言うことを暗誦《あんしょう》できるように全身全霊を傾ける。ときにじっくりと訓戒し、ときに鞭《むち》打ちといった罰に頼り……。

——ジョン・オブ・ソールズベリー、一二世紀のベルナール・ド・シャルトルの教授法を解説して。

職人、主婦、司祭、牛や馬、豚が行き交う朝のトロワの道に、手書きのラテン語教科書を小脇《こわき》にかかえた五分刈り頭の少年たちの姿が見える。これから学校なのだ。石や馬糞《ばふん》を蹴《け》ったり、友人と朝の挨拶《あいさつ》を交わしたりしながら歩いていく彼らは、自分たちがいかに稀少《きしょう》な立場にあるかということにほとんど気づいていなかった。

トロワに公立学校はない。この少年たちは聖堂区の司祭から基礎教育を受けたあと、司教座聖堂（大聖堂）付属学校へ入学したのである。彼らはほとんどが裕福な家の子供で、地元のエリートだった。生まれもった有利な立場に加えて教育を受けることで、彼らはこれから一生、織工や農奴、無知な商人とは違う人生を歩いていくことになる。

司教座聖堂付属学校は、当初は中等教育をほどこす場とはとらえられていなかった。七世紀にラグネジシル司教が開校したあと、数世紀の間は司教区の書記を輩出するための訓練学校という位置づけだった。一二五〇年当時になっても、少年たちは「神の秩序の一員となる準備」をしている印とされる剃髪《ていはつ》姿だった。司祭は神学を教え、教員となる免状を与えたが、実際の教育のほとんどは学頭とその補佐をする聖堂参事会員がおこない、内容は純粋に世俗的な学問だった。

教室ではあらゆる年齢の生徒たちが一緒に床に座って授業を受けた。授業はほとんどラテン語でおこなわれたが、初心者は日常語を使っても大目に見てもらえた。学頭が講義をすると、生徒たちは長方形の書写板に筆写していく。書写板は木製の長方形のもので、表面に黒か緑の蜜蠟《みつろう》がぬってあり、骨、象牙《ぞうげ》、金属などでできた尖筆《せんぴつ》を使って書いた。尖筆で引《ひ》っ掻《か》くとそこが白っぽくなる仕組みで、尖筆の逆側は丸くなっているので、その部分でこすると消すことができた。

生徒たちはじきにラテン語の速記を習得した。たとえば、Sic hic e fal sm qd ad simlr ae pducible a do, g a e et silr hic, a n e g a n e pducible a do は、Sicut hic est fallacia secundum quid ad simpliciter, A est producible a Deo, ergo A est. Et similiter hic, A non est, ergo A non est producibile a Deo.（「さて、ここに第二の誤った推論がある。そ

れは、Aは神によって造られた。ゆえにAは存在する。同様に、Aは存在しない。だから、Aは神によって造られたものではない」）という意味だった。

反復練習の時間には、生徒たちは教えられたことを暗誦できるようになるまで、教師のあとについて全員で何度も口に出して唱えた。当時、本はすべて手で筆写しなくてはならず、筆記用具は高価だったため、記憶すること、口で唱えて練習することが欠かせなかった。

教師は声に出して教材を読み上げ、内容を説明し、強調すべきところを強調する。比喩《ひゆ》的表現を指摘し、修辞の手法を説明し、言葉がいかに選び抜かれているか、ある名詞を修飾するのにふさわしい形容詞は何か、暗喩《あんゆ》がいかに文章に通り一遍ではない意味を与えているかを説明していく。それほど厳しくしつけなくても、生徒たちの集中力が低下することはなかった。今日習った場所を、明日には暗誦できるようになっておかなくてはならないからである。

一日の授業のメインとなる講義は午後早い時間におこなわれる。引き続いて自由討論、反復練習の時間となり、道徳と宗教的な啓発のための時間がとられ、最後に悔罪詩篇の第六と主の祈りを唱えて終了となる。

翌日の午前中は「暗誦」に費やされる。前日に習ったことを口に出して唱えたり、書き出したりするのである。この時間、生徒たちは習っているラテン語の教材をまねて韻文や散文で作文をする練習もした。ローマの詩人オウィディウスやウェルギリウスなどの作品を毎日覚えることも大切だった。手紙や文章を書くときには、古典からたくさん引用するのがならわしであり、そのために必要だったのだ。

ウェールズ・オブ・ジェラルドからカンタベリー大司教にあてた手紙を見ると、五枚の文面のなかで『知恵の書』から三回、聖ヒエロニムス（訳注―四～五世紀に聖書のラテン語訳を完成させた）から二回、聖書の箴言《しんげん》、詩篇、オウィディウスとウェルギリウスからそれぞれ一回、ローマの詩人ホラティウスから七回、引用している。

ニコラ・ド・クレルヴォーからオセールの司教にあてた手紙を見てみよう。(1)ちなみにオセールはブドウ酒で有名だった。

福音書の言葉を借りれば「ブドウ酒がなくなってしまいました」（ヨハネによる福音書二章三節）。「人をよろめかす酒」（詩篇六一篇三節）ではなく、色すばらしく、風味にすぐれ、「香ばしい香り」（出エジプト記二九章一八節）が質のよさを物語るような、「人の心を喜ばすブドウ酒」（詩篇一〇四篇一五節）を送ってください。これら三つの要素が揃ってこそ、まったきブドウ酒といえるのであり、「三つよりの綱はたやすくは切れない」（伝道の書四章一二節）のです。

私どもの土地のブドウ酒は濁っており、あなたのところのように、祝福された土地で育つブドウからはできていないのです。あなたの土地でとれるブドウの果汁は「もろもろの山に注がれ」（詩篇一〇四篇一三節）てはきませんでした……。大修道院長あてと、私あてと、別々にお送りください。「ユダヤ人はサマリヤ人と交際していない」（ヨハネによる福音書四章九節）からです。

名目上は、カリキュラムは「自由七科」からなっていた。(2) しかし、七科すべてを教えることは稀《まれ》で、科目によってウエイトの置き方が非常に偏《かたよ》っていた。これらの科目が「自由」と呼ばれたのは、その目的が金儲《かねもう》けではなく、自由人の教養としてふさわしい内容だったからであり、「七科」となったのは、「七」という数が好まれたからである。「七」は数秘学的な思想において鍵となる数字だった。六世紀にローマの哲学者ボエティウスは自由科を「三つの道《トリウィウム》」と「四つの道《クアドリウィウム》」に分けた。「三つの道」は文科系の科目である文法学、修辞学、論理学からなり、「四つの道」には科学系の科目である算術、幾何学、天文学、音楽が属した。

六〜九世紀にかけて司教が開いた学校は、書記になるために必要なもの——ラテン語、イースターなど年によって日が動く祝祭日を計算するための算術と天文学、聖歌を修得するための音楽——しか教えなかった。修道院の学校も内容は同じようなものだった。司教の学校と同じく、内向きの教育、つまり修道

（左ページ）自由七科の一つ、音楽を思い起こさせる女性の姿。シャルトル大聖堂の西正面「王の扉口」と呼ばれる扉口に立つ彫刻の一部。彼女はプサルテリウムと呼ばれる弦楽器を膝の上に置き、脇にはヴァイオリンの前身であるヴィオルを携え、右手で鐘を鳴らしている。

院の人材訓練のための学校だった。領主や貴族の子供を預かることもあったが、それは通常の「生徒」という扱いではなく、「見習い」という立場だった。聖堂区の司祭たちも、自分の後継者を育てることに専心していた。

シャルルマーニュの時代が過ぎると、司教の学校は外からも生徒をとるようになり、都市の少年を入学させて寄宿させるようになる。司教の学校はだんだんと修道院の学校をしのぐようになっていった。こうして学校は都市化、俗化が進み、一一世紀は教育革命の世紀となった。それから一〇〇年の間に、司教座聖堂付属学校は司教の書記を養成する訓練学校であると同時に、成人の学者が集う国際的な学問センターという性格を帯びるにいたった。とりわけ重視されたのは文法学と修辞学、神学、哲学で、それに教会法が加わった。とくに有名だったのはシャルトルの司教座聖堂付属学校で、偉大な学頭ベルナール（クレルヴォーの聖ベルナールとは別人）の指揮のもと、古典人文主義の一二世紀ルネサンスが花開いた。

一三世紀になると、高等教育の機能の多くは大学が担うようになった。大学が近くにある地域では、司教座聖堂付属学校は教える範囲をみずから文法学、修辞学、論理学の基礎にとどめた。近くに大学がない場合には、大学のカリキュラムに準じた内容を司教座聖堂付属学校で教えた。

司教座聖堂付属学校で教える文法学は、単に「文法」にとどまらず、書法、綴り方、作文、演説、詩や歴史物も含めた一般文学と幅広かった。生徒たちはラテン語の基礎を習得するために、まず四世紀ローマのラテン語文法家ドナトゥスの基本書『アルス・ミノール』を暗記する。これは、一〇ページにわたる問答形式で、演説の八つの基本知識を教授する内容だった。それを終えると、同じくドナトゥスの文法書『アルス・グラマティカ』、そして六世紀のラテン語文法家プリスキアヌスの『文法学注釈』へと進む。ドナトゥスとプリスキアヌスの本はどちらもラテン語を母語として使う読者を念頭に置いたものだったので、一二五〇年の北西ヨーロッパで学ぶ生徒に最適の教科書とはいえなかった。そこで、二人の本に代わり、韻文で書かれた二種類の手引き書が使われるようになっていった。アレクサンドル・ド・ヴィレデュの『ドクトリナーレ』(3)と、エベラール・ド・ベテュヌの『グレシスムス』である。

一二〜一三世紀の人々は何でも韻文で表現することに強いこだわりを見せ、ほとんどあらゆる種類の文学作品が折にふれて韻文で書かれている。手紙を書くさいの韻文の決まり文句もあった。説教はときに詩や、リズミカルな散文の形をとった。韻文化された聖書もあるし、法的な文書でさえ、韻を踏んでいることがあった。

文法学では、生徒たちは著者が異教徒かキリスト教徒かを問わず、数々の作品に触れた。そのさい、批判的な評論をしたり、年代順に気を配ることはほとんどなかった。本の形になったものは、何でも一定の神聖さを持つと考えられており、評価の確立した著者はみな批判など考えられない権威者だった。イソップからホラティウスまで、みな時代を超越した作品だった。

なかにはローマ時代の詩人で挽歌《ばんか》を書いたマクシミアヌスの作品のように、驚くほど世俗的な、むしろエロティックな内容のものもあったが、それでも修辞の技巧を学ぶために教材とされた。異教徒的な感情が流れるローマ人の詩は、生徒たちをときに動揺させた。ギベール・ド・ノジャンは修道院で学んだ若かりしころ、詩を作る練習をしていて「卑猥《ひわい》な言葉にいきあたってしまい、価値のない、不謹慎な、実のところ上品さのかけらもない短い文章を書いてしまった」と自伝のなかで告白している。衝撃を受けたノジャンはこの練習をやめ、聖書の注釈に没頭したという。

聖ベルナールも若いころシトー修道院で詩を書き、非常に熟達してしまったことに罪悪感を覚えている。厳格なシトー修道会では、一二世紀の終わりごろには、所属する修道士に詩を書くことを禁止したが、それでも多くの大修道院長や司教が愛の詩を書きつづけた。

学者たちはみな、文法学を習得すると聖書を理解する助けになると考えていた。聖書は比喩的表現が多いため、文学を学ぶことで理解がさらに進むとされたのである。聖ヒエロニムス同様、中世の学者たちも俗世の学問を学ぶことを、教養のない奴隷の女と結婚することにたとえている。無教養な奴隷の女と結婚したいと願うヘブライ人は、相手の女の髪と爪《つめ》を切らなくてはならなかった。同じように、俗な学問を修得したいキリスト教徒は、その内容から誤りをすべて取り去り、神に仕えるにふさわしいものにしなくてはならないというのである。

本の著者はあがめられ、さまざまなことに頼りにされた。医学から歴史まで、ありとあらゆる情報は本からもたらされた。オウィディウスはその道徳的な言葉が賞賛された。格言を集めたもの、または古代、中世の作家のすぐれた言葉を抜き出した警句集は人気が高かった。

文法学の次は「三つの道」の二番目、修辞学である。実質的には演説の技術を磨く学問だ。民主的だった古代アテネやローマでは、公の場での演説は大事なことだった。しかし中世においては政治的な演説ができる場所はほとんどなく、法に関する弁論もローマ法の復活に伴ってやっと見られるようになったばかりだった。それでも生徒たちは、政治や法に関する弁論を、学校の勉強の一つとして学んだ。修辞学で学んだ手紙の書き方は、日常生活で役立った。

「三つの道」の第三、論理学は、明快な思考法を教える学問である。論理学はアリストテレスに負うところが大きく、演習討議は教育法でもあり、リクリエーションでもあった。司教座聖堂付属学校での試験と演説の日には、生徒たちは三段論法、与えられた題に基づく議論、聴衆を前にしての演説、機知に富んだ警句といった内容で競い合った。

科学的な内容の科目「四つの道」は、学者や翻訳者がイスラム世界から伝えたギリシャ科学にはあまり影響を受けなかった。司教座聖堂付属学校の生徒たちが吸収した知識に、真に科学的な知識と呼べるものはほとんどなかったのである。暗黒時代には一世紀の博物誌家である大プリニウスなどローマ時代の知識を基礎にして通俗的な百科事典が編まれている。生徒たちが教わったのはそこに載っている自然史の中途半端な知識だったようだ。たとえば「ダチョウはライオンを食べる」「ゾウが恐れるのは竜とネズミだけである」「ハイエナは思いのままに性を変えることができる」「イタチは耳に子を宿し、口から産む」といった内容である。

「四つの道」のなかで最も人気があったのは天文学だった。当時の天文学は科学と占星術が混じり合ったものだった。年によって日が移動する祝祭日を確定するために使う「計算表」を学ぶという点では算術的な要素もあった。また、古代・中世におけるコンピュータとも言える計算板の使い方を学ぶ場合もあった。数字の特性についても、「比」そしてユークリッド幾何学の第一の書にある命題（証明は除く）を中心にいくつか学んだ。

幾何学を学ぶさい、円形の地球が載った世界地図を学ぶことによって地理学の萌芽《ほうが》ともいえる知識を習得する場合もあった。当時の地図では、地球はまったく同じ大きさを持つ三つの大陸——アジア、アフリカ、ヨーロッパ——からできていて、三大陸は細い帯のような海でそれぞれ隔てられていた。[4] 一番上が東で、中心を占めるのがエルサレム。あちこちに竜やセイレーン（訳注—ギリシャ神話に出てくる、美しい歌声で近くを通る船人を誘い寄せて難破させたという海の精）、犬の頭をした男、両足が後ろにねじれた男、横になっているときに太陽から身を守るための傘が両足についている男の絵が描かれており、生徒たちは随所で目を見張った。こうした地図は道を探すためのものではなく、挿し絵と道徳を学ぶためのものだった。

もっと実用的な地図も、実は存在していた。水夫の使った海図である。新たに使われるようになったコンパス、アストロラーベ（天体観測儀）を利用し、海の男たちは海岸線や岬、湾、浅瀬を正確にたどり、水や食料を積み込むために立ち寄る港や場所を書き込み、航海する者が楽に目的地を見つけられるようにした。だが、学校の生徒も教師も、そんな地図が存在することは知らなかった。

実際、一三世紀の科学は学校の外に多く花開いていた。縮絨《しゅくじゅう》工、わな猟をする猟師、弓矢を使う猟師、密猟者たちなら、同時代の「百科事典」に記載してある誤りの多くを指摘できたし、大聖堂の建築に携わる職人たちは地質学、工学、幾何学、算術、鉱物学の知識があり、自然についてもよく知っていた。大聖堂の柱はオオバコ、セイヨウキヅタ、オーク、アルム、キンポウゲ、シダ、クローバー、ユキワリソウ、オダマキ、アブラナ、パセリ、ストロベリー、キンギョソウ、エニシダ、と実にさまざまな植物の葉で飾られている。どれもじつくり観察され、実物そっくりに再現されている。

偉大な建築家ヴィラール・ド・オヌクールが画帖に残したのは円柱やヴォールト（石造りの丸天井）のスケッチだけではない。熊、ライオン、猫、白鳥といった動物は言うに及ばず、ロブスター、オウム、カタツムリの貝、ハエ、トンボ、バッタなど、昆虫までが描かれていた。大聖堂の屋根の吐水口を美しく飾るためにつけられた怪物《ガーゴイル》たちの像でさえ、職人たちが動物をしっかり観察していたから生まれたものだった。

司教座聖堂付属学校に息子を通わせている商人たちの多くは、あらゆる科学の基礎となる数学の分野で歴史的な進歩があったことに気づいていた。北アフリカのイスラム圏から、学者ではなく一人のイタリア商人によって、アラビア数字の使用という一大変革が西ヨーロッパにもたらされたのである。ピサのレオナルド・フィボナッチが『算盤の書』を書いて、アラビアの算数・代数学をヨーロッパに紹介し、アラビア数字（実際にはインドが起源だが）はイタリア商人の世界に広がっていった。インド・アラビア数学の思想の鍵となるのはゼロの存在であり、ゼロがあることで一〇、一〇〇、一〇〇〇というわかりやすい位取りが可能になった。使いにくいローマ数字では難しかった計算が、すばやく、正確にできるようになったのである。トロワの商人はまだ計算板を使うやり方を好んでいたが、イタリア商人との交流や大市での両替商とのやりとりから、新しい記数法にも通じていた。

司教座聖堂付属学校ではフランス語の文法、作文、文学は教えなかった。語学はラテン語以外――ギリシャ語でさえ――教えなかったのである。歴史も、文法を学ぶ途中で偶然出てくる以外は扱わなかったし、科学も著者について学ぶなかで出てくる自然科学を少しかじる程度だった。音楽は理論としてのみ扱われた。社会、体育、芸術の科目はなかった。

思想が広く伝わり、誰でも学ぶことのできる文化が蓄積されることになったのは、学校でラテン語が使われたおかげだった。しかし、生徒たちはおそらく自分の母語であるフランス語や英語、ドイツ語ほどはラテン語を上手にしゃべることはできなかったろう。ラテン語は文化の触媒でもあったが、自己表現とコミュニケーションを阻害する要因にもなっていたのである。

トロワには大学がなかったが、これは珍しいことではなかった。当時の北西ヨーロッパにはパリ、オルレアン、アンジェー、オックスフォード、ケンブリッジの五つしか大学がなかったのだ。(5) 南フランスには三つ、イタリアには一一、スペインには三つあった。合計二二校のうち、最も歴史の古い二つ、ボローニャとパリの大学が飛び抜けて重要な地位にあった。どちらも一二世紀に発足したということだけで正確な起源はわかっていないが、古代ギリシャにも古代ローマにも「大学」という存在はなく、両校はまさに「大学」の原形といえる。

トロワの司教座聖堂付属学校を卒業した若者が学問を続けたいと思ったなら、わずか一六〇キロしか離れていないパリへ行ったことだろう。パリ大学に入学したら、二〇〇〇〜三〇〇〇人の若者がひしめくラテン区の住人となり、毎朝下宿を出て、聖職者用のガウン姿や剃髪姿の人波のなかを「藁通り」目指して急ぐことになる。「藁《わら》通り」とは、学生たちが午前中の講義を受ける場所に藁が敷いてあることからついた名前だ。正午になると正餐《せいさん》をとるための休憩となり、午後になるとそれぞれ集まって別の講義を受けたり、討論をしたりする。

授業が終わるとロウソクの光のもとで学習したり、本を書写したりする。大学ではあらゆるスポーツ、そしてチェスまでが禁じられていたので、賭《か》け事《ごと》や飲酒に走る者もいれば、娼婦《しょうふ》宿に向かう学生もいた。学生はたいてい一四〜一五歳で大学に入学したが、私生活についてはほとんど何の干渉もされなかった。大学の建物というものはない[6]。授業は教師の家でおこなわれた。学生の下宿、教師の家、娼婦宿は狭い場所に密集しており、二階で教師と生徒が議論している家の一階に娼婦と客の手引きをする男がいる、という場合もあった。

大学生につきものの気晴らしといえば喧嘩《けんか》だった。学生同士で、または市民と、ときに荘官の衛兵と喧嘩した。なかには歴史に残るほどの騒ぎになったこともあった（訳注――たとえば一二二九年、学生とパリ市民の乱闘事件をきっかけに大学が講義停止となり、問題解決に教皇が介入している）。一三世紀半ばには、パリ大学はそれだけ巨大な存在になっていたのである。封建体制の中心にある民主的な例外として、パリ大学は大きな権勢を誇り、異例の特権を得ていた。フランス王からの特許状は得ていたものの、パリ大学は完全に国際的な存在であり、イタリアやドイツ、イギリスから同時代きっての学者が集まっていた。一二五〇年にはトマス・アクィナスが在籍していた。

パリ大学は神学部がとくに有名だったが[7]、実際には司教座聖堂付属学校よりもっと世俗的な学問を多く扱っていた。六年の修学期間を終えると、学生は試験を受け、合格すると教師免状が与えられた。卒業した学生は、叙階式を経て聖職者になるか、パリ大学または他大学で学者の道を進むことになる。医学や法学の勉強を続ければ、その先には収入が多い、特権的な職業が待っていた。筆写人になることもできたし、どこかの領主や有力城主に仕える道もあった。トロワの若い市民にとっては、シャンパーニュ伯に仕えるのが最も魅力的な選択だった。そうすれば昇進して行政官になったり、大市の監督官になることもできた。非常に高い報酬が約束されるほか、賄賂《わいろ》が入ってくる機会にも恵まれたのは言うまでもない。
ほかの時代と同じように、一三世紀においても、教育は見返りの多い投資だったのである。

原注

(1) ジョン・ベントン『ブルゴーニュ年代記』より。

(2) 五世紀にカルタゴで活躍した著述家マルティアヌス・カペラはその著作『フィロロギアとメルクリウスの結婚について』のなかで自由七科をそれぞれ衣服、持ち物、髪型の違う女性たちにたとえている。この書物は中世を通じて広く読まれた。

(3) 一四世紀から一五世紀にかけて、『ドクトリナーレ』はヨーロッパ中で広く基本書として重用された。

(4) 一二世紀から一三世紀にかけて書かれた地図は数枚現存しており、ヘレフォード大聖堂に残る平円形の世界地図（一三世紀後半のもの）には、想像で描かれた大陸と、不可思議な怪物が描かれた海が見える。そのほかに、一二三〇年ごろ作成された詩篇地図、ヘレフォードのものと同時期に作られたエブストルフの地図などがある。

(5) ドイツに大学ができたのは、一四世紀に入ってからだった。中世の終わりごろには、ヨーロッパには大学が八〇を数えるようになっており、その三分の二はフランスとイタリアにあった。

(6) 大学の恒久的な建物を造ろうという真剣な動きが出てきたのは、一五世紀になってからである。現在のパリで一三世紀の大学を唯一偲ばせるのは、サン・ジュリアン・ル・ポーヴル教会の古い建物だけである。ここでは、大学の集会がしばしば開かれ、その大聖堂からパリ大学が生まれた。ボローニャには一四世紀以前の大学の建物はない。ボローニャでは、人気のある教授の講義などで受講生がふくれ上がるときには公共の建物を使ったり、屋外で授業をしたりした。ケンブリッジでは、最古のカレッジであるピーターハウス(一三世紀に誕生)に、最も初期のころの建物の一部が残っている。オックスフォードのマートン・カレッジにも、設立当時の建物の一部が保存されている。

(7) 神学が司祭職を目指す者にとって必須の科目となったのは、対抗宗教改革(宗教改革によって誘発された、一六~一七世紀におけるカトリック教会内部の自己改革運動)以降のことである。

第十二章　本そして作家たち

伯爵様、わたくしはあなた様のお家で、あなた様の目の前で
ヴィオルを奏でました。それなのに、あなた様はわたくしに何も下さらないし、
わたくしが払った犠牲にも応えてくださらない。それは非道でございます！
――コラン・ミュゼ（訳注――一三世紀のロレーヌ出身の詩人）

一二世紀、学問を修めた者たちのなかに、一風変わった進路を選ぶ者たちがいた。彼らは気ままな運次第の旅暮らしを続ける学者として、各地の学校やパトロンのもとを放浪し、居酒屋で日々を過ごし、自分の才能を頼りに生きていった。「遊歴書生」と呼ばれた彼らのなかから、文学史に足跡を残すような新しいタイプのラテン語の詩――抒情的で（つまり異教徒的で）、ぴりりと風刺が利《き》き、シニカルな作風のもの――が生まれている。

しかし一二世紀に勢いを取り戻した中世文学において、脚光を浴びたのはフランスの現地語を多用した作品であり、とくにプロヴァンス語と北部方言での作品が多かった。後者の中心地として大きな存在感を示したのが、トロワである。シャンパーニュ伯アンリ一世（「寛

大なアンリ」）と文学好きの伯妃マリー（フランス王ルイ七世とアリエノール・ダキテーヌの娘）は何人もの詩人を庇護《ひご》していたが、そのなかで最も有名なのがクレティアン・ド・トロワである。アーサー王と円卓の騎士たちの活躍を描いたクレティアンの一連の物語詩は、文学的に高い価値があるだけでなく、その後のヨーロッパ全土でのアーサー王物語流行の発端となった。

シャンパーニュ地方では、第四回十字軍をきっかけに新しいタイプの文学も生まれている。トロワの近くの生まれでシャンパーニュ伯領の家臣だったジョフロワ・ド・ヴィルアンドゥアンはコンスタンティノープル攻略のさいに活躍し、のちに当時の体験を『コンスタンティノープル征服記』にまとめた。実直で飾らない迫力あふれるその作品は歴史の記録としても、文学としてもそれまでになかったものだ。書記でも詩人でもなく、軍人だったヴィルアンドゥアンはシャンパーニュ地方の現地語の散文で書き、それゆえに同書はフランス語散文による最初の記録という名誉に浴することになったのである。

一二五〇年当時のシャンパーニュ伯、ティボー四世は詩人だった。幼いころから有能な母親ブランシュ・ド・ナヴァールに守られて育った彼は、大きくなるとハプスブルク家の娘（ゲルトリュード）、ボージョレーの娘（アニュス）、ブルボン家の王女（マルグリート）と次々に結婚し、彼女たちとの間に八人の子をもうけた。それに加えて数々の恋も経験し、その結果としてもう四人、子供が生まれている。

　しかし、彼が本当に恋心を募らせつづけた相手は、手が届かないゆえにいよいよ思慕が強まる高貴な存在、フランス王妃ブランシュ・ド・カスティーユだった。彼女はルイ八世の妻で夫に先立たれ、聖王ルイ九世の母親でもあり、ティボーより一回りも年上だった。それでもティボーの思いは強く、ルイ八世が急逝《きゅうせい》したさいにはティボーが毒を盛ったのでは、と疑われたほどだった。

　この屈辱に怒ったティボーは、王室に不満をいだいていた諸侯ピエール・モークレール、ユーグ・ド・リュジニャンと結んで、王室に対する一種の戦争をしかけることになる。だがティボーは考え直して反乱グループから抜け、その裏切りを恨みに思ったピエールとユーグの軍がシャンパーニュ伯領に侵攻し、干し草の山や家畜小屋に火を放つ事態になった。結局、二人の軍はトロワの城壁に阻まれ、ブランシュ・ド・カスティーユがティボーに送った援軍が到着したこともあって、それぞれの領地へ戻っていった。

　この戦争の始末という意味もあって、ティボーは領内の都市三ヵ所――ブロワ、シャルトル、サンセール――をフランス王に売らなければならなくなった。だが土壇場になって、自分の家系の出身地であるブロワを渡すことが惜しくなったティボーは、頑なな態度をとり、王軍のシャンパーニュ領侵攻という危機を招いてしまう。そこで四六歳のブランシュ・ド・カスティーユは、三三歳のティボーと会い、思いとどまるように説得した。そのときの会話の記録が――少なくともこのような話をしたという報告が――年代記作家によって残されている。

ブランシュ「そうですよ、ティボー伯。諸侯たちがあなたの領土に火を放ち、すべてを灰にしてしまおうというときに助けにかけつけ、手を差し伸べた我が息子、フランス王のご親切をお忘れになってはいけません」

ティボー（王妃の美しさと気高さに圧倒されて）「私の心も、身体も、すべての領地も、あなたの仰せのままにすることを誓います。あなたを喜ばせることなら、何でもいたしましょう。あなたやあなたのご意志に背くことは、おお神よ、私は決していたしません」

ティボーのブランシュへの恋慕は何らかの形で昇華することが必要だった。そこで思慮深い側近がヴィオルで演奏するカンツォネッタ（軽い小歌曲）を学ぶことをティボーに勧めた。ティボーはすぐに才能を開花させ、「これまでに人々が耳にしたことがある作品のなかで最も美しいカンツォネッタ」（後世の人々も同意する評価である）を紡ぎ出した。「詩人のティボー」が残した詩は、吟遊詩人《トルヴェール》やジョングルールたちによってヨーロッパ中で歌われることとなった。なかでも人気のあるものを紹介しよう。

私にどうして忘れ得ようか、あの方のたおやかな優雅さを、

そのまなざしを、あふれる美しさを、
どうしてそのお声を記憶から消し去ることができようか、
そうすれば苦しみは終わるのに。

私の心から、あのお方の姿を引きはがすことはできない。
望んでもかなわない。
私は絶望の淵にある、
だが、だからこそ、
私にはこの苦しみを
耐える力が生まれているのだ。

なのに、どうして忘れ得ようか、あの方のたおやかな優雅さを、
そのまなざしを、あふれる美しさを、
どうしてそのお声を記憶から消し去ることができようか、
私にはもう、この苦しみさえ、いとおしい。

ティボーは領主だった。クレティアン・ド・トロワは（おそらく）書記だった。ジョフロ

ワ・ド・ヴィルアンドゥアンは貴族だった。だが、ほかにもトロワ出身の作家がいた。一二五〇年にはまだ作家としての人生を歩みはじめたばかりだった一市民、リュトブフである。自身を「リュトブフ」（粗野な雄牛）と名乗った彼の詩はクレティアンの作品が持つ磨き上げられた優美さやティボーの作品が持つ甘い情熱とは趣が異なっていた。リュトブフは現実の生活を——ほとんどは自分の生活を——歌ったのである。

神は私をヨブ（訳注—「ヨブ」は旧約聖書ヨブ記の主人公のこと。ヨブは神から理不尽にも思えるさまざまな試練を与えられて、苦しむ）の仲間になさった。
たった一吹きで、
持っていたものすべてをお取り上げになった。
かつては自慢だった右の目で、
この先の道を見ることができない。
道を見つけることもできない……

暮らしていけない、
楽しみもない、
それが問題だ。
これまでの悪行のせいだろうか。

今はしらふだし、分別もついているぞ。
あの一件以来は。
もう、悪いことはしない。
でも、それがどうした？　もう終わってしまった。
遅すぎた。
気づくのが遅すぎたのだ、
罠にかかっていることに。

一年の始まりだ。
私たちのために苦しみを担ってくださった神様が、
私を健康でいさせてくださるといいが。
妻には子供がいる。
そのうえ、馬は柵に引っかかって
脚を折ってしまった
今度は子守女が給金の催促だ。
有り金を全部持っていくのか、
子守の代金として。

だが、払わないと赤ん坊が家に戻ってきて泣き叫ぶ……

ティボーやリュトブフの作品は広く歌われ、暗誦《あんしょう》されただけでなく、本になって広まっていった。一二五〇年の段階では、本は一冊ずつ手書きで写していくしかなかったのだが、それでも以前に比べて本の冊数は飛躍的に増えていた。暗黒時代には修道院でしかおこなわれなくなっていた本の筆写は、このころになると町でも再びおこなわれるようになっていた。学校や大学が教科書を流通させる市場の役割を果たしたため、筆写人は大聖堂や大学の近くに住んでいることが多かった。彼らは単に教科書を書き写しただけではない。読み書きのできない人のための代筆をしたり、手紙を美しい字体で書く代書屋の役割も果たしていたのである。

筆写作業をおこなうときは、肘掛けの大きな椅子に座り、両方の肘掛けに書写板を渡して、羊皮紙を鹿革の紐《ひも》で固定させた。筆写の道具としては、羊皮紙を削るときに使うカミソリまたは鋭いナイフ、軽石、突き錐《きり》、羊皮紙用の細長い定規、金箔《きんぱく》をこすってつや出しするときに使う雄豚の歯が必要だった。インクを乾かすため、火の近くで仕事をするか、石炭を入れたたらいを近くに置いていた。牛の角がインク壺《つぼ》の役割を果たしており、よく乾燥させた羽根ペンをそこにつけて使った。書写板には丸い穴があり、牛の角はカバーをつけてそこへ入れておいた。

筆写を始めるさいは、まず羊皮紙の表面のでこぼこや付着物をきれいに削り取り、軽石をかけて表面をなめらかにし、定規と錐を使って縦横の線をつけていく。そして筆写作業が始まる。できあがった作品のなかには、金や銀、紫のインクで筆写され、章のはじまりの頭文字に金箔がかぶせられたラテン語の詩篇集やフランス語の宮廷風騎士道物語など、華麗な芸術作品にほかならないものもあった。木に象牙《ぞうげ》や金属で表装した豪華な本は驚くほど高価な値がついた。ただ、圧倒的多数の本は飾り気のない木の板に、読みやすく書かれた羊皮紙が取りつけられた素朴なもので、強度を高めるために型押しされていない革を上から貼りつけてある場合もあった。

学生たちは数冊の本を一冊にまとめてしまうことが多かった。そうした本でも価格は高い。羊皮紙が高かったこともあるが、筆写して本にするのに気の遠くなるような手間がかかっているからだった。聖書を筆写するには一年と三ヵ月ほどかかった。本は大切な財産であり、しばしば質入れされたり、売られたり、貸し出されたりした。本を借りるのはもっぱら学生たちで、借りるのは筆写するためであることが多かった。貸出料はペキア単位で計算され、一ペキア——一行三二文字で六二行分を一コラムとして一六コラム——が一ペニーか二分の一ペニーだ。勤勉な学生なら次々と筆写して蔵書を増やすこともできたが、それには夜遅くまで作業をすることが必要だった。

多くの本には最終ページの一番下あたりに「これで終わり、やれやれ」という言葉が記さ

13世紀の本の表紙。中世の写本のなかで手のこんだものは象牙を土台とするか、木の板を土台として、金属で装丁したものだった。ときには、この写真のように金属板に装飾文様を刻み、そのくぼみにほうろうを詰めて焼きつける技法を使うこともあった。ただし、ほとんどの本は実用性を重視して木の板で作られ、たまに革のカバーがついているくらいだった。(メトロポリタン美術館。1917年にJ・ピアモント・モルガンより寄贈)

れていた。なかには冗談たっぷりな言葉で締めくくる学生もいた。たとえば「筆写した者が作業を続けられ、よいブドウ酒を飲めますように」とか、「これでおしまい。先生が太ったガチョウをくれますように」とか、「筆写した者にいい牛と馬が与えられますように」「ここまでの苦労にこたえ、筆写した者に美しい女性が与えられますように」「筆写した者に牛と美しい女性が与えられますように」など、さまざまだった。

本は開架式の本棚ではなく、鍵のかかるチェストに保管された。本を借りる学生は本の縁の溝を爪《つめ》でひっかいてはいけない、また、講義を受ける床に敷いてある藁《わら》をしおり代わりに使ってはいけない、と注意を受けた。あるユダヤ人は道徳についての文章のなかで、怒ったときに本を叩《たた》きつけたり、人を本で殴ったりしてはいけない、と述べている。教師は学生を叱《しか》るときに本で殴ってはいけなかったし、学生も教師のこぶしを避けるのに本を盾にしてはいけなかった。

価格が高かったにもかかわらず、本は広く行き渡った。神学者ピエール・アベラールと敵対していたある人物は「彼の本は海を渡り、アルプスを越え……王国を通り、地方を通って運ばれていく」と記している。また、正規の流通ルート以外に、いわゆる「闇ルート」も本の普及を助けた。多くの学者たちが本を借り、こっそり筆写していたのである。ジョン・オブ・ソールズベリーはカンタベリーのある友人に本を貸し、その友人のことをのちにこのように記している。「あのカンタベリーの泥棒は『ポリクラティクス』（訳注—ソールズベリー本人の代表作）をかかえ込んでしまって、書き写すまでは手放そうとしない」。聖ベルナールも本を借りたいと申し出た相手にこんなふうに書き送っている。「ご希望の本ですが……その本をもう長いこと借りたままの友人がおりまして、あなたと同じくらいの熱心さで手放そうとしないのです。前に本は手元に戻り次第お貸しします。ただ、読んでもかまいませんが、筆写はだめです。前にお貸しした本も、あなたは書き写されましたが、写していいと言った覚えはありません」

筆写人はつねに正確な仕事をするわけではなかった。そこで著者が本の最後にこんな指示を書くこともあった。「この本を筆写する者に神の御名によって厳命する。我らが主イエス・キリストと、あらゆる者が裁かれるその輝かしいご再臨に誓って、写している内容を元の写本とよく見比べ、過ちがあればしっかりと訂正すること。この厳命も写本のなかに書き入れること」

作品がそのまま羊皮紙に書き込まれることはまずなかった。著者は最初に蠟《ろう》引《び》き書写板に書いていき、それを筆写人に書き写させた。作品が現地語で書かれている場合は筆写人がまず書写板に書き取り、それから羊皮紙へ写していった。

飾り字などできわめて贅沢《ぜいたく》な装飾がほどこされた本でも、小さなミスはあった。写本の装飾師は絵の説明文を入れるスペースを残さない場合があり、そのさいには説明文が本文のところに詰め込まれることになる。そうした事態を避けるため、説明文は赤で書かれることもあった。ときには、装飾師が説明文のスペースを残したのに、筆写人がそれを見逃す場合もあった。コラムに空いた場所があるのは――たいていの本は、一ページに二コラムの割で書き込まれていた――筆写人が自分の割り当て部分を予定より少ないスペースで写し終えたことを意味していた。

ときには、うっかり書き落とした言葉を、ページの端にあとから書き込むこともあり、その場合、ミスを逆手《さかて》にとって楽しい細工をする筆写人もいた。写

（左ページ）**彩飾された時禱書の１ページ。**脱落した１行を引っぱって、あるべき場所に入れようとしている人物が描かれている。筆写人は、巧妙に、そしてときにはユーモアいっぱいに脱落を訂正した。（ウォルター・アート・ギャラリー、アメリカ、ボルティモア）

Sicut sagitte in manu potentis: ita filii
excussorum.
Beatus vir qui impleuit desiderium
suum ex ipsis: non confundetur cum
loquetur inimicis suis in porta.
Beati omnes qui timent dominum:
qui ambulant in viis eius.
Labores manuum tuarum quia mā-
ducabis: beatus es et bene tibi erit.
Uxor tua sicut vitis habundans: in
lateribus domus tue.
Ecce sic benedicetur homo: qui timet
dominum.
Benedicat tibi dominus ex syon: ut
videas bona ierusalem omnibus diebus
vite tue.
Et videas filios filiorum tuorum: pacem
super israel.
Sepe expugnaverunt me a iuventute
Filii tui sicut novelle olivarum: in circuitu mē-
se tue.

すさいに落とした一行をページの一番上に書く。余白には一人の筆写人の姿が描かれる。彼は落とした行の最初の文字に結びつけられたロープを力いっぱい引っぱっている。一方、もう一人の男が、その行が入るべき場所から顔を出しており、抜け落ちた一行を正しい場所へはめ込むべく、筆写人の投げるロープを受け取ろうとしている――こうした絵を描くのである。

　中世は、書体に重要な変化が何度も起きた時期だった。「スクエア・キャピタル」と呼ばれるローマ時代独特の角張った大文字書体は、ローマ時代の終わりごろにもっと肩の力の抜けた、「角張らない」形となり、そこからアルファベットの小文字が徐々に育っていった。小文字は、八世紀にトゥールにあったアルクイン（訳注—アングロサクソンの学者。八世紀のカロリング・ルネサンスをもたらした）の学校で生まれた「カロリング小文字体」によって完成する。アルファベットに、大きさだけでなく形もはっきりと異なる大文字と小文字が生まれたのである。一二五〇年当時は、新しい、これまでより精巧な字体が北ヨーロッパを席捲《せっけん》していた。ゴシック体、またはブラック体と呼ばれた文字である。ブラック体は固い、直立した文字を太く書く様式で、ページ全体が黒く見えるほどだった。

　一三世紀の本屋[1]にはさまざまな種類の本が揃っており、大学や裕福な個人は蔵書を増やしていった。[2]ラテン語で書かれた古典としては、昔の作品や新しい教訓的な作品、科学分野の新しい作品や翻訳、ユスティニアヌス法典など法に関するもの、教会法学をまとめたグラテイアヌス教令集、ギリシャの医学者ガレノスやヒポクラテスの医学書、神学書や哲学書、語彙集（重要な用語をまとめた辞書類）、金言集、年代記、百科事典類、作品集などがあった。

ラテン語で書かれたこうした大部な本を急追《きゅうつい》しはじめたのが、フランス語の本だった。読み物――とくに声に出して読めるもの――を求める人、そして買うことができる値段のものを求める人がどんどん増えてきたのである。聖人の生涯を描いたもの、伝記、「ディ」(dits）と呼ばれる日常生活――たとえばパリの街角に響く行商人の呼び声など――を歌った韻文物語、古典をやさしく書き換えたもの、教訓的な内容の詩……こうしたものすべてに人気があった。やや冗長な『薔薇《ばら》物語』は大流行した。これはギヨーム・ド・ロリスによって書かれた寓意物語で、青年が美しい「薔薇」に恋をし、「歓待」「羞恥《しゅうち》」「危険」「理性」「哀れみ」などさまざまな寓意《ぐうい》的人物に励まされたり、邪魔されたりしながら恋の成就を目指して進んでいく物語である。プロヴァンのあるジョングルールの作品である『ギオの聖書』などのように、正しいことを書くよりも、読者を楽しませようという作品も多く現れた。

『狐物語』は韻文で書かれた一連の物語で、一二世紀から一三世紀にかけてフランスだけでなくフランドル地方、ドイツのライン川流域にも広まった。物語は筆写人や書記によって次々と書き写されていき、無数のバリエーションが生まれている。物語の主な登場人物は主人公である狐《きつね》のルナール、狼《おおかみ》のイザングラン、猫のティベール、ライオンのノーブル王である。なかでも人気のあるストーリーを一つ紹介しよう。

狐のルナールは修道院の農場から鶏を盗み出し、井戸を覗《のぞ》き込んだ。そして井戸の底に映った自分の姿を妻のエルメリンだと思い込んでしまう。つるべの片方に乗ったルナールは井戸の底へと降りていくが、到着してみるとそこには水と石があるだけだった。なんとか井戸から出ようと格闘するが、登れないルナール。そうこうするうちに、狼のイザングランが通りがかり、井戸を覗き込む。なんと、井戸のなかに自分の妻エルサンが、そして隣にルナールがいるではないか。イザングランも自分の姿を妻エルサンだと思い込んでしまったのである。一計を案じたルナールはイザングランに呼びかける。僕は死んでしまったのさ。ここは天国なんだ。もしきみがこれまでの罪を告白して、そこにあるつるべに乗ったら、きみも天国の住人になれるよ。ここには家畜小屋いっぱいの牛や羊や山羊《やぎ》がいるよ。農場には太った鶏やガチョウがわんさといる。森には獲物がすずなりさ……。

我慢できなくなったイザングランがつるべに飛び乗ると、つるべはするすると下がりはじめ、反対側のつるべに乗ったルナールはまんまと地上へ戻り、逃げおおせる。次の朝、井戸に水汲《みずく》みにやってきた修道士が、つるべに乗って上がってきたイザングランを発見。イザングランはこっぴどく叩かれてしまうのだった。

『狐物語』には「正義は勝つ」という倫理観はない。ここでは、しばしば邪悪が正義に勝つのである。

新しいフランス文学のなかでもとくに人気があったのが韻文で書かれ、ときに暗誦されたユーモラスな短編「ファブリオ」である。さまざまな階層の人々がファブリオを書き、多くの人々を楽しませた[3]。民話が元になっているものもあれば、生活を直接描いたものもあった。ファブリオに共通するのは、しばしば性的な笑いを含んだユーモアだった。ファブリオには必ず出てくるお決まりの人物像がある。商人はたいてい妻より年上で、妻を寝取られ、ペテンにかけられ、殴られる。若者はたいてい学生で、節約家の商人を手玉にとる。若者のライバルになるのは好色な司祭である。女性は二心があって、好色で、不誠実で、夫から殴られることが多いが、必ず夫をぎゃふんと言わせる。

そして、忘れてはいけないのが宮廷風騎士道物語である。通常は韻文で書かれたが、ときには韻文と散文の組み合わせの場合もあり、なかにはすべて散文で書かれている作品もあった。この分野でクレティアン・ド・トロワに続く存在だったのが、マリー・ド・フランスだ。彼女は宮廷風恋愛を主題にしてさまざまな物語詩を書いた（その作品集をマリーは『短詩《レイ》』と名づけている）。

一三世紀の宮廷風騎士道物語の多くは作者が不詳だが、作品はみな非常に洗練され、細部にわたってリアリティーがあるのが特徴だ。恋愛物語詩『ガルラン』や『鳶《とび》』では、不運な恋人たちが描かれ、最後にハッピーエンドを迎える。また、騎士が活躍し、恋に戦闘にさまざまな冒険を繰り広げる物語もあった。

そうしたなかで最高の作品の一つが、プロヴァンス語で書かれた宮廷風騎士道物語『フラメンカ』である。美しい女性フラメンカと結婚したブルボンのアルシャンボーは、国王夫妻を招いた宴《うたげ》のさい、騎馬槍試合からの帰りに王がフラメンカと親しげにしているのを見てしまう。二人の仲を怪しみ、嫉妬《しっと》にさいなまれたアルシャンボーは髪やひげをかきむしり、唇を噛《か》み、歯ぎしりする。人づきあいを避け、何も手につかなくなった彼は、人の言葉が理解できなくなり、わけのわからないことを口走り、妻を四六時中見張るようになる。アルシャンボー乱心の噂《うわさ》はあっというまに広まり、町はその話題で持ちきりになった。

アルシャンボーの様子はどんどんおかしくなっていく。入浴をしなくなり、ひげは無茶苦茶に刈り取った小麦畑のようになった。ひげをひとつかみして抜き取ったアルシャンボーは、自分の口に放り込んだ。そう、彼はまるで狂った犬だった。嫉妬が、一人の男を完全に狂わせてしまったのである。

フラメンカには残酷な毎日が待っていた。アルシャンボーは彼女に二人の若い従者アリスとマルグリットを伴わせ、塔に閉じこめたのである。そして彼らの様子を台所の壁の穴からのぞいて監視した。三人がこの「監獄」を出してもらえたのは、毎週日曜日と祝祭日に教会に行くときだけだった。アルシャンボーは教会に着くと三人を暗い隅に座らせ、フラメンカの顎のところまで来る分厚い幕で姿を隠させた。姿が見えるのは聖書拝読のさいに立ち上がるときだけで、聖体拝領のために祭壇に進むことも許さず、司祭に彼女たちのもとへ来てもらった。フラメンカはヴェールをとることも、手袋をはずすことも許されなかった。親和の接吻《せっぷん》のための祈禱書《きとうしょ》を持ってくる助手の少年だけが、彼女の顔を見ることができた。

そうして二年がたった。アルシャンボーの館の隣には入浴施設があり[4]、フラメンカの気晴らしのためにアルシャンボーは彼女をときどき連れてきていた。いつもまず建物のなかを調べ、彼女の入浴中は外に立って見張るのである。フラメンカは風呂から上がって帰る準備ができると、鐘を鳴らす。それを合図に顔をのぞかせたアルシャンボーはいつものように彼女をののしった。「いつになったら帰る準備ができるんだ、今年か、来年か？　ここの主人が届けてくれたブドウ酒を飲ませてやろうと思っていたが、気が変わった。今日のようにだらだらと入っているのなら、一年間は風呂に行かせないぞ」

悪いのは自分たちです、奥様のあとに私たちが入浴してしまったものですから、と従者たちは必死で言いすがった。「おまえたちはガチョウに負けないくらい水が好きと見えるな」。アルシャンボーはそう言い放つと爪を噛んだ。

そしてこの物語のヒーローとなる騎士、ギヨーム・ド・ネヴァールが登場する。カールしたブロンドの髪、気高さを感じさせる広くて白い額、黒い曲線を描くまゆ、明るい表情をたたえた黒い瞳、矢柄《やがら》のようにまっすぐな鼻、美しい形の耳、上品で艶《つや》やかな口、かすかにくぼみのある顎、まっすぐな首、広い肩と胸、力強い筋肉、すらりと伸びた膝、自然な曲線を描く優雅な脚、まさに端麗な姿だった。

パリで学び、どこでも学校を開くことができるほど優秀なギヨームは、誰よりもすぐれた読み手であり、歌い手だった。剣術にも長《た》けていた。身のこなしがとても軽く、自分の頭より高いところに挿してある壁のロウソクの火を、足で消すことができた。そのうえ裕福で、貴族のたしなみは——騎馬槍試合、踊り、猟犬や猛禽《もうきん》類を使った狩りなど——すべて身につけていた。

しかも心が広く、つねに求められたよりも高い金額を払い、騎馬槍試合で得た賞金は気前よく手放し、従者に対してもおおらかな態度で接した。そのうえ、最も頭のいいジョングルールよりも歌を作る能力に秀でていた。

騎士の鑑《かがみ》ギヨームは恋をしたことがなかった。だが、彼には、自分が遠からず恋を経験するだろうという予感があった。フラメンカの美貌とその不幸な境遇を耳にした彼は、フラメンカこそ守るべき女性であると心に決め、希望に胸をときめかせてブルボンへ向かった。

そしてくだんの入浴施設に宿をとったギヨーム。部屋の窓からは、フラメンカが閉じこめられている塔を見上げることができる。彼は教会へ行き、祈りのなかでヘブライ語、ギリシャ語、ラテン語を使って神の御名を六二種類も唱え、一同に感銘を与えた。フラメンカが教会に到着し、聖水を受けるべくヴェールを脱いだそのとき、ギヨームにはフラメンカの髪がちらりと見えた。福音書を読むとき、彼女が十字を切ろうと立ち上がり、手袋をはずした手が見えた。ギヨームは心を鷲《わし》づかみにされる。そのあと、司祭の助手を務めた少年が彼女に接吻するための祈禱書を持っていくと、彼女の唇が見えた。ミサのあと、その祈禱書を求めたギヨームは、フラメンカが接吻した同じページに唇を寄せる。

その夜、夢のなかで自分がどうすべきかを悟ったギヨームは、翌日、「一人になりたい」と理由をつけて入浴施設全体を借りきってしまう。すべての人が外へ出たあと、彼は人足たちに命じ、自分の部屋からフラメンカの風呂へ通じるトンネルを掘らせる。次に彼は司祭に取り入って助手の少年をパリへ勉強に行かせ、その代わりに自分がミサの助手を務めることにした。

こうして日曜日ごと、ギヨームとフラメンカは言葉を交わす機会を得ることになる。フラメンカに祈禱書を持っていったギヨームは、「ああ！」とため息をつく。翌週、フラメンカは尋ねた。「なぜ、ため息をおつきになるの？」。その次の週、ギヨームは答える。「死ぬ苦しみを味わっているからです」

その週の間にトンネル工事は完了した。日曜日、彼女は尋ねた。「何の苦しみ？」。祈願日にギヨームは答える。「恋の苦しみです」。次の日曜日にフラメンカは「誰への？」と尋ね、聖霊降臨日にギヨームは「あなたへのです」と答える。次の週、フラメンカはおずおずと口にした。「私はどうすればいいのでしょう？」

フラメンカの聡明さを称え、ギヨームは「情け深い主なる神」に誓った。あなたがフラメンカを私にくださるなら、私はフランスでのすべての収入と橋梁《きょうりょう》建築の兄弟団を教会に捧《ささ》げます。天国での席がなくなってもかまいません。

二人の対話は続いた。「私を癒してください」とギヨームが訴えると、聖ジャンの日にフラメンカは「どうやって?」と尋ね、祈禱書を手にとり、自分の指でギヨームの指をなでる。日曜日にギヨームは答える。「私は答えを知っています」。フラメンカは従者たちの助言に従って「では、その答えのとおりに」と答える。ただ、そんなにやすやすと言いなりになるのは恥ずかしいことではないかしら、と不安になるのだった。

翌日、ギヨームは入浴施設の主人夫婦を呼び戻した。教会では、ギヨームとフラメンカが互いをそっと見つめ、ギヨームが口を切った。「答えのとおりにいたしました」

それから一ヵ月を費やして、次のやりとりが交わされた。「私はどうすればよいの?」「あなたは行くのです」「どこへ?」「風呂へ」「いつ?」「近いうちに」。従者たちは急《せ》かしたが、フラメンカは迷った。とうとう彼女は従者たちに宣言する。「私は『はい』と答えます。そうしなければ、もう生きていけませんから」。そしてフラメンカはぱったりと倒れた。様子を窺《うかが》っていたアルシャンボーが冷たい水を持って走り込んできて、彼女の顔にかける。そこでフラメンカはアルシャンボーを説得にかかった。身体の調子が悪いから、風呂に行かせてください、と。そして次の日曜日、フラメンカはギヨームに向かって一言、「はい」と答えたのだった。

いつものようにアルシャンボーは三人の女性を連れて風呂へ行き、風呂に入った三人は戸にかんぬきをかけた。そのとき、ギヨームがトンネルの入り口を塞ぐ石を持ち上げ、ロウソクを手に姿を現す。思慮深いギヨームは、フラメンカの従者アリスとマルグリットのために二人の友人オトとクラリを伴っていた。それから丸々四ヵ月間、六人の恋人たちは密会を続ける。彼らは本当に幸せだった。

フラメンカは強くなった。彼女は夫に近づき、今までと同じように振る舞うからこの幽閉を解いてほしい、と要求する。夫は同意し、顔を洗い、彼女の「牢番《ろうばん》」として振る舞うことをやめ、再びこの世の勇者となった。遠からずフラメンカは高貴なご婦人方や騎士たちに囲まれる生活を送るようになり、風呂に付き添う人数も最低で七人となった。彼女はギヨームを遠くへやり……[5]

原注

（1）パリの一二九二年の直接税台帳には、本屋が八軒、製本屋が一七軒、写本彩飾師が一三人、書記兼筆写人が二四人掲載されている。少なくともパリでは、本屋の主人のほとんどは居酒屋の主人でもあった（ニコラ・ラングロワ『本屋と居酒屋』より）。一三二三年には、本屋は二八軒になっている。

（2）ソルボンヌには一二九〇年に一〇一七冊、一三三八年に一七二二冊の書籍があった。ほかの図書館も同じような拡大を見せており、可動活字（一文字一本の活版用の活字。一五世紀にグーテンベルクが考案）が生まれる経済的な基盤が整いつつあったことがうかがえる。

（3）「ファブリオ」は野卑なジョークが有名だったことから、かつては貴族以外の階層の人々だけが書いたものとされていた。だが、今ではそうではないと考えられている。
（4）この物語の舞台となったブルボン・ラルシャンボーには、今も温泉がある。
（5）この物語の写本は、一三世紀に書かれたものがバラバラになった状態でカルカソンヌに一つだけ残っている。物語はこのあとすぐにいきなり終わっている。著者がこのあと話をどう展開させ、どのような結末にもっていこうとしたのかは不明である。

第十三章　中世演劇の誕生

天国は高い位置に作ること。幕と絹の布を周囲に吊り下げるように……。それから、ダルマチカ（訳注—助祭が着る祭服）を着た神が登場し、アダムとイヴが彼の前に引き出される。アダムは赤のチュニックを着て、イヴは白のローブに、白い絹の外套《がいとう》姿。そして、二人とも神の像の前に立つ……。それからアダムは落ち着いてしゃべるように、またしゃべる内容と身振りが合うように、よく訓練すること。不要な発音を一つ入れることも、必要な台詞《せりふ》一つ落とすこともいけない。しっかりとわかりやすく発音し、与えられた台本どおり演じること。

——『アダム劇』の演出指示を書いた覚書より

一三世紀半ば、市民たちの楽しみとして復活していたのは本だけではなかった。演劇が息を吹き返していたのである。ギリシャやローマ時代の演劇文化は暗黒時代に失われていたが、まったく新しいタイプの演劇が、意外なことに教会のなかで育ちつつあったのだ。

クリスマス前夜に暖炉で大きな薪《まき》を焚《た》くユールログ、五月祭の悪ふざけと花輪、告解火曜日におこなわれる生徒たちの遊びなど、キリスト教の祝祭日のなかには異教徒的な香りが残るものが多かったし、信仰の場にふさわしくないような数々の習慣も教会はずっと許容してきていた。無辜《むこ》聖嬰児《せいえいじ》（訳注―イエスの誕生を恐れたヘロデ王が命じて殺した嬰児）の祝日には、聖歌隊の少年たちが司教や聖堂参事会長をはじめとする大聖堂の職員たちと入れ替わってミサを遂行し、たいまつ行列を先導した。割礼祭（訳注―キリストが誕生の八日目に割礼を受けたことを祝うもの）にはもっと奇妙な光景が教会のなかで繰り広げられた。下位聖職者たちがロバを一頭、教会のなかに引き入れ、祭壇の前でブドウ酒を飲み、ソーセージを食べ、祭服を表裏さかさまに着て、祈禱書《きとうしょ》もさかさまに持ち、ロバの鳴き声がするなかでミサを厳粛に進めていくのである。彼らは町中で歌い、踊ったが、そのさいには年寄りの教区民が腰を抜かすような歌が選ばれることも多かった。

　演劇の再興に結びついたのは、このようにキリスト教の祝祭のなかにあった異教徒的な精神だった。ミサ、とくに復活祭および降誕祭のミサで使われる交唱歌に言葉や旋律を加えていった（加えられたものを「トロープ」という）ことが、中世演劇誕生の端緒《たんしょ》となった。九世紀には、復活祭のミサの冒頭に一つのトロープが挿入された。墓の前にいる三人のマリアと天使の間で交わされる会話を、聖歌隊を半分に分けるか、ソリストと聖歌隊のかけ合いで歌っていくのだ。

「墓のなかに誰を探し求めているのか」という台詞で始まるこのトロープは、ほどなく復活祭の朝課（真夜中の祈り）の最後に移され、衣裳《いしょう》をつけ、小道具を持って演技もするようになった。その次には、昔からの儀式が組み込まれた。復活祭の前の聖金曜日に十字架を布にくるみ、祭壇の近くに設置された小さな石造りの墓に納めるのである。墓は遺言に従って裕福な市民や貴族の墓所の上に設置されることもあった。明かりが灯され、復活祭の日を迎えるまで、徹夜の祈りが捧《ささ》げられる。日付が変わり、朝課をおこなうさいに十字架を祭壇の上に置く。キリストの復活の象徴だった。「誰を探し求めているのか」はこの儀式の最後にクライマックスを演出した。十二弟子のペテロ、ヨハネとマグダラのマリアが登場する新たな場面も付け加えられた。

一三世紀には、この劇は復活祭の朝課の終わりにおこなわれていた。天使役の司祭が白い祭服に身を包み、シュロの葉を手に静かに墓へと近づいていく。そこへ三人のマリアが――それぞれ司祭が演じている――二人は白い服を、一人は赤い服を着て（赤い服がマグダラのマリア）、頭にヴェールをかぶり、香炉《こうろ》を焚きしめながら、悲しげに、ためらいながら、何かを探している様子でやってくる。そして対話が始まる（ラテン語で歌われる）。


天使（やさしく）「おおキリストの信者たちよ、墓のなかに誰を探し求めているのか？」

三人のマリア「ナザレのイエスです」

天使「主はそこにはおられない、主は預言されたごとく、よみがえられたのだ。行け、そして主が墓からよみがえられたことを告げよ」

三人のマリア（聖歌隊の方を向いて）「ハレルヤ、主は今日、よみがえられた！」

天使（三人を呼び戻して）「こちらへ来て、その場所を見よ」（彼は立ち上がって墓を覆っ

ていた布をとり、イエスを象徴していた十字架がないことを示す)

そこへ十二弟子のペテロとヨハネが現れる。ペテロは赤い服を着て鍵を持ち、ヨハネは白い服を着て、シュロの葉を持っている。福音書にあるとおり、ヨハネはペテロより先に墓に到着するが、ペテロが先に中に入る。寝ずの番のあいだ十字架が包まれていた墓の布をペテロが持ち上げると、二人の弟子と三人のマリアの間で言葉が交わされ、「主は墓からよみがえられた」という交唱を締めくくりとして墓の布を祭壇の上に置く。

マリアのうち二人はその場を去るが、マグダラのマリアはその場に残る。するとよみがえったイエスが彼女の前に姿を現す。最初、彼女はその姿を園《その》の番人だと思い、泣きながら近づいていく。ところがイエスは「私に触ってはならない!」と警告する。すべてを悟ったマリアはあっと叫んで地にひれ伏す——劇のクライマックスである。

劇は勝利の賛歌「神よ、我らはあなたを称える」で終わりを迎える。最後にはすべての鐘がいっせいに打ち鳴らされる。

降誕祭の劇も「飼《か》い葉桶《ばおけ》のなかに誰を探し求めているのか」というトロープで始まり、同じように展開していった。当初は聖歌隊を二つに分けて歌うだけだったが、そのうち演劇化した。東方の三博士によるベツレヘム来訪の場面が加えられたのである。最終的にはヘロデと博士たちが会う場面も挿入された。ヘロデは中世の劇で初めて「個」としての明確なキャラクターを与えられた役だった。ヘロデ役は花形であり、その凶暴な性格づけに、演劇が育っていくきざしが見られた。無辜の赤ん坊虐殺とラケルの嘆きが加わり、降誕祭の劇は一つの作品として完成している。

降誕祭のころには『預言者たち』という劇が演じられることもあった。この劇は復活祭や降誕祭の劇のように交唱歌から生まれたものではなく、聖アウグスティヌスがおこなったとされる説教が元になっている。その一部は降誕祭のミサのなかでしばしば引用されていた。

この説教では、読師（訳注―聖職位階のひとつ）がユダヤ人たちに、彼らの預言者の口からイエス・キリストの降臨を証言させるよう、求める。そしてイザヤ、エレミヤ、ダニエル、モーゼ、ダビデ、ハバクク、シメオン、ザカリヤ、エリザベト、バプテスマのヨハネを呼び出し、それぞれに順に語るように促すのである。その内容は、当初はただ読み上げるだけだったものが、司祭と預言者たちとの間で交わされる演劇タッチの会話へと変化していき、そこに「バラムとロバの小劇」（訳注―旧約聖書民数記に登場するエピソード）も加わった。

バラムはロバに向かって言う。「なぜ前に進まないのだ、強情なけだものめ。拍車でおまえの肋骨と腹を蹴破《けやぶ》ってやろうか」。するとロバ――聖歌隊の少年がロバの皮をかぶって扮《ふん》している――が答える。「剣を持った天使が私の前に立ちふさがっています。私は道を誤ることを恐れているのです」

この預言者劇は降誕祭のもともとの劇の最後に付け加えられることもあったし、少年司教、悪魔、ユダヤ教を皮肉った滑稽《こっけい》なアーチ形のシナゴーグ、そして聖アウグスティヌスみずからが舞台に登場するパターンもあった。

このように教会から生まれ、ミサの一環として歌われた小劇は、すべてラテン語でおこなわれたため、聖職者以外のほとんどの信者は言葉がわからず、見た目で理解するしかなかった。しかし、一二世紀になると、いくつかの劇で現地語の台詞が登場するようになる。たとえば、アベラールの弟子ヒラリウスの『ラザロの復活』や、中世演劇の最高傑作の一つ、ボーヴェの『ダニエル劇』などである。

現地語を台詞に加えていくという新機軸が人気を博したことが、一二世紀後半に登場した全編がフランス語で書かれた（少なくとも現存しているかぎりで）最古の戯曲『アダム劇』へとつながっていったことは間違いない。

一三世紀を通じて復活祭で広く演じられた『アダム劇』では、ラテン語が使ってあるのは舞台指示といくつかの書き加え部分のみである。教会儀式からの独立を象徴するかのように、この劇は教会を出て、屋外で上演され、教会の階段に設営された台を舞台とすることで、教会の建物自体を神の住居と見立てる演出が可能になった。韻文の台詞は交唱されるのではなく、暗誦《あんしょう》された。

最初の場面は花や緑が一面に広がり、木々の枝には果実が実っている天国である。神を抽象化した像が登場し、アダムとイヴがその前に連れてこられる。アダムは赤のチュニック、イヴは白のローブに白の外套姿である。神の前に立つ二人。アダムは静かな顔つきをしており、イヴはアダム以上に控えめな様子である。

聖書がラテン語で読み上げられる。「はじめに神は天と地とを創造された。そして自分のかたちにかたどって人間を創造された」。すると聖歌隊がラテン語で歌う。「神は土のちりで人を造り、命の息をその鼻に吹きいれられた。そこで人は生きた者となった」

次にフランス語で対話が始まる。神はアダムとイヴになすべきことを教えて二人をエデンの園へ連れていき、食べてはいけない果実を教え、教会のなかへ退いていく。残された二人は楽しげにエデンの園を歩きまわる。

そこへグロテスクな衣裳をまとった悪魔の手先たちが舞台に走り出てきて、隙を見てはエデンの園に近づき、悪がしこくイヴを禁断の果実へと誘っていく。悪魔本人が現れ、アダムと向き合い、禁断の果実を摘むように誘うが、アダムは揺るがない。悪魔はがっかりした面もちで地獄への扉へ退却していき、仲間たちと相談を始める。次に悪魔は観客のなかへ飛び出していって観客たちを沸かせ、再びエデンの園へ戻ると、今度はイヴを誘う。笑顔を浮かべながら悪魔は、おまえはアダムよりずっと賢明だ、とおだてる。アダムは少し頭が固いわ、とイヴは答える。「アダムが地獄より固かろうとも、彼は柔軟になるであろう」と悪魔は約束し、イヴの美しさをほめ称える。「おまえは優雅でやさしい、薔薇《ばら》のように潑剌《はつらつ》とし、水晶のように透き通っている……。おまえはやさしすぎ、アダムは固すぎる。だが、おまえはアダムよりずっと賢く、勇気がある……」

イヴは抵抗する様子を見せ、悪魔は去っていく。この様子を見て不審に思ったアダムは、悪魔の言葉に耳を傾けたイヴをなじる。すると、禁断の木の幹の脇《わき》に蛇が登場する。イヴは耳を蛇の口元に寄せたあと、禁断の果実を採り、アダムに手渡す。それを食べたアダムは罪を犯したことに気づき、膝《ひざ》をついて崩れ落ちる。幕の後ろの、観客から見えない位置でアダム役は赤のチュニックを脱ぎ、イチジクの葉をつづり合わせたものを腰に巻く。

神が再び姿を現したとき、アダムとイヴはエデンの園の隅に隠れた。神に呼ばれて立ち上がったものの、恥ずかしさでうずくまり、すすり泣く。二人は罪を告白し、アダムは自分が罪を犯したのはおまえのせいだとイヴを責め、イヴは蛇を責める。神は二人と蛇を厳しく叱《しっ》責《せき》すると二人をエデンの園から追い出し、白い衣裳をまとい、輝く剣を持った天使にエデンの園の門を閉じさせる。そして神は教会のなかへと退いていく。

アダムは鋤《すき》を、イヴは鍬《くわ》を手にとり、二人は地を耕し、小麦を蒔《ま》く。種を蒔いたあと、二人は腰を下ろして休息し、エデンの園の方角を見てすすり泣く。こうして二人の気がそれている間に悪魔がこっそりと忍び寄り、二人の土地にサンザシとアザミを植え、逃げていくのである。サンザシとアザミに気づいた二人は悲嘆に暮れ、大地に身を投げ、胸を叩《たた》き、アダムは再びイヴを責める。

ここで悪魔が三、四人の手下を連れて再び登場する。彼らの手には鉄の鎖と足かせが握られており、アダムとイヴの首に鎖をかける。不幸な二人は地獄（舞台の下）へと引っぱっていかれる。地獄では、悪魔の手下たちが破滅した二人を大喜びで迎える。煙が立ちのぼるなか、悪魔たちは歓喜の声をあげ、やかんや壺《つぼ》を砕き、舞台を跳ねまわる。

ここが観客の一番喜ぶ場面だった。そのあとに短い幕が二幕続いた。一つは、カインとアベルの話で、やはり最後には地獄へ引きずっていかれ、悪魔たちはカインを打ちのめす一方、アベルに対してはもう少しやさしく接する。最後に『予言者たち』の短いバージョンが演じられて、お楽しみは終わりとなる。

演劇を教会から独立させる動きをもう少し進めたのが、北フランスのアラス出身のトルヴェール、ジャン・ボーデルだった。一三世紀はじめに書かれた彼の『聖ニコラ劇』は、ボーデルが崇拝していた聖ニコラの伝説の一つに基づくもので、金持ちの男の宝物《ほうもつ》を盗賊が盗み、それを聖ニコラが取り返すという話である（ここでの「金持ちの男」は、異教徒の王で、荒々しい言葉と仕草が特徴的なヘロデ的な存在となる）。ボーデルはこの単純なストーリーをもとに、登場人物それぞれの個性がくっきりと彩られた演劇を作り上げた。盗賊たちには、それぞれの役柄にあった独創的な名前が――「かちり」「かみそり」など――つけられている。

ボーデル作といわれているもう一つの作品『アラスのクルトワ』は、聖書に出てくる放蕩《ほうとう》息子の譬《たと》え話を、アラスを舞台に翻案したものである。ボーデルのこの二作品は一三世紀の町の通りや居酒屋が舞台となり、宿屋の主人や盗賊など当時の人々の姿が生き生きと描き出されたものだった。

演劇が教会の外で演じられるようになり、観客が理解できる言葉が使われるようになり、演じられる内容が宗教色の薄いものへと変化していくにつれ、演劇は狭いゆりかごを出て、より広い世界へと歩きはじめた。(1) これからも長い間、「信仰」を大きなテーマとして引きずることにはなるのだが、この時期、中世演劇が自分の足で立ち、独立した芸術としての道を歩きはじめたのは間違いない。

原注

(1) 聖史劇(『アダム劇』のように聖書からとったもの)においても、奇跡劇(『聖ニコラ劇』のように聖人の伝記を描いたもの)においても、世俗的な要素と喜劇的な要素が増えていった。ヘロデはメロドラマに出てくるような悪役となっていき、マグダラのマリアは聖書に登場する以前の人生が描かれ、聖書に端役として登場する人々は喜劇的なキャラクターに描かれるようになっていった。そしてついに、劇は完全に世俗のテーマを扱うようになる。アダン・ド・ラ・アルの『ロバンとマリオンの劇』はロビン・フッドの物語を下敷きにした作品で、一二八三年にナポリの宮廷で上演された。台詞と歌と踊りがちりばめられたこの作品は、最初の喜歌劇とされている。

一四世紀になると、ギルドや組合が宗教劇を上演するようになり、そのさいは聖書の場面をそれに合った職業に置き換えて上演した。たとえば、海上の嵐の責任をとらされ、犠牲として海に投げ入れられて大魚に呑まれるが、のちに陸上に吐き出されたヨナの物語は魚屋の物語に、水をブドウ酒に変えたイエスの奇跡がおこなわれたカナの婚礼の物語はブドウ酒商人の物語に、ノアの箱船を造る物語はしっくい職人の物語に、最後の晩餐はパン屋の物語に、という具合である。一四世紀後半には、イングランドのチェスター、ベヴァリー、ロンドン、ヨーク、コヴェントリーで、聖書の重要な物語を連続して展開していく聖史劇が生まれた。これらの劇に登場する役者たちはアマチュアだったが、給料が支払われていた。ヨークでの会計簿には次のような記述がある。「『神』に二〇ペンス、『悪魔』に二一ペンス、『雄鳥の鳴き声』のファウストンに三ペンス、『良心の呵責』二人に一七ペンス」。一六世紀のイギリスの作品『エヴリマン』のように人物が「美徳」「悪徳」など抽象化された存在として登場する教訓劇は、一五世紀に広がっていった。

第十四章　災　厄

その年、疫病が国を襲った。多くの者は体の内側から
聖なる火に焼きつくされた。彼らの体は腐った。内臓は
石炭のように黒くなった。彼らは惨めに死んでいったが、
もっと悲惨なのは、両足や両手を壊疽《えそ》で失っても生きつづけることだった。
最後には多くの者が神経の萎縮《いしゅく》に、冷酷に痛めつけられることとなった。
――シュジュベール・ド・ジャンブルー（訳注―一一世紀半ばから一二世紀にかけて生きたベルギーの編年史家）

一二五〇年当時のトロワの住民に、一一八〇年代を経験している者はほとんどいない。しかし、誰もが当時の話を聞いたことがあった。トロワでは一一八〇年代の八年の間に、中世の都市が悩まされた典型的な災害五つのうちの三つに襲われたのである。一一八〇年、セーヌ川が決壊し、トロワの年代記に記されているなかで最悪の洪水が起こった。通りや家々は水浸しになり、多くの人命と動物が犠牲になった。その四年後、シャンパーニュ地方の農作物の不作が原因で、飢饉《ききん》が起こる。トロワがそれまでに経験したなかで最悪のものの一つだった。そして一一八八年のある夜、ノートルダム女子大修道院にほど近い、大市《おおいち》の開催区域

で、火災が発生した。水路を越えて旧市街へと広がり、大聖堂と新しいサン・テティエンヌ教会を焼きつくした火は、シャンパーニュ伯の宮殿に損害を与え、公共浴場を完全に破壊し、数百軒の家を焼き、大市用のたくさんの商品を灰にした。

繰り返されるこうした災害に対する予防措置は、まったく不十分だった。農作物の収穫量に余裕はなく、まともな備蓄システムを組み立てるのは不可能だった。領主たちにすら、飢饉を乗り越えられるだけの穀物をとっておく余裕はなかったのだ。一一八四年の飢饉のさい、サン・ルー大修道院に対して略奪行為を働くところまで追いつめられたブリエンヌ家の子孫（十字軍で活躍している）は、のちにこう言っている。「やるべきではなかった。だが、城の食糧のためだった」

食糧難になったとき、まず登場するのは噂《うわさ》であり、買いだめであり、闇取引である。平常時なら、穀物の値もパンの値も統制されており、丸い形のパン一塊の大きさや重さまで決まっていた。しかし、パンに使う原料を規格よりも減らすなど、パン屋にはいろいろな奥の手があり、穀物があまり仕入れられないとなると、すぐにその手段を使った。もっとあくどいのは買い占め屋で、一人が買える穀物量を規定した法律をかいくぐり、穀物が都市の市場に出回ってしまう前に農家から直接買い上げた。これに対して当局は厳しい対抗策をとり、食糧不足が深刻で長期化するときには買い占め屋は絞首台にぶら下がることになった。

飢饉になると、聖職者は大聖堂の聖遺物を陳列した。教会の戸口へたむろする貧者の数は増えていき、教会へ向かう人は口々に窮状を訴えながら手を伸ばしてくる人波をかき分けて前に進まなくてはならなかった。

飢饉はしばしば疫病を蔓延《まんえん》させた。単に冬が厳しかっただけでも、都市の多くの住民は得体の知れない病気のえじきとなった。聖王ルイ九世率いる十字軍がエジプトに駐留している間、多くの兵士が犠牲となった壊血病もその一つである。皮膚や口、肺、その他の臓器の流行病は、シュジュベール・ド・ジャンブルーが一〇八九年のシャンパーニュとフランドルについて記載しているように、気まぐれな周期で何度もやってきた。一四世紀になると、人々は黒死病の大流行を経験することになる。黒死病は、それまでの伝染病とは比べものにならないほど悲惨な結果をもたらした。

洪水については、内陸部に位置するトロワは大きな川のそばや海岸沿いにある都市に比べればましだった。オランダの各都市は堤防があったにもかかわらず、何度も水害に遭った。寄せては返す波は、堤防の弱いところや低いところから浸入し、あっというまに決壊箇所を大きくしていく。一三世紀にオランダで起こった洪水では、五万人を超える死者が出ている。

照明や暖房用の炎に覆いがなかった当時、火事は一年中、都市のどこに起こってもおかしくなかった。木造の住居や店が密集し、隣家と境界壁を共有していた当時の環境は、炎が燃え広がるうえで実に好都合だった。藁《わら》屋根や木造煙突は禁止されていたが、そんな基本的な予防措置さえ、徹底させるのは困難だった。防火には境界壁を石造りにするのが一番だったが、石を使って建てられるのは金持ちだけだった。桶《おけ》に砂や水を入れては火にかける方法も、初期消火には効果があったが、火がいったん家具や床、壁に燃え移ってしまうと、もはやなすすべはなく、祈りを捧げ、桶をたくさん並べて延焼を防ぐしか手はなかった。湿気の多い時期で風向きがよければ、二、三軒が燃えるか、通りが一つ被害に遭うくらいですむこともある。しかし、乾燥した時期で、風が強ければ、風向きによっては町の多くの部分が壊滅的な被害を受けることになった。

一一八八年の大火を記録した年代記には、その直前にトロワに悪魔が現れ、司祭がガラス瓶に入った聖水で退治した、という記述以外に詳しいことは記されていない。だが、カンタベリーの修道士だったジェルヴェーズが一一七四年に、ある火事について臨場感あふれる記述を残している。

南風がとてつもない激しさで吹きはじめてから九時間ほどたったころ、火事が起こり……その火事で三軒の家が半焼した。市民たちが集まり、火を消そうとしている間に、燃えがらと火花が風で空中に舞い上がり、教会の上に落ち、鉛の屋根の継ぎ目部分へと入っていった。そこには古い垂木《たるき》があり、すぐに火がついた。そこから火はもっと大きな梁《はり》やかすがいへと広がっていったが、この時点ではまだ誰も気づいていなかった……。

梁やかすがいが燃え、炎は傾斜した屋根へと燃え広がった。高まる熱に鉛の板が曲がり、溶けはじめた。こうして荒れ狂う風はもっと大きな入り口を見つけ、火の勢いを強めた。姿を現しはじめた炎に、教会の庭から叫び声があがる。「教会が火事だ!」

それから住民や修道士たちが急いで集まってきた。水を汲《く》み、手斧《ておの》を振りまわし、階段を駆け上がる……誰もが教会を守ろうと必死だ。だが、悲しいかな、もう手遅れなのだ。屋根にたどり着き、黒い煙と焦げつく炎が一面に広がっているのを目の当たりにしたとき、彼らはもうどうしようもないことを悟って消火活動をあきらめた。今度は自分の身が危ない。彼らは急いで下へと向かった。

梁をつないでいた釘《くぎ》がゆるみ、半分燃えた木材が内陣へ落ちてくる。内陣にある修道士たちの座席には大量の木材が使われており、そこに火がつく。こうして被害はどんどん広がっていった……。

今や人々は教会の装飾物へと走り、祭壇布やカーテンを破りはじめる。教会の財産を守ろうとしてやっている者もいれば、盗むつもりの者もいる。聖遺骨箱が高い梁の上から投げ落とされて壊れ、中身があたりに飛び散る。だが修道士たちはそれを集めて、火から守ろうとするのだった……。

内陣が燃えただけでなく、医療室も、聖マリアの祭室も、中庭にあったいくつかの執務室も燃え落ちた。教会の多くの装飾品や品物が灰となってしまった。

平時の災害も大きな脅威だったが、当時は「戦争」もいつ起こってもおかしくない「災害」だった。戦時には、都市住民は村に住む農民たちよりも恵まれた立場となった。軍は攻め込んできたとき、持って帰れないものには何でも火をつけてしまう。だが、トロワのように城壁があると、そうした略奪行為をほぼ確実に防ぐことができた。一二三〇年、押し寄せた諸侯ピエール・モークレールとユーグ・ド・リュジニャンの軍は、トロワの城壁を破ることができなかった。城攻めの道具や飛び道具を大量に揃えた強力な軍勢でさえ、城壁を突破して市中に入るのには苦労した。諸侯が自分たちの軍隊を戦地にとどめておくことができるのはせいぜい一ヵ月か二ヵ月までである。封臣たちの兵役をそれ以上延ばすことはできなかったし、傭兵部隊は非常に高くつくので、よほど裕福な領主が、何かよほど重要な目的――たとえば十字軍など――のために兵を出すときくらいしか使えなかった。そこで通常、攻撃する側は圧倒的な兵力を集めて城壁の多くの箇所にはしごをかけ、一気に登っていくか、強力な攻城兵器を用意して城壁や門を破壊するか、そのどちらかの手段をとった。第三の手段として――土壌が適しており、守る側の警戒態勢が甘ければ、の話だが――坑道《トンネル》を掘る方法もあった。

圧倒的な兵力を集める方法は、相手の守備隊が弱い場合に多用された。トロワのように一万人もの市民を擁する都市の場合、大規模な軍隊を相手にしてもなかなか負けるとは考えがたい。なぜなら、全長二キロにもなる城壁の各所に昼夜を分かたず警備の者を配置しても十分やっていけるだけの頭数があるからである。攻撃側が「城」と呼ばれる板に身を隠しつつ近づいてきて、城壁のまわりの濠《ほり》を埋めようとしたり、壁にのぼるためのはしごを設置しようとしたら、守備兵はすぐにその地点へ集結することができる。壁が非常に高く、円筒形の塔を持っている場合は、矢を使うにしろ、ほかの飛び道具を使うにしろ、守る側が圧倒的に有利だった。攻めてくる側の「城」に向かって可燃物を投げ落とすことができたし、万一部隊が押し寄せてきて壁に足をかけても、城壁の前のスペースはつねに視界がきいたから、近くの塔から攻撃して仲間から孤立させることが可能だった。城壁をよじ登ってくる輩《やから》に対しては、突き出した塔から側面攻撃をしかけた。

ローマ時代の旧式の攻城兵器はめざましい進歩を遂げていた。ローマ人は動力として張力と「ねじれ」の力だけを使っていたが、中世の軍事技術者たちはそこへ平衡力を加えることで、より強い威力と、正確さを獲得したのである。新しい投石器はてこの原理を利用し、長い腕木と旋回軸、平衡錘《へいこうすい》を組み合わせ、旋回軸を支点に両側に腕木と平衡錘がつけてあった。旋回軸は全体の長さから見て、平衡錘側に近い場所（四分の一の距離）に設定してあった。石を飛ばすときには、腕木を引っぱりおろしてその先の三角巾の形をした石入れに石を設置し、木の留め金を掛けて固定する。平衡錘側には楔形の鉄や石のおもりをつけた。留め金をはずすと平衡錘が落ち、その勢いで腕木の先についた石が飛んでいった。改良型の投石器では、平衡錘と旋回軸の距離を自由に動かせるようになっており、この調節によって射程距離を変えることができた。こうして、腕のいい者なら相当な正確さで相手側に打ち込めるようになったのである。飛ばすものとしては、通常は重い石が使われたが、ほかに燃えやすい材質のものや、ときには敵の頭部を使うこともあった。なかには人がロープを引っぱって動かす単純な投石器を好む経験豊富な者もいた。こちらは射程距離と正確さでは劣るものの、移動がいたって簡単で、敵の防護が弱いポイントに一気に兵器を集中させて攻めることができた。

もっとも、飛び道具は、攻撃側だけが持っていたわけではない。トロワの城壁の塔の地下室には、数多くの兵器が分解された状態で置いてあり、いつでも組み立てられるようになっていた。また、飛ばすための石も大量に保管してあった。

パチンコ式の飛び道具が石の壁に対してどの程度有効かは、壁によりけりだった。芯《しん》を土で作り、ぞんざいに砕石した石を外側に薄くつけただけの古い城壁は、粉々に崩すことも可能だった。しかし、荒石を芯にして、その両側に平行に走らせた溝にしっかりと石をはめ込んだ質のいい、新しい城壁はどんな兵器も寄せつけなかった。それは、少数の手勢しかいなかったのに何度も敵を退けたことで名高い、シリアでの十字軍の城塞《じょうさい》を見てもわかる。

攻撃側の第三の手段、「坑道を掘る」のは、土壌が柔らかいところさえ見つかれば、これに勝る手段はなかった。なかでも城に対してはとくに有効だった。坑道を城壁部分の下へ掘り進めることも、城の本丸の下へ掘り進めることもできたからである。坑道に爆発物などは不要だった。坑道を支えている木造の屋根に火をつければ、坑道自体が「爆発物」となったからだ。木材が燃えれば、その上にあるものは破壊される。シリアでのある戦いでは、サラセン人技術者たちがまず坑道を掘り、幕壁（訳注—二つの稜堡や塔などを連結する壁。防御の最前線）の内側にあった塔を破壊した。しかし守備隊はそれ以降の攻撃を首尾よく退け、塔のがれきの上に再び壁を築いた。するとサラセン人は城の内側へ、それも本丸の真下へと坑道を掘り、フランク人を呼び入れて、彼ら自身の技術者に調査をさせた。坑道を燃やせば本丸にある程度の打撃を与えられる、という報告をフランク人の技術者がしたとき、騎士たちは「開城し、城をサラセン人に引き渡す」という条件で降伏に同意したのだった。

坑道に対抗する方法は抗敵坑道を掘ることである。一二五〇年当時から数えて一〇年前、カルカソンヌで記憶に残る「坑道」対「抗敵坑道」の果たし合いが繰り広げられた。カルカソンヌの役人ギヨーム・デ・オームは、ベジエの副伯レイモン・トランカヴェル率いるアルビジョア派の反乱軍が、自分たちの攻城兵器がほとんど役に立たないのを知って、坑道を使った攻撃に転じたと記している。

反乱者たちはナルボンヌ（原文ママ）の門の物見やぐらに向けて坑道を掘りはじめた。地下で作業をする音が聞こえはじめてすぐ、我々は抗敵坑道を作りはじめた。物見やぐらの内側に大き

都市の包囲攻撃の図。中世の要塞都市カルカソンヌの復元・補修に携わった19世紀の建築家ヴィオレ・ル・デュクがスケッチしたもの。攻撃側が外壁の下に「坑道」を掘って壁の破壊に成功した様子がわかる。防御側は壁が破られた部分に急いで木材で要塞を造って対抗した。

くて頑丈な石の壁を建設したのである……彼らが坑道に火を放って、木造の部分に燃えうつり、物見やぐらの前面の一部が焼け落ちたが、やぐらの半分は残った。

　すると彼らはほかの小やぐらに向かって、また坑道を掘りだした……。これにも対抗して坑道を掘り、彼らが掘った穴の半分はこちらが確保した。そこで彼らは我々と壁の間に坑道を作り、矢《や》狭間《はざま》（訳注―内側が朝顔形に広がった開口部）を二ヵ所破壊した……しかし、我々はそこに、我々と彼らとを隔てる強固な柵を設置した。

　彼らは市壁方向（司祭の宮殿の近く）へ坑道を掘りはじめた。そして遠くから徐々に掘り進んで、ある壁のところまできた。しかし、そのことを察知した我々は彼らとの間に丈夫で強い柵を高く築き、抗敵坑道を掘った。すると敵は自分たちの坑道に火をつけ、矢狭間が設置されている我々の壁は六〇立方メートル程度にわたって破壊された。しかし、我々はやぐらと狭間を備えた、すぐれた別の柵を急いで作ったので、その区域では敵は誰も我々に近寄ることができなかった。

　彼らはまた、ロデズ門の物見やぐらに向かって坑道を掘りはじめた。我々の城壁にたどり着くべく、地下をずっと掘り進め、大きなトンネルを作った。だがその動きを察知した我々はただちに二ヵ所に柵を構築した。また対抗して坑道を掘り進めると、地下の坑道を掘り進めてきた彼らと鉢合わせした。

結局、攻撃側は市外の複数の家屋の地下室から、合計七つの坑道を掘った。物見やぐらを急襲しようとする最後の試みは失敗に終わり、王の援軍が近づいてきたことで、トランカヴェルは包囲を解いた。

ここまで徹底的に争ったのは、例外的なケースである。一三世紀に多かった小戦闘では、城壁を持つ都市なら敵軍が近づいてきたときに門を閉めるだけで十分安全を確保できたのである。

第十五章　市　政

「私は優秀な法学者です」とルナールは言った。「しかもしばしばクロをシロ、シロをクロと言ってきました。それが好都合だったのでね」
　　――『狐物語』

個人の自由は相当認められている。自治の度合は地域によってさまざまである。民主主義はほとんどない――それが中世の都市だった。都市の持つ特許状の多くは一二世紀に作成されており、その内容は封建制度下において提供を求められたさまざまな義務――たとえば人頭税、労働の提供、領主の必要に応じて課せられる税、結婚税など――からの解放を認め、その代わりに税を現金で支払うことを求めているものが多かった。都市住民の兵役には上限が設定されており、軽微な犯罪については独自の法廷で審理することが許されていた。また、たいていの場合、都市役人の団体（参事会）とその長《おさ》である筆頭役人とを置くことも許されていた。

特許状は原則として市民と領主の間の契約、または、コミューン全体として領主との間で結んだ契約となっていた。

筆頭役人と都市役人たちは同業者組合のトップたちによって（つまり、ギルドの親方たちによって）選出されるか、ある程度の期間を務めたら交代していく形、つまり前任者が退くときに後継者を指名するシステムをとっていた。方法はどうであれ、結果として、領主と利害関係がきわめて近い富裕市民層に市政機構が握られることになった。とくに少数の家が政治権力を独占するケースが多くを占めた。

ヴェネチアでは、総勢四八〇名の市参事会員の半数が二七の家によって占められていた。同じ都市の参事会に何世代にも、ときには何世紀にもわたって代表を出している家系もあった。ラティア家はアラスの参事会員として三〇〇年にわたって君臨しつづけている。都市の経済が複雑化し、通商の国際化が進めば進むほど、少数の家による独占傾向は強まった。ピサでは、一三世紀を通じて、三〇家族が市政を牛耳っていた。

トロワのコミューンには住民すべてが参加していたわけではない。コミューンに属していたのは「第三身分」――商人と職人――に限られていた。騎士は市内に家を持っていてもコミューンに所属できなかった。聖職者――司教、大修道院長、司教座聖堂参事会員、司祭、修道士――も排除されていたが、騎士や聖職者が商売に参入した場合、その人はコミューンに「加わってよい」のではなく、「加わらなくてはいけない」ことになった。コミューンのメンバーは必ずしも市内に住んでいる必要はなく、郊外に住んで市内で商売をしている人もいた。

コミューンの参加者は必ず宣誓をする。聖遺物に誓うのである——敬愛する領主と、その奥方、子供たちの命と財産を一心に守り、男女を問わず誰であれ領主家族に反抗する者に立ち向かい、同時にコミューンのすべての会員に誠実であり、市民に敵対する外国人を支援せず、筆頭役人に従い、市に支払うべきものを支払い、よき、誠実な市民であることを誓います——と。

筆頭役人と都市役人の下には、会計係、書記、下級役人などからなる官僚機構が形成されていた。衛兵は昼夜、城壁や通りをパトロールした。外から攻撃を受けたら、民兵全体が見張りに駆り出される。しばしば特許状には次のように記してあった。「コミューンの誓いを立てた者はすべて、防衛に加わらなくてはならない。病人や虚弱である者、または極貧のために本人みずからが病気の妻や子供の面倒を見なくてはならない者を除いて、誰一人家に残ってはならない」

ほとんどすべての特許状が、領主に対する「軍役」を定めていたが、その条件はさまざまであり、トロワでは、大市の開催期間中は、両替商と大市の商人は兵役を免除されることになっていた。北西ヨーロッパで最古の特許状の一つを持つランでは、提供すべき兵力が「歩兵一二〇人と荷車三台」と、数字で明記してあった。アラスはもっと進んでいて、「歩兵一〇〇〇人」か「三〇〇〇リーヴル」のどちらかを出せばいいことになっていた。三〇〇〇リーヴルというのは、夏の間、歩兵一〇〇〇人を雇うのに十分な額である。多くの都市が兵役提供の上限を特許状に記すことを要求し、地理上、また政治上「ここまででいい」という確約を得ていた。ブレ・シュール・ソーム市民は全面戦争になったときか、信仰のための遠征の場合にのみ兵役につくことを求められ、どちらの場合にも自費で行く限界はランス、シャロン、トゥールネー、パリとされていた。ポワティエ市民はロアール川を越える必要はなかったし、ショモンとポントアーズの市民はセーヌ川またはオアーズ川のほとりまで行軍をやめてよいことになっていた。

一二五〇年ごろになると、軍事的な奉仕に関して新しい展開が出てきていた。無産者たちの不満が増大してきたため、多くの都市では武器の保有を富裕層に限るようになってきたのである。トロワでは、「二〇ポンド」分の資産を持っている市民に限り、石弓一つと太矢五〇本の所有を許可した。

特許状には「個人に自由を与える」面と「自治を許す」面という二つの側面があったが、はるかに重きがおかれたのは個人の自由のほうだった。そのことは、トロワにおける市政機構の成立史をひもとくと手にとるようにわかる。市政機構が登場した形跡は一二世紀後半から一三世紀はじめにかけて見受けられるものの、トロワが特許状を手にしたのは、一二三〇年、ピエール・モークレール、ユーグ・ド・リュジニャンとの戦いで財政的に苦しくなったティボー伯（ティボー四世）が、市民に古くから認められてきた特権と、それに加えて都市役人の団体を設立することを認めた正式な特許状に署名したときのことだ。総員一三名からなる都市役人は、ティボーが直接指名し、指名された者たちはそのなかから筆頭役人を選んだ。都市役人たちの使命は、端的に言うと資金集めだった。トロワのコミューン構成員は封建制度下のあらゆる理不尽な徴税から自由になり、毎年、それぞれの資産に応じて現金で税金を納めることが求められた。税は動産一リーヴルにつき六ドゥニエ、不動産一リーヴルにつき二ドゥニエの割で課された。市民一人一人から、所有資産について本人の宣誓のある明細書を取ってくるのは、筆頭役人と都市役人たちの仕事だった。だが、とくに裕福な市民――そのなかには明らかに役人たちが入っていたのだが――については、そうした明細書を出す必要はなかった。彼らは一律二〇リーヴルを払う道を選択することも可能だったからである。

トロワの特許状に定めてあるような徴税システムはしばらくの間は一般的だったが、一三世紀のなかごろになると、ほかに二種類の徴税システムが登場していた。現金による人頭税と、売上税である。この三つとも、都市市民が手にする現金が急激に増え、支配層である伯、公、王たちがそこからうまく利益をあげていることを示している。郊外の弱小領主たちはそうした収入源を持たないため、生まれかけていた国民国家への流れのなかで遅れをとろうとしていた。

権力にとってもう一つの大きな収入源だった裁判権は、その帰属をめぐってしばしば激しい論争の原因となった。司法をつかさどる者は罰金や科料を手に入れることができたため、王も、伯も諸侯、司教、市民たちも裁判権をめぐってやり合ったのである。たとえば、マグナ・カルタの重要条項の一つは、諸侯に収入をもたらした裁判権を王に奪われないように規定したものだった。多くの都市の特許状と同じく、一二三〇年に出されたトロワの特許状では、「重罪裁判権」――殺人、強姦《ごうかん》、強盗についての裁判権――を伯のものとしている。また、計測・計量のミスに対して科せられる罰金――大市を開催する都市にとっては大きな問題だった――は三分の二が伯に入るようになっており、伯領の教会、騎士、領地、ユダヤ人に関する裁判権はすべて伯が持つとされていた。毎年、現金で税収を得る代わりに、伯はそれ以外の裁判権は都市に譲った。

シャンパーニュでは、伯が管轄する事件は伯の代官が審理した。この役職は市民が委任されてつくことが多く、入ってくる罰金の一部を分け前としてもらっていた。代官が贈り物を受け取ることは公には好ましくない行為とされたが、実際には受け取ることが多かった。扱う罪の多くの行きつく先が死刑か、財産没収だったからである。つまり、金持ちの親戚《しんせき》がいる殺人犯は、貧しい殺人犯よりも絞首刑を逃れるチャンスが大きかった。もっとも、これは中世に限った話ではないが。

絞首刑になると、苦しんで死ぬことになった。罪人を落下させて死刑を執行するやり方がまだ発明されておらず、首を絞めて殺していたからである。拷問はめったにおこなわれていない。無理にでも自白させることが必要だと代官が判断すれば、歯を抜いたり、火であぶったり、拷問台に載せて手足を引っぱったりした。だが、そうまでして自白にこだわるほど入念に審理する代官は少なく、証言を聞いたら右から左へ絞首刑執行人に命令を出すという代官のほうが多かった。反逆者、魔女、異端者は火あぶりの刑となり、魔女と異端者の死刑執行は、多くの人が祈りを唱えるなかでおこなわれた。一方、泥棒は焼きごてを押しつけられたり、手を切り落とされるだけで放免されることもあり、若者で初犯の場合は鞭《むち》打ちだけですむケースもあった。服を一枚盗んだ貧しい男が、病気であることと犯した罪が軽いことからほんの少し入牢《にゅうろう》しただけで釈放することすらあった。古い城の地下室は裁判を待つ者たちを閉じこめておくために使われ、実際に罰として投獄されることは稀《まれ》だった。

　都市は窃盗や詐欺、暴行事件などを審理し、取引や資産関係の訴訟を受け持った。判事役をつとめたのは筆頭役人と四、五人の都市役人で、証言を聞き、満場一致で評決を下した。一三世紀の都市の訴訟がどのようなものだったのか、その雰囲気を知っていただくためにいくつか具体例をご紹介しよう(1)。

　ある市民は、自分が持っていたはずの銀のワインカップ数個がよその家にあることに気づいた。市民に名指しされた男は、ワインカップは錫《すず》商人から買ったものだと証明し、錫商人は別の男から買ったと言い張った。錫商人に名前をあげられた男は法廷に引っぱってこられ、名指しされた者によくあるように自分は「清廉潔白」だと誓い、自分がいかに高潔で誠実な人生を送っているかを見てくれと要求した。だが、彼は自分がどうやってこれらのカップを所有するにいたったか説得力のある説明をすることができず、カップを元の所有者に返却するよう命令が下った。判事たちがほかの証言を聞くことができるまで、この男は地下牢に入れられた。

ある若者は居酒屋でブドウ酒用の大型瓶を使って青年を殴り殺し、死刑に処せられた。ところが被害者の親戚が、加害者の母親を「息子をそそのかした罪」で訴えた。親戚たちの狙いは賠償金にあった。ところが、あてははずれた。討議を重ねた結果、筆頭役人が「母親は無実」と判決を下したからである。

ある店子《たなこ》が家賃を一年にわたって滞納していた。そこで家主の騎士は店子の家の扉とよろい戸を差し押さえる許可を出すよう求め、その願いは認められた。だが、家主である騎士に入るはずだった収入の一部は伯に行くこととなった。

下宿屋を所有する女性が、「不快な状況」を作り出しているかどで召喚された。彼女は家の個室から樋《とい》につながる木製の管を設置していたが、そこに嫌な臭いが流れたり、ときには管が詰まったりしていた。そこで隣人たちが彼女を法廷に引っぱり出し、結局、彼女は罰金六ドゥニエを科せられ、四〇日以内に管を撤去するよう命令を受けた。

この時代、民法と刑法はまだはっきり分化していなかった。犯罪は当事者同士で解決されるべきものと考えて、殺人者は被害者の家族に命の代金を支払う、昔のゲルマン的な習慣の名残がまだ残っていた。被害者本人または被害者の家族の証言なしに重罪人を訴追《そつい》することは難しく、殺人者でさえ、被害者の家族に補償する（「人命金《ウエアギルド》」を支払う）ことで自由を「買える」可能性があった。

このように犯罪を民事上の罪と考える見方と同時に、中世初期には決闘と神明裁判という野蛮な習慣も残っていた。一二五〇年当時には、裁判としての決闘はほとんどすべての地域で公式には禁止されていたが、実際には広くおこなわれていた。農民でさえ、争いの決着は棍棒《こんぼう》でつけることが多かった。法律上はどうあれ、負けた側（またはその家族）は重い罰金を支払い、もし決闘が始まる前に和解したとしても、やはり罰金は払わねばならず、どちらにしても領主に損はなかった。

だが、神明裁判によって決着をつける方法には批判の声があがっていた。以前は無実を証明するために手を熱湯につける、熱した焼きごてをつかむ、水に溺《おぼ》れるかどうか試すなどが実行された。しかし、一三世紀になると、見方は変わってきた。フリードリヒ二世は次のような客観的意見を述べている。神明裁判は「自然の摂理にかなっていないし、真実へつながる道でもない……。燃えさかる焼きごての熱が、ちゃんとした理由もなしに冷めたりするなど……本当の良心を持っていれば、たとえ冷たい水に沈められそうになっても、水がその人をはじき返すなど、どうして信じられようか……。神明裁判は神による審判だ、『真実を明らかにする』裁判だ、というが、むしろ『真実を隠す』裁判だ、と言ったほうがよいのではないか」。

ローマ法が徐々に、「人命金」や決闘、神明裁判に取って代わりつつあった。法廷での裁判、宣誓証人の取り調べ、そして訓練を積んだ法学者を使うことまでが一般的になりつつあった。法のルネッサンスを呼び込むこととなったのは、ユスティニアヌス法典などが再び重要視されるようになったことと、商業の復興に対応できる法へのニーズが高まりを見せた結果であった。商業に関する法律の整備には、さまざまな市《いち》や定期市、とくにシャンパーニュ大市が大きな原動力となった。

ほとんどの都市には第三の法廷があった――司教の法廷である。ここでも、最も重視されたのは歳入であり、司教は裁判権を世俗権力に侵されることのないよう、あらゆる手段を使って戦った。司祭になろうという気もない序列の低い聖職者でさえ、司教の法廷で審理してもらうよう主張することができた。そのほうが、世俗の法廷よりも寛大に裁いてもらえることが確実だったのである。司教の法廷では、聖書、語り伝え、ローマ法およびゲルマン法の先例、教会会議の出した教令、ローマ教皇による立法が混在していた。この混乱状態を一二世紀に秩序だった体系にまとめ上げたのがイタリアの教会法学者グラティアヌスで、彼は文献を一つ一つ照らし合わせて矛盾点を解決し、包括的な方法論の基礎を作った。

一三世紀なかごろには、ローマ法はモンペリエ、オルレアン、アンジェー、ボローニャ、レッジョ、その他の法学校で教えられていたが、パリの法学校は教会法だけを教えていた。

法学者はとくに人気がある存在ではなかった。彼らの仰々しさは怒りを買ったし、もってまわった難解な言い回しには誰もがいらいらした。原則・形式の踏襲にこだわるのも彼らの特徴だった。だが、そうした彼らの姿勢が司法を進歩させ、後世になって絶対に必要なものと認識されることになる「被告人の権利を保証する」という考え方へつながっていくことになる。

どこの法廷が裁くかという裁判権をめぐる争いは、ときに元の事件よりもおおごとになった。一二三六年、ランの筆頭役人と都市役人は三人の男を収監した。ところが、大聖堂の参事会員たちは、彼らは教会の法廷で裁かれるべきだと考えた。町側が男たちの引き渡しを拒否すると、参事会員側は役人たちの破門公告を出そうとした。しかし、公告を渡された当該の聖堂区司祭は町側の味方につき、公告の公表を拒否。参事会員たちは司祭を破門し、司祭と町の関係者はこの顚末《てんまつ》をローマ教皇に直訴した。ローマ教皇は彼らの言い分を受け入れて大聖堂参事会員たちに「破門する」という脅しをかけ、その結果、司祭と町側は望みどおりの結果を手にすることができた。大喜びの司祭はちょっとした復讐《ふくしゅう》をした。火を点《つ》けたロウソクを手に夕方の礼拝をおこなっていた大聖堂へ入り、判決を読み上げ、ロウソクを逆さまにひっくり返したのである。

「控訴裁判所」もこの時代、各地に姿を現しつつあった。なかでも最も有名なのが、パリ高等法院とロンドン高等法院である。トロワでも新しい法廷が生まれようとしていた。それはシャンパーニュ伯主宰の評議会兼裁判所で、グラン・ジュール・ド・トロワでときどき開かれた。当初は単なる伯の法廷として審理をするだけだったが、そのうち主任担当官らを中心に市民や高位聖職者で構成される常設の裁判所となり、貴族には予審法廷、下層階級の人々には控訴裁判所としての役割を果たすようになった。

一二三〇年に特許状を出したことで、ティボー伯の懐《ふところ》はとりあえず落ち着いたかもしれない。だが、それから一〇年もすると、財政は再び逼迫《ひっぱく》していた。一二三九年の小規模な十字軍遠征に参加して――ティボーはそのときに名を上げたのだが――新たな借金の泥沼に足を突っ込んでしまったのだろう。筆頭役人と都市役人に金集め能力がないと見るや、伯は彼らをあっけなく首にした。そして、代わりにカオールのやり手両替商ベルナール・ド・モンクをリーダーとするグループを立ち上げた。その数年前から両替商としてトロワにやってきていたモンクは、兄弟二人を含む仲間たちとともにティボーに年四三〇〇ポンド（トロワ・リーヴル）――夏市で一〇〇〇ポンド、冬市で二〇〇〇ポンド、残りはバール・シュル・オーブの市の分――を五年間にわたって前貸しすることを引き受けた。これでティボーは借金を全額返済し、残りで生活費も十分まかなえたことだろう。ベルナールたちは二つの方法で返済してもらった。一つはトロワで販売されるすべての商品に対して、一リーヴルにつき四ドゥニエの売上税を五年間にわたって特別税として徴収したこと。もう一つは軽犯罪を犯した人が支払う罰金だった。売上税を納めた者には、トロワの商人への「アメ」として、軍事徴用を免除する特典をつけた。こうした資金集めに文句を言われないようにするため、この非常事態の間、ティボーはベルナールたちを順番に筆頭役人に指名した。

このように、ティボーにとってトロワの市政機関は「資金集め機関」にほかならなかった。トロワ市民は最初はもちろん不満を漏らしていたが、結局はベルナールのやり方を受け入れた。トロワ市民は、そもそも特許状に対する姿勢が全体的に受け身だった。こうした政治への無関心がほかの都市と大きく異なるところである。多くの都市では、特許状とは暴力と流血の末にやっと勝ち取るものであり、いったん手に入れた特許状は必死で守った。トロワ市民の淡々とした態度は、彼らが大市から大きな利益を得ていたことと明らかに関係している。政治的な自由はなくても、大市に関する個人の自由は守られていた。彼らは自治政府なしでも自由を得ていたのであり、大市が栄えているかぎり、満足だったのである。

君主の愚かさに振りまわされたのはトロワだけではない。君主の愚行の一番は、十字軍である。ペトルス・アミアネシスが唱えて始まった十字軍が衰退していった要因としては、市民たちの不満が大きい。一〇九五年には多くの人が理想を胸に愚かな行為へと走ったが、一三世紀になると、市井《しせい》の人々の間には厭戦《えんせん》気分が漂い、諸侯たちは財産を売って軍を整えることに慎重になりつつあった。この時期、十字軍のことを考えられるのは、領地から多くの寄付が期待できる君主だけだった。フランスやフランドルのほとんどの地域では、こうした寄付の基本的な形は臣下から領主への「献納」である。献納はもともとは領主の娘が結婚するときや息子が騎士に叙されるさいに、ある農民は塩漬けの豚肉一つ、ほかの農民は麻袋いっぱいの穀物を……という形で贈り物として差し出したものだった。だが、一三世紀になると、裕福な、都市化された地域では「献納」は現金でおこなわれていた。領主が要求すれば、町は自分たちで徴収しなくてはならない。献納を快く思っている都市などなかったし、まったく不合理な支払いを押しつけられた都市もある。フランドル地方のドゥエーは、さまざまな経費や伯および伯夫人の浪費分として二〇年間に三万二六〇〇リーヴルを巻き上げられた。フランス北部のノアヨンでは、市民の財産が債権者に差し押さえられて市が破産している。

一二四八年、聖王ルイ九世は十字軍遠征に出た。聖地を目指す王の意気込みを共有していた仲間や臣下はほとんどいなかった。二八〇〇人ほどの騎士と八〇〇〇人ほどの歩兵が集められたが、そのほとんどが傭兵《ようへい》だった。シャンパーニュ伯の側近で王の個人的な友人でもあり、遠征にしぶしぶ同行した年代記作家ジャン・ド・ジョアンヴィルは、故郷を離れて戦地に出発したときの様子をのちにこう述べている。「私はジョアンヴィルの方を二度と振り返って見なかった。見てしまったら、私の美しい城と残してきた二人の子供のことが思いやられて胸が張り裂けてしまうのではないかと、怖かったからである」。この遠征の一番の成果は、トロワの文学史に輝かしい一ページを築いたジョアンヴィルの回想録が誕生したことだったといえよう。

遠征はエジプト北部ダミエッタへの上陸作戦が成功し、ややめざましいスタートを切ったものの、要塞都市マンスーラ周辺のナイル川上流の湿地帯で泥沼にはまった。餓《う》えと壊血病で野営地は病院兼遺体安置所と化してしまい、生き残った者たちはやすやすとサラセン人の捕虜になった。王妃はダミエッタと引き換えに王の身柄を取り戻し、そののち王はジョアンヴィルをはじめとする騎士たちを救い出すのに四〇万リーヴルを支払っている。スルタンが要求したのは、もとはといえば五〇万リーヴルだった。ところが、ルイ九世がためらいなく求めに応じたため、王と武勇を競ったスルタンは「なんということだ、このフランク人は値切ってこないぞ！」と驚嘆し、一〇万リーヴル安くしたのだった。

四〇万リーヴルは裕福なテンプル騎士団に少々圧力をかけて、現地で調達したが、一二五〇年の段階では王の臣下――主に王領の都市民たち――がなおも支払いを続けているさなかだった。献金はすでにかなりの額にのぼっており、そのうえルイ九世がシリアに新しい要塞《ようさい》を作るため、さらなる要求が突きつけられていた。十字軍に賛成か反対か、というのはトルヴェールが好む主題だったが、賛否を問われたらかなりの数の市民が「間違った側」に立つのも無理はなかった。市民たちは結局「家にいて隣人と仲よくして、子供の面倒を見て、持ち物をいつくしみ、早くベッドに入ってゆっくり眠る生活を送るのも、よいことであり、神の御心にかなったことなのだ」と実感していた。エジプトのスルタンが攻め込んでくるというなら、彼らも献金を納め、槍《やり》と石弓を用意しただろう。だが、わざわざ海を渡り、高い金をかけて遠くまで死にに行くのが賢明なこととは、彼らにはとても思えなかったのである。

原注

（1）最初の二つは、モーリス・プロウとジュール・ドリアックによる中世プロヴァンの法廷記録集を下敷きにしたもの、三つ目の事例はC・G・クランプ、E・F・ヤコブ編『中世の遺産』からの引用、樋の問題が出てくる四つ目の事例はアーネスト・L・サビン『中世ロンドンの便所と汚水事情』による。

第十六章　シャンパーニュ大市

フランスには、一〇の大市がある、
まずバール・シュル・オーブ、それからプロヴァン、
それからトロワ、四ヵ所目にラディ、
そしてフランドルに三ヵ所、八ヵ所目がサンリス、
九ヵ所目はセザール、一〇ヵ所目がラニー。
——一三世紀の武勲詩『ロレーヌのガラン』

歌や物語にも登場するトロワの夏市は、シャンパーニュ地方で開かれる六つの大市《おおいち》のなかでも最も重要なものである。シャンパーニュ大市はシャンパーニュ地方の東端から西端にかけて点在する四つの都市で（一年間に開催される回数は都市によって異なるが）順に開かれる。年間を通したサイクルで見ると、地理的な理由と気候条件から[1]、年頭に開かれるラニーとバール・シュル・オーブの大市が最も規模が小さい。ラニーはパリに近く、バール・シュル・オーブはラニーから一六〇キロ東、ブルゴーニュ地方の端にある。ラニーの大市は一月から二月にかけておこなわれ、その次にバール・シュル・オーブの大市が三月から四月にか

けておこなわれる。三番目はプロヴァンの五月の大市で、これは五月から六月が開催時期だ。その次にトロワの夏市（サン・ジャンの大市）が夏の盛りの七月から八月にかけておこなわれる。プロヴァンとトロワの距離はわずか七〇キロ弱で、大市に参加する商人の多くがプロヴァンで荷物をまとめると、そのまま次のトロワに乗り込み、再び荷をほどいた。その次は九月から一〇月にかけてプロヴァンでおこなわれるサン・テイユルの大市で、ここでもまた、トロワからプロヴァンへと大勢が移動する。そして一年の最後の市《いち》がトロワの冬市（サン・レミの大市）で一一月から一二月に開催される。四都市は温暖な気候と、四つのうち二つが近接しているという地の利に恵まれ、フランドル地方、イタリア、イングランド、ドイツ、スペインをはじめもっと遠いところからも商人たちが集まり、ほかに類を見ない一大「卸売市場」兼「両替市場」を形成しているのだった。

夏市は何週間にもわたる準備期間を経て開催される。徒弟たちは朝早くから夜遅くまで縫ったり、掃除したり、分類したり、仕上げ加工をしたり、倉庫にしまったり、修理をしたりと忙しい。大市が立つ場所には商人たちのために大きな取引所や、小さな露店が準備され、寝泊まりするための宿泊施設や家も用意される。居酒屋ではサイコロの再点検だ。必ず何件かは起こる刃傷《にんじょう》沙汰《ざた》を未然に防ごうというのである。売春組織には女中や店員、農家の娘などの素人が臨時に駆り出された。料理人、パン屋、肉屋は臨時の応援を頼み、家族総出で就業時間を延長し、準備してきた。

大市の運営は、多くの役人によって支えられていた。そのトップは二人の大市監督官で、貴族層と市民層の双方から選ばれた。監督官の任命者はシャンパーニュ伯である。監督官は破格の待遇で、固定給が年二〇〇ポンド（リーヴル）、経費として三〇ポンド支給、そのうえ一生の間、あらゆる年貢や税を免除される特典がついた。その主任補佐役である監督官補佐は一人につき一〇〇ポンドを受け取った。副官一人が巡邏兵《じゅんらへい》一〇〇人をかかえ、巡邏兵は道を守ったり、市をパトロールした。それから徴税人、書記、運搬係、雑役係、早馬係がいた。公証人[2]は取引書類一切が真正であることを証明する。検査官は商品の質を調べる。最後に伝令官が田舎をまわり、住民たちに大市の開催を知らせていった。

大市のにぎわいは、トロワ市民だけでなく、シャンパーニュ伯にとっても心躍るものだった。大市による収入はシャンパーニュ伯と公証人、計量官、そのほかの料金徴収係で分けていたからだ。また、泥棒や強盗といった重大な犯罪の裁判権は伯にあったため、彼らの略奪品は伯の名のもとに没収となった。トロワを出ていく商品には売上税がかかったほか、その他さまざまな料金もシャンパーニュ伯の収入となった。多くの露店や取引所、馬小屋、家の賃貸料も同様だった。トロワ司教も賃貸料からかなりの収入をもらっていた。これは市民や騎士たちも同じだった。テンプル騎士団は毛織物の計量作業を独占しており、そこから収入を得ていた。

このように税金や料金がさまざまかかる代わりに、トロワを訪れる商人たちは自由を与えられ、保護してもらえた。大市に参加する商人たちは到着日から出発日までの日の出から日没まで、自分の身と商品の安全を保証してもらった。大市の最盛期は夜でも通りは明るく、危険はほとんどなかった。

商人は強盗や追い剝《お》ぎ《は》を働く郊外の諸侯たちから守ってもらえるばかりではなく、仲間の商人からも保護されていた。実際、このころには商人同士のトラブルのほうが問題になっていた。大市での犯罪は大市監督官が管轄する特別法廷で扱うことができるが、町の法廷、または伯の法廷で扱うことも可能だった。そこで、どこが裁判をするかで、三者の競争になっていたのである。特別法廷が設置されることになったのも、外から来る商人たちが町や伯の法廷からの保護を求めたからだった。商人はどの法廷で裁いてもらうか選ぶことができ、最も重要な案件は特別法廷で扱うこととなっていた。

借金の回収作業は精力的におこなわれた。借金を踏み倒した者や詐欺を働いた者はトロワの城壁を越えて遠くまで追跡され、ほかの大市に顔を出そうものなら、まず逮捕は間違いなかった。それだけではない。フランドル地方や北フランスの都市ならどこでも捕まる可能性が高く、そのうえもし当人がイタリア人なら地元に帰るのが一番危険だった。「該当者の逮捕に協力しないなら、同郷人に報復する」と大市監督官から圧力がかかるからである。こうした保証がどれだけ実際に実行されたか、一二四二年にロディとパヴィア間の本道で、隊商が強盗被害に遭った事件を見るとよくわかる。強盗たちがピアチェンツァの人間だと判明したため、被害に遭った商人たちは大市監督官に犯罪行為を報告し、監督官はすばやく行動を起こした。被害の弁償がおこなわれるまで、ピアチェンツァの商人を大市から締め出すと迫ったのである。

このように保護がおこなわれたこと、無法状態が全体として減る傾向にあったこと、旅が物理的にしやすい環境になってきたことが相まって、ヨーロッパ全域から商人が訪れ、その数は着実に増えていった。一年全体で考えた場合、シャンパーニュ地方に出入りする人や物の流れは決してやむことはなかった。

もっとも、商人は自分がトロワに来なくても、大市での取引をすることができた。以下に紹介する「運搬証書」と呼ばれる形式の契約書は、そのためのものである。「運搬人オドン・バナークはオベール・バナーレに、通行料も含めた費用は自分持ちで、略奪に遭った場合の損害はオベールが負担するという条件で、貨物六個をマルセイユからトロワへ、この契約書の発効日からクリスマスまでの間に、運ぶことを誓約する。オベールから支払われる対価は、馬一頭とする」

また、イタリア商人が広めた「コメンダ」と呼ばれるパートナーシップ関係を結ぶこともできた。これは、二人の商人のうち、若いほうが利益の四分の一を受け取ることと引き換えに旅の危険を引き受け、年かさのほうは資金を提供するというものだ。若いほうに自分の資金がなにがしかある場合は、資金の三分の一を若いほうが出し、その代わりに利益の半分を受け取るという具合に契約内容を変えることもできた。このような契約を結ぶことはイタリアでは非常に一般的で、一二四〇年に亡くなったジェノヴァの貴族が残した遺産は、家と「コメンダ」にどれだけ投資しているかを書き留めた明細一覧表のみだった。

元来は大きな取引をおこなう商人たちのための卸売・金融市場だったシャンパーニュ大市だが、一般人にとってもお祭りだった。農民やそのおかみさん、騎士やご婦人方が徒歩で、馬やロバに乗って、お買い得品を探しに、鶏や牛を売りに、または大市見物にやってきた。町かどでは踊りあり、手品あり、曲芸あり、熊や猿の芸ありと、さまざまな見せ物が披露されていた。ジョングルールも教会の階段で歌っている。居酒屋は客の喧騒《けんそう》で満ちていた。売春婦たちはプロもアマチュアも入り交じり、押したり引いたりの勧誘を展開していた。

一介の農民や田舎に住む騎士にとって、大市は珍しい異国の人に出会う数少ない機会でもあった。プロヴァンス、フランス、ブラバント、ドイツ、スイス、ブルゴーニュ、スペイン、シシリアの人はもちろん、イングランド、スコットランド、スカンジナビア、アイスランド、ポルトガルの人も来た。一番数が多かったのがフランドル人とロンバルディア人――これはロンバルドの人だけを指すのではなく、フィレンチェ、ジェノヴァ、ヴェネチアをはじめとする北イタリアの人の総称――だった。大市ではさまざまな言語が飛び交っていたが、商人同士が意思の疎通をはかるうえで問題はほとんどなかった。学のある商人はラテン語ができたし、翻訳してくれる書記もたくさんいた。ただ、大市の共通語はフランス語だった。当時「フランス」という国意識はほとんどなく、フランス王の狭い領土のなかですらフランス語は普遍的な言語ではなかったが、大市ではほとんどすべての商人がフランス語で用をすませていた。フランス語には、イタリア人たちがアラブの商業取引の契約書から吸収した言葉がすでに流入しつつあった。結局、douane（関税）、gabelle（間接税）、jupe（スカート）、quintal（キンタル＝一〇〇キログラム）、récif（暗礁）をはじめ多くの言葉がフランス語となった。英語にもbazaar（バザール）、jar（壺）、magazine（雑誌）、taffeta（タフタ）、tariff（関税）、artichoke（アーティチョーク）、tarragon（タラゴン）、orange（オレンジ）、muslin（モスリン）、gauze（ガーゼ）、sugar（砂糖）、alum（みょうばん）、saffron（サフラン）などの言葉が入ってくることになる。

大市が始まって最初の一週間は、市《いち》への参加手続き、荷ほどき、店の準備と商品の陳列など、準備作業をおこなう期間だった。続いて一〇日間にわたる毛織物販売期間となる。イタリア商人は次から次へと有名な毛織物産地の取引所を見てまわり、反物《たんもの》を調べていった。反物は産地ですでに厳しい検査を経てきている。どの町も毛織物の産地としての評判を守ることに必死だった。異国で欠陥商品を売るのは無礼なこととされ、質が悪いもの、規格外のものは地元で売るのが決まりだった。どの毛織物も異なった方法でたたんである。それは違いをわかりやすくするためでもあり、その商品独自のよさをアピールするためでもあった。ドウエー、アラス、ブリュージュ、トゥールネー、イープルほか北海沿岸の低地帯や北フランスの一七都市は商品をシャンパーニュ大市だけで販売する「ハンザ一七都市」という毛織物業者同盟を作っており、そこから出品されている品物は、玄人《くろうと》なら一目で見分けることができた。

それぞれの都市は独自の反物の規格を持っていた。プロヴァンとトロワは二八エル、ヘントは三〇エル（ただし緋色《ひいろ》の織物だけは三六エル）、イープルは二九エルという具合である。こうした長さの違いを説明する役人もいた。「エル」一単位の長さ自体、地域によって異なっていたが、シャンパーニュ地方の規格は一エル＝約七六センチだった。大市監督官はこの長さの鉄製定規を持っており、大市で使用されるすべての定規はこの鉄製定規に照らし合わせて検査された。

毛織物取引所の陳列台には、染色も加工もほとんどされていない生成り製品から、灰色、茶色、ヴァーミリオン（赤）、ローズ（淡紅色）、スカーレット（緋色）など色とりどりに染められた織物まで並んでいる。とくに珍重され、高価だった赤はフィレンチェの毛織物加工業組合アルテ・ディ・カリマラが得意としていた色で、同組合の代理人は、大市で染める前の布地を買いつける一方、染めた商品を販売していた。金や銀の糸を使った重い毛織物もあちこちに見られた。多いのは毛織物だったが、絹織物（ほとんどはルッカから）、イタリア、フランス、フランドル地方からの綿織物、亜麻から作ったリネン（シーツ、袋、かばん、衣服用)、麻(網、ロープ、弓のつる、計測紐用)などもあった。

交渉が決着し、取引成立となると契約書を公証してもらい、商品の運搬についての契約が交わされ、昔からの習慣で巡邏兵たちが「やあ、やあ」と呼ばわりながら市中を巡り、毛織物販売期間は終了となる。すると、注目は次の品物へと移っていく。次は「目方売商品」販売期間となり、砂糖、塩、みょうばん、うるし、染料、穀物、ブドウ酒などが扱われた。商品はさまざまなところからやってきた――塩はフランシュ・コンテのサランから、砂糖はシリアから、蜜蠟《みつろう》はモロッコやチュニジアから。だが、織物の王様が毛織物であるように、「目方売商品」の王様は香辛料だった。香辛料はそれだけで隊商やガレー船やアラブのダウ船を出せる高価な商品だった。香辛料の種類は数百にものぼり、ある中世の目録には二八八の名称が載っている。(3) こうした香辛料がどこから来たものか、イタリア商人自身も知らなかった。彼らはコンスタンティノープルやアクル、アンタキア、トリポリで香辛料を積み込むのだが、そのさいに商品の出所をアラブ商人に尋ねても、肩をすくめられたり、奇妙な答えが返ってくるばかりだった。シナモンはアラビアに住む鳥の巣から取るのさ。その鳥はこの香りのいい実を使って巣づくりをしているのでね。桂皮《けいひ》の木は羽根の生えた獰猛《どうもう》な動物が目を光らせている峡谷や湖に生えているよ。香辛料はエジプト人が採っているんだ、ナイル川に網を張ってね……という具合である。

夏市に出品している商人でこんなおとぎ話を信じている者はほとんどいなかった。だが、香辛料が遠く東方から、ヨーロッパ人が誰一人訪れず、その姿を誰も知らない海岸や島々からやってくることは知っていた。だから何千キロにもわたって危険で困難な旅を続けてくる品物に高い値段がつくことは納得できた。通行料も何十回となく払う必要があったし、隊商には護衛も必要だった。損害分も料金に上乗せしておく必要があった。大市でメース一ポンド（訳注—約四五〇グラム）が羊三頭分と同じ価格なのも、不思議ではなかった。

香辛料は、謎に満ちていたからよけいに価値が高まっていた。元来、香辛料には二つの役割があった。固くて、長時間調理しなくてはならない肉の調味料としての役割と、保存料としての役割である。この二つの役割において、ほかのあらゆる香辛料をしのいでいたのがコショウである。この黒くて、皺《しわ》がよった小さな実は「コショウのように高価だ」という表現が生まれるほどの存在になっていた。コショウは香辛料のなかで一番高かったわけではない。サフランやシナモンはもっと高かった。しかし一ポンド四スーという値段は十分に高価である一方、香辛料のなかで断然高い人気を誇っていた。コショウは「干したコショウの実」という形で小売りされた。家庭の主婦なら一粒だけ買うのが普通だったろう。

人気があり、価格が高いコショウはダイアモンドなみの厳重さで護衛された。コショウを扱う波止場人夫は間近で監視され、しばしば取り調べを受けた。地中海を渡ってコショウを運んでくるガレー船や、アルプス山脈を越え、ブルゴーニュとシャンパーニュの丘や平原を通って運んでくる隊商は、たくさんの石弓や剣の刃によって守られていた。

これだけ注意を払っていても、コショウはさまざまな方法でかすめ取られた。八百屋や卸売商人、仲買人などがコショウに何か別のものを混ぜることもあった――土や脂、マスタードで作った「偽コショウ」をいくらか混ぜると、本物と見分けるのは難しかったに違いない。大市では目や指や鼻を使って、専門家がコショウを端から調べてまわる。そのあとに巻き起こる言い争いでサン・ジャンの大市の喧騒はいっそう激しくなった。

取引が成立すると、商品は計量所へ運ばれる。計量も、二人一組になった数組の検査官の厳しい視線の前でおこなわれた。香辛料取引所と計量所のなかへ入れるのは商人のなかでもとくに信用のある人だけだった。

当時、次のような詩が書かれたように、香辛料以外の食料品も活発な取引がおこなわれた。

ラニー、バール・シュル・オーブ、プロヴァンにはブドウ酒や穀物、塩やニシンを売る商人たちがいる。

扱われる食料品としては肉、チーズ（すでに当時からブリーチーズは高い評価を受けていた）、そして何よりブドウ酒があった。シャンパーニュ地方のブドウ酒としては、ランス産、エペルネー産、バール・シュル・オーブ産が知られていたが、シャンパーニュ大市で扱われていたブドウ酒の中心はトロワから七〇キロほど南に位置するオセール産だった（ブドウ酒は非常にかさばるので、航路以外の遠距離輸送は難しかった）。

染料も「目方売商品」の一つであり、フランドル地方で生産されてイタリア商人に売られるものもあれば、イタリア商人からフランドルやシャンパーニュの人へ売られるものもあった。とくに需要が多いのはインドから入ってくるインディゴ（藍色染料）で、イタリア人はシリアの港で商品を買いつけた。皮なめしや染色に不可欠な材料であるみょうばんは、エジプトや東方産だったが、このころになるとスペインでも生産されるようになっていた。イタリアではイスラムの業者から製造方法を会得して――作っているところを観察するか、偵察するかして――ヴァイオレット（すみれ色）、赤、などの染料を地衣類や昆虫から生産していた。

大市のこの期間は皮革や金属など原材料関係から、精密に作られた手工芸製品まで、さまざまな品物が販売された。武具師はドイツから鉄を、スペインから鋼を買った。鉛、錫《すず》、銅はボヘミア、ポーランド、ハンガリー、イングランドから入ってきていた。地元の商人が売る毛皮や皮革は、ライン川を越えて、遠くはスカンジナビアから入ってくる輸入品と競争することになった。イタリア商人が買いつけてくる、東方からの贅沢品《ぜいたくひん》もあった。樟脳《しょうのう》、竜涎香《りゅうぜんこう》（訳注―香水の原料。マッコウクジラの腸内で生成される）、ムスク、ルビー、青金石、ダイアモンド、カーペット、真珠、象牙《ぞうげ》などである。シャンパーニュ大市では、ランス、メス、ケルンの象牙職人が象牙を買いつける一方、象牙で作った城や大聖堂の精巧なレプリカ（すばらしいマスターピースの数々である）が売りに出された。イタリアや地元の金細工師、銀細工師の作品も販売されていたし、黒檀《こくたん》で作られた目を見張るような作品——たとえば極東から入ってきたチェスのセットなど——もあった。靴や革製品のなかでは、有名なスペインのコルドバ革製品が注目の的だった。

市初日の陽気な喧騒は、それから数週間の間、絶えることがなかった。売買交渉は熱気と激しさに満ちていた。商品の欠陥は目ざとく指摘された。布地が伸びてしまっている、亜麻を夜の間外に出しておいたから、湿気を吸って重くなっているじゃないか、ブドウ酒のラベルが間違っているぞ……。なかでもやりとりの声が一番うるさく、論争が一番激しく、聖人を引き合いに出す声が一番多く聞かれるのは小規模な露店の前だった。フィレンチェのバルディやグイッチャルディーニ、シエナのボンシニョーリ、トロメイ、ピサのブンコンティなどの大手業者は商品の質がよく、誠実な商売をするという評判だった。

毛織物販売期間に続く一ヵ月の間、大市のなかで一番忙しいのはサン・ジャン教会の近くにある両替商のエリアとなる。大市での交易によって外貨両替が活発におこなわれ、大市自体が自然に一大金融市場となっていたのである。大市の品物が目当てではなく、両替のためだけにトロワを訪れる人もいただろうし、信用状を買うためだけに来る人もいただろう。二八軒の両替商は、基本的には個人で営業していたが、同時に大市の運営を支える公的な役割も担っていた。半数はイタリア人で、その多くはシエナの人間だった。残り半分はユダヤ人とカオール人だった。

大市の基準硬貨はドゥニエ・ド・プロヴァン（プロヴァン・ペニー）である。この硬貨は相対的な価値が高く、安定している強い通貨であり、大市へ赴く商人たちのためにローマでイタリア版のプロヴァン・ドゥニエが鋳造されていたほどである。ほかにも、さまざまな価値の数十種類ものペニー硬貨が登場していた。両替は厳しい規則に従っておこなわれ、粗悪な硬貨や偽物の硬貨の流通に両替商が関わってはならないという点は、とくに徹底されていた。あらゆる通貨の交換レートはプロヴァンの一スー（一二ペニー）を基準に表示された。

両替商の役割は、商人たちが使う基準通貨を提供することにとどまらない。彼らは非常に大規模な信用システムの中心でもあった。[4] これは数種類のやり方で運営されていた。たとえば、フィレンチェのある業者は大市でいつも毛織物を仕入れる常連である。だが、この業者がシャンパーニュで売る香辛料や贅沢品はつねに予定どおりに到着するとはかぎらない。そこで、業者はあらかじめ両替商に資金を預けておく。そうすれば、トロワにいる代理人が資金不足で困ることにはならない。そのうえ、業者がフィレンチェの通貨をフィレンチェかジェノヴァで預けておくと、代理人がトロワで、プロヴァン銀貨の形で引き出すこともできた。

シャルトルの大聖堂のステンドグラスに描かれた両替商。両替商は13世紀における初期の「銀行家」だった。トロワの両替商のなかには、資金力のある上層市民となっていった人々もいた。

イタリア商人は、ジェノヴァにいる間に地元通貨で相当額を借りることもできた。シャンパーニュへ運搬中の商品は必ず安全に到着するからと誓約し、返済は大市で、プロヴァン通貨でおこなうと指定するのである。商品を第三者に託して送るときは、商品に途中で損害が生じたら貸方がその分を負う、と契約書に明記することもあった。

イタリアの大手業者はもっと込み入った信用買いをおこなっていた。売り荷を積んだ隊商を大市が始まる週に着くように送り出すのではなく、早馬に「積み荷状」を持たせ、シャンパーニュ入りしている代理人に届けさせる。代理人は大市で毛織物を信用買いし、品物はイタリアへ発送する。自社の商品が「目方売商品」販売期間に間に合うように到着すると、代理人は「信用買い分の支払いを、これから自分たちが掛け売りをする契約書でさせてくれ」と毛織物の売り手に交渉し、商品の香辛料を掛け売りし、自社の信用買い分を支払えるだけの信用買い証書を手に入れるのである。

信用買い、両替以外に、両替商は単純な金貸しの分野でも活発な商売をおこなった。ロンバルディア人はとくに質屋業で有名だった。ロンバルディア人の両替所の奥に入ると、そこには秘密部屋があって、指輪やロザリオ、銀皿があふれている、ということもあった。商人だけでなく、あらゆる階層の人が市《いち》を銀行代わりに使っていた。領主たちも、諸侯も、司教も、みな夏市で金を借り、サン・テイユルの大市で返済すると約束した。儲《もう》かる商売だった金貸し業が完全に両替商たちのものだったわけではないが、彼らはたいてい金貸し業にかかわっており、それは公証人たちも同じだった（公証人もやはりイタリア人が多かった）。

一つの市で金を借り、それを三回またはもっと多い回数に分割し、巡ってくる市で商品を売っては順に支払っていく、という約束をする場合もあった。こうした契約についてはそれぞれの市の終了時期に設定されている「決済期間」――さまざまな市で結ばれた支払い契約を清算する期間――に清算した。借金の期間を一つの市《いち》から別の市まで、と決める何よりのメリットはカレンダーが異なることによる問題が解消できたことにあった。(5) ヴェネチアとピサとフィレンチェでは、一年の始まりの日が異なったし、そもそも今が何年なのかという点も食い違っていたからである。

そして、もっと複雑なケースも出現しつつあった。「必ず支払う」という商人の誓約書そのものが、値引いて売りに出される場合があり、見知らぬ第三者が次の大市にやってきて、誓約書を書いた商人に借金を返してくれと要求してくるケースがあったのだ。たとえば、フィレンチェの商人がプロヴァンの五月の大市でヘントの商人から毛織物を買い、トロワの夏市で二〇ポンドを支払う約束をする。両者は合意内容を記した「大市証書」を大市監督官のところへ持っていって目を通してもらい、真正な印を押してもらう。こうして手にした証書を、ヘントの商人は自分がコショウやシナモンを買いつけるさいに使うことができたのだ。支払いを確約した大市証書があれば、両替商を通すことなく、また多額の現金を動かすこともなく、相当量の売買ができたわけである。

こうして大市の陽気な喧騒のなか、商人たちの手から手へと渡る銀貨の「ジャラジャラ」という音は、計算板を使う「カチカチ」という音と羽根ペンのこすれる音にだんだんとって代わられていった。梱《こり》や反物が売れると、リーヴルやドゥニエが入ってくる。その金額は公証人の記録に書き留められていった。

人々が忙しく行き交い、情報が飛び交い、通貨が中心となってまわっていた商人の町トロワ――ほかでもないまさにこの場所の、この光景のなかに、実はトロワ衰退の予兆が見えていたのである。

原注

(1)　シャンパーニュ大市の年六回開催に関しては、一部は一二七六年〜七八年にかけての記録から、一部は六種類の異文として現存する記録から情報を得ることができる。大市の日程としてほぼ異論のないところをあげると、ラニーは一月二日〜二月二二日、バール・シュル・オーブは二月二四日〜三月三〇日の間に始まり、四月一五日〜五月二〇日の間に終了する。プロヴァンの五月の大市は四月二八日〜五月三〇日の間に始まり、六月一三日〜七月一六日の間に終了する。トロワの夏市（サン・ジャンの大市）は七月九日〜一五日の間に始まり、八月二九日〜九月四日の間に終了する。プロヴァンのサン・テイユルの大市は九月一四日に始まり、一一月一日（諸聖人の祝日）に終了する。トロワの冬市（サン・レミの大市）は一一月二日に始まり、一二月二三日に終了する、となっている。

これら国際的な大市に加えて、シャンパーニュ地方ではバール・シュル・セーヌ、シャロン・シュル・マルヌ、シャトー・ティエリー、ノジャン、ランスなど、各地で小規模な市も開かれていた。トロワにも小市が三つあった。「クロの市」「ドゥ・オーの市」「聖母被昇天の祝日の市」である。

(2)　O・ヴァーリンデンは『ケンブリッジ経済史』のなかで「シャンパーニュ大市に記録局があったのは確実だ」と書いているが、記録はその一部がかろうじて現存しているにすぎない。一二九六年のトロワ夏市の交易を記録した一枚である。イタリア人の公証人が書いたこの一枚には、一五件の証書が載っており、ピアチェンツァ、ジェノヴァ、ミラノ、アスティ、コモ、サボナ、フィレンチエ、モンペリエ、ナルボンヌ、アヴィニョン、カルパントラ、サン・フルールの商人が登場している。

(3)　フィレンチェのペゴロッティ（一三一〇〜一三四〇）がまとめたもの。そのうちいくつかについては、同じ香辛料の変種が載せてあったり、まったく同じものを二回数えている可能性もある。

(4)　ルッカのリカルディは、一回の大市で二〇万ポンドを借りることができると豪語していた。

(5)　当時の暦は混乱状態にあった。その主な原因は、新年がいつ始まるかについて異論が多かったことにあった。一月一日はローマの暦年の第一日目にあたり、ローマ法が再び脚光を浴びるようになったことでこの計算法を使うところも出てきた。それでも、一年の始まりを一月一日に置くのは一般的ではなかった。キリストの受難と復活が起こったと考えられている月を一年の最初とする地域もあったが、それもどこでもというわけでもなく、旅行者には頭の痛い問題となった。ヴェネチアでは三月一日が一年の始まりとして正式に祝われていた。一方、ピサでは受胎告知がおこなわれたと考えられる日、つまり紀元一世紀の前の三月二五日から年を数えはじめていた。フィレンチェでは、その一年後の三月二五日から年を数えていた。そのほかの地域では、一年は降誕祭か、復活祭から始まると考えられていた。

そこで、中世の時間についての論文「中世の時間認識」のなかでレジナルド・プールは次のような想像をめぐらしている。たとえばヴェネチアを一二四五年の三月一日（つまりヴェネチアでは一年の最初の日）に発った旅人は、フィレンチェに到着すると一二四四年に生きていることになり、フィレンチェに短期間滞在したあとでピサへ行くと、今度は一二四六年に突入してしまうことになる。そのまま西へ進み、プロヴァンス地方へ入ると一二四五年に戻り、復活祭（四月一六日）より前にフランスに入るとまたもや一二四四年になってしまう。もっとも、旅人自身は暦の混乱に大きな不便を感じることはなかったはずだ。なぜなら当時の人は「年」で考えるのではなく、「月」や「日」そして、一番近い「聖人の祝日」を基準に考えていたからである。

エピローグ　一二五〇年以降

歴史ではよくあることだが、一二五〇年のトロワの夏市ではっきりと見受けられた経済活動の複雑化が、こののち数十年間の逆説的な結果をもたらすことになった。シャンパーニュ大市はあまりにも繁栄したために、結局すたれていくことになったのである。

一四世紀の大市の衰退を招いた犯人として、歴史家たちは政治を責めるのが常である。ティボー二世（「偉大なティボー」）の王朝は、ティボー四世（「詩人のティボー」）の孫のなかで唯一生き残っていたジャンヌ・ド・ナヴァールがフランス王フィリップ四世（美王）と結婚したことをもって終わりを迎えたが、かつてはこのフィリップ四世による徴税と戦争が大市を衰退させたと信じられていた。だが、フィリップ以前に問題があったことを示す十分な証拠がある。フィリップの前のシャンパーニュ伯はイングランド人、ランカスター家のエドモンドで、エドモンドは未亡人となったジャンヌの母親ブランシュ・ド・アルトワと結婚した。エドモンドとブランシュは税を高くし、トロワに近いプロヴァンでは商人たちの負担をなんとかやわらげようと、筆頭役人が織工の労働時間を増やしたほどだった。これに怒った労働者たちは暴動を起こし、筆頭役人と、ほか数名の役人を殺した。そのあと、弾圧と報復が繰り返された。

社会はどんどん複雑化していた。神聖化されていた「聖職者、貴族、平民」という三身分の階級分けは、封建制度が最も確立していた時期でさえ、それほど現実に即していたわけではなかった。一三世紀後半には「第三身分」に農民や無産者のほかに銀行家、技術者、商人、医師、詩人が含まれ、このグループのトップに位置した「上層市民」たちの行動はいよいよ活発化していた。プロヴァンなどの都市では、封建領主に「手に負えない労働者を罰してくれ」としつこく要求する一方、別の場所では軍務や献金の提供を求める領主たちに敢然と異議を唱えた。聖王ルイ九世の一二七〇年の十字軍では、ブールジュが資金の提供を拒んでパリ高等法院も支持し、それが十字軍に引導を渡す結果となった。

だが、シャンパーニュ大市の衰退に階級闘争よりも大きな影響を与えたのは、税金だった。金融業務、簿記、商品の販売戦略を学ぶ比類なき「学校」のような存在だったシャンパーニュ大市は、より効率的な営業方法をどんどん生み出していったがゆえに、みずからの首を絞めてしまった。イタリア商人は荷を負った動物たちの列を従え、アルプス山脈を苦労して越えて、大市へやってきていたものだが、その孫の時代になると、自分では大市に出向かず、自宅の執務部屋にこもって帳簿と格闘するようになっていた。商人誰もが市《いち》へ行き来していた時代は終わり、北フランスの主な都市には店の代理人が駐在するようになった（フィレンチェの有名商店バルディが一四世紀はじめにパリに置いていた代理人にはすぐれた息子がいた。『デカメロン』を書いたイタリア・ルネッサンス人文主義の基、ジョヴァンニ・ボッカチオである)。ついには香辛料や毛織物を運んだ昔からの陸路自体がすたれてしまう。すでに一二七七年には、勇敢なジェノヴァのガレー船がジブラルタル海峡をまわり、波の荒いビスケー湾を横切ってイギリス海峡へ向かっている。海路が陸路と費用面で競えるほど安全なものになるだいぶ前のことである。陸路・海路を問わず、品物の運搬のさい、一四世紀の豪商たちは貨物保険という新たな手段も利用していた。

天災も人災も含めて、さまざまな災難が一四世紀のトロワやシャンパーニュ、そして西ヨーロッパには降りかかった。フィリップ四世のフランドルとの戦争は大市の邪魔をすることになった。農業では凶作に何度も苦しんだ。一三〇四年の凶作ではトロワが飢饉《ききん》に襲われ、一三二〇年代にはほかのさまざまな地域がやはり食糧難に苦しんでいる。イングランド王エドワード三世は母イザベルがカペー朝の出であることを口実にフランス王位を要求し、フランスに軍を進めるのだが(こうして百年戦争は始まった)、その準備のために二五万ポンドをイタリア、フランドル、ドイツ、イングランドの金融業者から借り受け、結局は破産を宣言してしまった。おかげでイタリアの大金融業者バルディとペルッツィは倒産に追い込まれる。そしてとどめに黒死病の目を覆わんばかりの大流行(一三四八〜五〇)が西ヨーロッパの農業・商業を根幹から揺るがした。

だが、たとえ戦争や飢饉、疫病の被害がなかったとしても、シャンパーニュ地方の繁栄は自然にかげっていったと思われる。一四世紀から一五世紀はじめにかけて大市がさびれていった原因が具体的にどこにあるのかは、今も謎である。増税はシャンパーニュ大市の息の根を止めたとまではいかないにせよ、やはり大不況をもたらしたことは間違いないだろう。市場の独占が進んだことを指摘する専門家もいる。たとえばトロワの皮なめし職人。彼らは仕入れ・販売の価格協定を結んで金を儲《もう》け、力をつけていった。パリの肉屋たちの例はもっと衝撃的で、一二六〇年にパリ市が所有する肉屋用の露店二五軒の永久賃貸契約を結んだ。それから一〇〇年たつ間に、家族の数は六家族にまで減り、誰一人肉屋の商売に携わっている人はいなくなっていた。しかしどの家族も非常に裕福で、百年戦争において主要な政治的役割を果たしたのである。

イングランド王ヘンリー五世とフランスのジャンヌ・ダルクが登場する百年戦争の第二ラウンドになって、トロワはつかのまの注目を浴びる。まず一四二〇年にヘンリー五世がフランスのシャルル六世の娘カトリーヌとトロワで結婚し、サン・ジャン教会で聖別を受けた。そして一四二九年、五月にオルレアンでイギリス軍を破ったジャンヌ・ダルク率いるフランス軍はトロワでも勝利を収め、ついにランスで皇太子の戴冠式《たいかんしき》をおこなうことができたのだった。

だがトロワは下り坂にあった。依然として司教が置かれ、地域レベルでは商業と手工業の中心地ではあったが、すでに政治や国際貿易の中心としての地位を退いて久しかった。代わりに強力な中央集権制の中心となったパリが、経済の一大中心地としての地位を継承し、百年戦争が終わった一四五三年には一〇万人以上の人口をかかえる大都市となったのである。フランスのライバル王国であるイングランドの首都ロンドンは成長著しい毛織物工業の港でもあり、パリに劣らぬ大きさだった。イギリス海峡を渡ると、沿岸随一の港アントワープがある。アントワープは新しい海上輸送の絶頂期にあり、フランドル地方の昔の毛織物の町――イープル、サン・トメール、アラス、ドゥエー――をはるかに追い越していた。ドイツでは、ユトラント半島の両側のつけ根にあるハンブルクとリューベックがハンザ同盟の先頭に立ち、交易権や漁業権を独占し、王たちと戦い、料金を徴収し、バルト諸国の商業と政治の覇権を握る輝かしい道を進んでいた。

南フランスでは古い都市のなかにアヴィニョン、モンペリエなど衰退するものがある一方、マルセイユやリヨンのようになんとか持ちこたえているところもあった。イタリアでは、フィレンチェが新興の銀行家メディチ家の主導で、またミラノがヴィスコンティのもとで、これまでにない繁栄を遂げていた。ジェノヴァはライバルのピサからコルシカ島を奪い取ったものの、今度は自分たちが苦境に陥り、遠くに広がる植民市をほとんど失った。ただ、臨機応変な金融業務能力のおかげで、主要な金融センターとしての地位は保っていた。ヴェネチアは海運のライバルたちの衰退に伴って並ぶ者のない地中海の女王となっていた。それがあまりにも恵まれた立場だったため、東への海上ルートが開け、西で新大陸が発見されたことによって地中海自体の重要性が失われつつあるということにヴェネチアの人々が気づくまでにはまだ時間が必要だった。新大陸を発見したコロンブスが、大西洋の海運王国カスティリャの女王が雇った経験豊かなジェノヴァ人であったのは驚くに値しないことだった。

アメリカはもちろんとうの昔にヴァイキングによって発見されていたが、その時点でレイヴ・エリクソン、ベヤルニ・ヘルヨールヴヌソンとその仲間たちが持ち込んだのは一〇世紀の旧世界にあった限られた技術だけだった。彼らとコロンブスの違いは、中世初期と末期の違いである。ヴァイキングは重量有輪犂《すき》も、伐採用斧《おの》も、鉄製の砕土機も、馬の首輪も蹄鉄《ていてつ》も、上射式水車も、原住民を懐柔《かいじゅう》するための豊かな手芸品も、弾圧するための小火器も持っていなかった（小火器が西ヨーロッパに入ってきたのは一四世紀のことだ）。スペインやイングランド、フランスに生き生きとした刺激を与えた、活気みなぎる金、銀、毛皮の市場もなかった。

新大陸開拓の経済的・技術的基盤をもたらしたのは、後世の専門家が言うところの「商業革命」である。商業革命は同時に、鉱業や冶金《やきん》学、金融、流通の基礎ともなり、一六～一八世紀における北西ヨーロッパの大きな発展へとつながった。一三世紀のフランス、イングランド、ドイツ、フランドル地方の職人、商人、金貸し業者の子孫たちは着実に力を蓄え、王位をひっくり返し、教会権力による支配を打ち破り、神聖化された習慣を葬り去り、特権階級の特権をはぎ取った。中世の商業革命なしには、フランス革命も、産業革命も実現し得なかっただろう。

発展から取り残されたいくつかの古い都市同様、トロワも産業革命による刺激を受けた。わずかながら昔の栄光を取り戻し、独自の手工業としてニットウエアを発展させ、ナイトキャップ産業のリーダーという名誉ある称号も手に入れた。一五二四年には、過去最悪の大火が起こり、人口の多い裕福な商業地区が壊滅的な被害を受けた。いくつもの織物取引所、テンプル騎士団の分団、鐘楼《しょうろう》（昔の副伯塔）が破壊され、サン・パンタレオ教会、サン・ジャン教会、サン・ニコラ教会が大きな被害を受けた。それから四世紀半にわたって衰退は続き——その歴史のなかには一九四〇年に侵略され、一九四四年に解放されたという苦難もあった——トロワに残る中世の遺産はいよいよ激減した。

あらゆる苦難を乗り越えて現存する建物としては、コント施療院（大幅に改修）、サン・ルー大修道院（現在は図書館と博物館になっている）、そしてステンドグラスを持つ大聖堂がある。今日のトロワの「旧市街」は、一二五〇年当時に市《いち》が開かれていた場所を含むが、実際には大火のあと再建されたものである。ただ、通りはほとんどが昔からの配置どおりに残っている。「猫小路」はやはり幅二メートルのままで、両側の家の屋根が重なり合って立っている。

無形の遺産もある。貴金属をカットする仕事や薬剤師の間では、今でも一オンス二〇ペニーウエート、一ポンド一二オンスという中世の目盛りが「トロワ単位」として使われている。シャンパーニュ大市が栄えた日々の最後の名残といえるだろう。

訳者あとがき

本書はJoseph and Frances Gies, *Life in a Medieval City* (Harper & Row, Publishers, New York, 1969.) の翻訳である。

舞台は、一三世紀の北フランス、シャンパーニュ地方の都市トロワである。当時のシャンパーニュ地方は遠隔地商業の中心地として栄え、年に六回開催されたシャンパーニュ大市では地中海沿岸や北海周辺から運ばれてくる商品が売買されるとともに、活発な金融取引もおこなわれていた。なかでも夏市と冬市の二回が開催されるトロワは、まさに大市の中心都市であった。本書は「一二五〇年のトロワ」という切り口で、大市の様子をはじめ、当時の人々の生活をさまざまな角度から描いている。

著者のジョゼフ・ギースとフランシス・ギースは三〇年間にわたって中世の歴史の本を書きつづけているアメリカの作家であり、その著作は二〇冊を超える。彼らはいわゆる研究者ではない。それゆえ、本書は数多くの歴史的事実を踏まえながらも、大市に集う人々の熱気や、朝の町角の喧騒、大聖堂の建築現場で働く人々にみなぎる活気など、研究書では大胆に踏み込むことのできない当時の人々の息づかいを見事に織り込み、「読み物」としての魅力を存分に持った作品となっている。講談社学術文庫からはやはり二人の共著である『中世ヨーロッパの城の生活』(栗原泉訳)が刊行されている。こちらはウェールズ東南端の古城、チェプストー城を軸に一一世紀から一三世紀にかけての人々の暮らしを描き出した作品である。興味のある方は是非ご一読いただきたい。

訳出にあたって参考にさせていただいた論文、書籍は次のとおりである。

大黒俊二「シャンパーニュの大市――その成立過程と内部組織」『待兼山論叢』(大阪大・文)13、一九八〇年
大黒俊二「中世南北商業とシャンパーニュの大市――主としてジェノヴァの公証人文書よりみたる」『西洋史学』119、一九八〇年
山田雅彦「シャンパーニュの初期年市をめぐる諸問題」『西洋史学』136、一九八四年
朝倉文市『世界史リブレット21 修道院にみるヨーロッパの心』一九九六年、山川出版社
朝治啓三・江川溫・服部良久編著『MINERVA西洋史ライブラリー⑫ 西欧中世史〔下〕危機と再編』一九九五年、ミネルヴァ書房
阿部謹也『中世を旅する人びと――ヨーロッパ庶民生活点描――』一九七八年、平凡社
阿部謹也『甦える中世ヨーロッパ』一九八七年、日本エディタースクール出版部
フランソワ・イシェ『絵解き中世のヨーロッパ』蔵持不三也訳、二〇〇三年、原書房

ピエール＝イヴ・バデル『フランス中世の文学生活』原野昇訳、一九九三年、白水社
V・L・ソーニエ『中世フランス文学』神沢栄三、高田勇共訳、一九九〇年、白水社文庫クセジュ（新書版）
江川溫・服部良久編著『MINERVA西洋史ライブラリー⑪　西欧中世史〔中〕成長と飽和』一九九五年、ミネルヴァ書房
加藤雅彦『図説　ヨーロッパの王朝』二〇〇五年、河出書房新社（ふくろうの本）
樺山紘一編『岩波講座　世界歴史8　ヨーロッパの成長』一九九八年、岩波書店
河原温『世界史リブレット23　中世ヨーロッパの都市世界』一九九六年、山川出版社
J・ギース、F・ギース『中世ヨーロッパの城の生活』栗原泉訳、二〇〇五年、講談社学術文庫
小高毅『よくわかるカトリック　その信仰と魅力』二〇〇二年、教文館
A・コルバン『音の風景』小倉孝誠訳、一九九七年、藤原書店
イヴァン・コンボー『パリの歴史〔新版〕』小林茂訳、二〇〇二年、白水社文庫クセジュ
作者不詳『フラメンカ物語』見目誠訳、一九九六年、未知谷
佐藤彰一・池上俊一・高山博編『西洋中世史研究入門　増補改訂版』二〇〇五年、名古屋大学出版会
佐藤彰一・早川良弥編著『MINERVA西洋史ライブラリー⑩　西欧中世史〔上〕継承と

創造』一九九五年、ミネルヴァ書房
佐藤達生・木俣元一『図説　大聖堂物語　ゴシックの建築と美術』二〇〇〇年、河出書房新社（ふくろうの本）
アラン・サン＝ドニ『聖王ルイの世紀』福本直之訳、二〇〇四年、白水社文庫クセジュ
清水廣一郎『中世イタリア商人の世界――ルネサンス前夜の年代記』一九八二年、平凡社
上智大学中世思想研究所編訳・監修『中世思想原典集成10　修道院神学』一九九七年、平凡社
甚野尚志『世界史リブレット20　中世の異端者たち』一九九六年、山川出版社
甚野尚志・堀越宏一編『中世ヨーロッパを生きる』二〇〇四年、東京大学出版会
A・スィー『音楽史シリーズ1　中世社会の音楽』村井範子・藤江効子訳、一九七二年、東海大学出版会
都築響一・木俣元一『フランス　ゴシックを仰ぐ旅』二〇〇五年、新潮社
辻本敬子・ダーリング益代『図説　ロマネスクの教会堂』二〇〇三年、河出書房新社（ふくろうの本）
ジュヌヴィエーヴ・ドークール『中世ヨーロッパの生活』大島誠訳、一九七五年、白水社文庫クセジュ
徳善義和・百瀬文晃編『カトリックとプロテスタント――どこが同じで、どこが違うか』一

九九八年　教文館
福井憲彦編『新版　世界各国史12　フランス史』二〇〇一年、山川出版社
ドミニック・ブーテ、アルマン・ストリューベル『中世フランス文学入門』神沢栄三訳、一九八三年、白水社文庫クセジュ
ハインリヒ・プレティヒャ『中世への旅　都市と庶民』関楠生訳、一九八二年、白水社
レジーヌ・ペルヌー、ジョルジュ・ペルヌー『フランス中世歴史散歩』福本秀子訳、二〇〇三年、白水社
堀越孝一編『新書ヨーロッパ史　中世篇』二〇〇三年、講談社現代新書
堀越宏一『世界史リブレット24　中世ヨーロッパの農村世界』一九九七年、山川出版社
堀米庸三編『生活の世界歴史6　中世の森の中で』一九九一年、河出書房新社
前川道郎『聖なる空間をめぐる　フランス中世の聖堂』一九九八年、学芸出版社
フィオーナ・マクドナルド文・ジョン・ジェイムズ画『三省堂図解ライブラリー　中世の大聖堂』福田晴虔訳、一九九三年、三省堂
デビッド・マコーレイ『カテドラル――最も美しい大聖堂のできあがるまで――』飯田喜四郎訳、一九七九年、岩波書店
アンドリュー・ラングリー『ビジュアル博物館65　中世ヨーロッパ』池上俊一監修、一九九七年、同朋舎（発売・角川書店）

ジャン・リシャール『十字軍の精神』宮松浩憲訳、二〇〇四年、法政大学出版局
アシル・リュシェール『フランス中世の社会　フィリップ＝オーギュストの時代』木村尚三郎監訳・福本直之訳、一九九〇年、東京書籍
ジャン・ピエール・ルゲ『中世の道』井上泰男訳、一九九一年、白水社
アンリ・ルゴエレル『プランタジネット家の人びと』福本秀子訳、二〇〇〇年、白水社文庫クセジュ
ブリュノ・ロリウー『中世ヨーロッパ　食の生活史』吉田春美訳、二〇〇三年、原書房

本書の訳出にあたっては、多くの方々のお世話になった。この場を借りて、御礼申し上げたい。また、本書を訳出する機会を与えてくださった講談社学術文庫編集部の福田信宏氏、企画JINの清水栄一氏に深く感謝している。
「一二五〇年のトロワ」という小さな窓を開くと、まるで夜空に満天の星をちりばめたような中世ヨーロッパ世界が眼前に広がっていく。その一つ一つの星のきらめきを夢中で追っていった訳者の興奮を、少しでも読者に共有していただければこれ以上の喜びはない。

二〇〇六年六月

青島淑子

ジョゼフ・ギース／フランシス・ギース

30年間にわたって中世の歴史の本を書きつづけている。共作，あるいは単独で発表した著作は20冊を超える。現在，ミシガン州アナーバー近郊に在住。主著に『中世ヨーロッパの城の生活』(学術文庫)，『中世村の生活』(未訳)，『中世の家族』などがある。

青島淑子（あおしま　よしこ）

1986年京都大学文学部卒。高校教師，「ニューズウィーク日本版」編集協力を経て，翻訳業。訳書に『アイデアのヒント』（阪急コミュニケーションズ)，『グローバル・リーダーシップ』（中央書院）などがある。

講談社学術文庫

定価はカバーに表示してあります。

中世《ちゅうせい》ヨーロッパの都市《とし》の生活《せいかつ》

J・ギース，F・ギース／青島《あおしま》淑子《よしこ》 訳

2006年８月10日　第１刷発行

発行者　野間佐和子
発行所　株式会社講談社
　　　　東京都文京区音羽 2-12-21 〒112-8001
　　　　電話　編集部（03）5395-3512
　　　　　　　販売部（03）5395-5817
　　　　　　　業務部（03）5395-3615
装　幀　蟹江征治
印　刷　株式会社廣済堂
製　本　株式会社国宝社
本文データ制作　講談社プリプレス制作部

ISBN4-06-159776-0

「講談社学術文庫」の刊行に当たって

これは、学術をポケットに入れることをモットーとして生まれた文庫である。学術は少年の心を養い、成年の心を満たす。その学術がポケットにはいる形で、万人のものになることは、生涯教育をうたう現代の理想である。

こうした考え方は、学術を巨大な城のように見る世間の常識に反するかもしれない。また、一部の人たちからは、学術の権威をおとすものと非難されるかもしれない。しかし、それはいずれも学術の新しい在り方を解しないものといわざるをえない。

学術は、まず魔術への挑戦から始まった。やがて、いわゆる常識をつぎつぎに改めていった。学術の権威は、幾百年、幾千年にわたる、苦しい戦いの成果である。こうしてきずきあげられた城が、一見して近づきがたいものにうつるのは、そのためである。しかし、学術の権威を、その形の上だけで判断してはならない。その生成のあとをかえりみれば、その根は常に人々の生活の中にあった。学術が大きな力たりうるのはそのためであって、生活をはなれた学術は、どこにもない。

開かれた社会といわれる現代にとって、これはまったく自明である。生活と学術との間に、もし距離があるとすれば、何をおいてもこれを埋めねばならない。もしこの距離が形の上の迷信からきているとすれば、その迷信をうち破らねばならぬ。

学術文庫は、内外の迷信を打破し、学術のために新しい天地をひらく意図をもって生まれた。文庫という小さい形と、学術という壮大な城とが、完全に両立するためには、なおいくらかの時を必要とするであろう。しかし、学術をポケットにした社会が、人間の生活にとってより豊かな社会であることは、たしかである。そうした社会の実現のために、文庫の世界に新しいジャンルを加えることができれば幸いである。

一九七六年六月

野間省一

門脇禎二著
葛城と古代国家　《付》河内王朝論批判

葛城の地に視点を据えたヤマト国家成立論。統一王朝大和朝廷はどのように形成されていったか。海外の新文化の流入路であり、大小多数の古墳が残る葛城――その支配の実態と大和との関係を系統的に解明する。

1429

鬼頭　宏著
人口から読む日本の歴史

歴史人口学が解明する日本人の生と死の歴史。増加と停滞を繰り返す四つの大きな波を経て、一万年にわたり増え続けた日本の人口。そのダイナミズムを分析し、変容を重ねた人びとの暮らしをいきいきと描き出す。

1430

堀　敏一著
中国通史　問題史としてみる

歴史の中の問題点が分かる独自の中国通史。中国の歴史をみる上で、何が大事で、どういう点が問題になるのか。書く人の問題意識が伝わることに意を注ぎ古代から現代までの中国史の全体像を描き出した意欲作。

1432

J・ドラリュ著／片岡啓治訳
ゲシュタポ・狂気の歴史

今世紀が生んだ〈悪魔の機械〉の生成と活動。数百万の生命と魂を苦悶させたナチ権力の中枢・ゲシュタポ。彼らはどのように誕生し暴走したのか。そしてその力の源とは。暴力と情報の装置に見る異色の人間研究。

1433

角田文衞著
平家後抄　落日後の平家（上）（下）

壇ノ浦で滅んだはずの平家の末裔達の行く末の物語。平家物語に「平家は永く絶えにけれ」と記された清盛の血脈は、実は女系を通じて生き残り、現代にまで続いている。詳細な資料と実地踏査で究明した角田史学の結晶。

1434・1435

森　浩一著
巨大古墳　治水王と天皇陵

五世紀に数多く作られた巨大古墳の謎に迫る。誉田山古墳(応神陵)、大山古墳(仁徳陵)など雄大な墓が作られた時代の実態を、数々の発掘調査に携わった著者ならではの目でとらえた好著。古代ファン必携の書。

1443

《新刊案内》 講談社学術文庫

今谷　明
戦国期の室町幕府
山門と五山の争い、幕府財政、一揆等から、政治経済都市としての中世末期の京都を精緻に描き、自治都市の成立までを追う。中世史研究の幻の名著、待望の文庫化。

1766

坂本賢三
「分ける」こと「わかる」こと
「わかる」ために人間が行う「分ける」という作業。分類の仕方はまた認識の仕方を決定づける。古今東西のわけ・ことわけの論理を渉猟、わかることの本質を説く。

1767

大谷哲夫
道元「小参・法語・普勧坐禅儀」
仏仏祖祖の家訓をやさしく説く小参。仏法の道理を懇切に述べた法語。只管打坐、坐禅の要諦と心構えを記した普勧坐禅儀。常に真剣勝負、道元の宗教世界を読み解く。

1768

野本寛一
神と自然の景観論
―信仰環境を読む―

日本人が聖性を感じ、神を見出す場所とは？　畏怖の対象としての火山・洪水、神聖感を抱かせる岬・洞窟・滝・磐座など、全国各地に魂のやすらぐ聖地と民俗を探る。

1769

宝木範義
ウィーン物語
神聖ローマ帝国の都として長くヨーロッパに君臨したウィーンは、二十世紀芸術の揺籃の地でもある。歴史を軸に、音楽、美術、人物等の諸側面からその魅力に迫る。

1770

エメェ・アンベール
高橋邦太郎 訳
続・絵で見る幕末日本
大君の居城、江戸の正月、浅草の祭りなど江戸の町と生活を見たまま描写。また、激変する幕末の様子も記述。好評を博した見聞記の続編。味のある挿画も多数掲載。

1771